U0525137

深圳改革创新丛书
（第六辑）

Research on Shenzhen Talent Competitiveness

深圳人才竞争力研究

罗思 著

中国社会科学出版社

图书在版编目（CIP）数据

深圳人才竞争力研究／罗思著 . —北京：中国社会科学出版社，2019.6

（深圳改革创新丛书. 第六辑）

ISBN 978 - 7 - 5203 - 4487 - 6

Ⅰ.①深… Ⅱ.①罗… Ⅲ.①人才竞争—竞争力—研究—深圳 Ⅳ.①C964.2

中国版本图书馆 CIP 数据核字（2019）第 095255 号

出 版 人	赵剑英
责任编辑	王 茵 马 明
责任校对	王福仓
责任印制	王 超

出　　版	中国社会科学出版社
社　　址	北京鼓楼西大街甲 158 号
邮　　编	100720
网　　址	http：//www.csspw.cn
发 行 部	010 - 84083685
门 市 部	010 - 84029450
经　　销	新华书店及其他书店

印　　刷	北京明恒达印务有限公司
装　　订	廊坊市广阳区广增装订厂
版　　次	2019 年 6 月第 1 版
印　　次	2019 年 6 月第 1 次印刷

开　　本	710×1000　1/16
印　　张	18.75
插　　页	2
字　　数	279 千字
定　　价	79.00 元

凡购买中国社会科学出版社图书，如有质量问题请与本社营销中心联系调换
电话：010 - 84083683
版权所有　侵权必究

《深圳改革创新丛书》
编委会

顾　　问：王京生
主　　任：李小甘　吴以环
执行主任：陈金海　吴定海

总序：突出改革创新的时代精神

王京生[*]

在人类历史长河中，改革创新是社会发展和历史前进的一种基本方式，是一个国家和民族兴旺发达的决定性因素。古今中外，国运的兴衰、地域的起落，莫不与改革创新息息相关。无论是中国历史上的商鞅变法、王安石变法，还是西方历史上的文艺复兴、宗教改革，这些改革和创新都对当时的政治、经济、社会甚至人类文明产生了深远的影响。但在实际推进中，世界上各个国家和地区的改革创新都不是一帆风顺的，力量的博弈、利益的冲突、思想的碰撞往往伴随改革创新的始终。就当事者而言，对改革创新的正误判断并不像后人在历史分析中提出的因果关系那样确定无疑。因此，透过复杂的枝蔓，洞察必然的主流，坚定必胜的信念，对一个国家和民族的改革创新来说就显得极其重要和难能可贵。

改革创新，是深圳的城市标识，是深圳的生命动力，是深圳迎接挑战、突破困局、实现飞跃的基本途径。不改革创新就无路可走、就无以召唤。30多年来，深圳的使命就是作为改革开放的"试验田"，为改革开放探索道路。改革开放以来，历届市委、市政府以挺立潮头、敢为人先的勇气，进行了一系列大胆的探索、改革和创新，使深圳不仅占得了发展先机，而且获得了强大的发展后劲，为今后的发展奠定了坚实的基础。深圳的每一步发展都源于改革创新的推动；改革创新不仅创造了深圳经济社会和文化发展的奇迹，而且使深圳成为引领全国社会主义现代化建设的"排头兵"。

---

[*] 王京生，现任国务院参事。

从另一个角度来看，改革创新又是深圳矢志不渝、坚定不移的命运抉择。为什么一个最初基本以加工别人产品为生计的特区，变成了一个以高新技术产业安身立命的先锋城市？为什么一个最初大学稀缺、研究院所几乎是零的地方，因自主创新而名扬天下？原因很多，但极为重要的是深圳拥有以移民文化为基础，以制度文化为保障的优良文化生态，拥有崇尚改革创新的城市优良基因。来到这里的很多人，都有对过去的不满和对未来的梦想，他们骨子里流着创新的血液。许多个体汇聚起来，就会形成巨大的创新力量。可以说，深圳是一座以创新为灵魂的城市，正是移民文化造就了这座城市的创新基因。因此，在特区30多年发展历史上，创新无所不在，打破陈规司空见惯。例如，特区初建时缺乏建设资金，就通过改革开放引来了大量外资；发展中遇到瓶颈压力，就向改革创新要空间、要资源、要动力。再比如，深圳作为改革开放的探索者、先行者，在向前迈出的每一步都面临着处于十字路口的选择，不创新不突破就会迷失方向。从特区酝酿时的"建"与"不建"，到特区快速发展中的姓"社"姓"资"，从特区跨越中的"存"与"废"，到新世纪初的"特"与"不特"，每一次挑战都考验着深圳改革开放的成败进退，每一次挑战都把深圳改革创新的招牌擦得更亮。因此，多元包容的现代移民文化和敢闯敢试的城市创新氛围，成就了深圳改革开放以来最为独特的发展优势。

30多年来，深圳正是凭着坚持改革创新的赤胆忠心，在汹涌澎湃的历史潮头上劈波斩浪、勇往直前，经受住了各种风浪的袭扰和摔打，闯过了一个又一个关口，成为锲而不舍地走向社会主义市场经济和中国特色社会主义的"闯将"。从这个意义上说，深圳的价值和生命就是改革创新，改革创新是深圳的根、深圳的魂，铸造了经济特区的品格秉性、价值内涵和运动程式，成为深圳成长和发展的常态。深圳特色的"创新型文化"，让创新成为城市生命力和活力的源泉。

2013年召开的党的十八届三中全会，是我们党在新的历史起点上全面深化改革做出的新的战略决策和重要部署，必将对推动中国特色社会主义事业发展、实现民族伟大复兴的中国梦产生重大而深远的影响。深圳面临着改革创新的新使命和新征程，市委市政府打出全面深化改革组合拳，肩负起全面深化改革的历史重任。

如果说深圳前30年的创新，主要立足于"破"，可以视为打破旧规矩、挣脱旧藩篱，以破为先、破多立少，"摸着石头过河"，勇于冲破计划经济体制等束缚；那么今后深圳的改革创新，更应当着眼于"立"，"立"字为先、立法立规、守法守规，弘扬法治理念，发挥制度优势，通过立规矩、建制度，不断完善社会主义市场经济制度，推动全面深化改革，创造新的竞争优势。特别是在党的十八届三中全会后，深圳明确了以实施"三化一平台"（市场化、法治化、国际化和前海合作区战略平台）重点攻坚来牵引和带动全局改革，推动新时期的全面深化改革，实现重点领域和关键环节的率先突破；强调坚持"质量引领、创新驱动"，聚焦湾区经济，加快转型升级，打造好"深圳质量"，推动深圳在新一轮改革开放中继续干在实处、走在前列，加快建设现代化国际化先进城市。

如今，新时期的全面深化改革既展示了我们的理论自信、制度自信、道路自信，又要求我们承担起巨大的改革勇气、智慧和决心。在新的形势下，深圳如何通过改革创新实现更好更快的发展，继续当好全面深化改革的排头兵，为全国提供更多更有意义的示范和借鉴，为中国特色社会主义事业和实现民族伟大复兴的中国梦做出更大贡献，这是深圳当前和今后一段时期面临的重大理论和现实问题，需要各行业、各领域着眼于深圳全面深化改革的探索和实践，加大理论研究，强化改革思考，总结实践经验，作出科学回答，以进一步加强创新文化建设，唤起全社会推进改革的勇气、弘扬创新的精神和实现梦想的激情，形成深圳率先改革、主动改革的强大理论共识。比如，近些年深圳各行业、各领域应有什么重要的战略调整？各区、各单位在改革创新上取得什么样的成就？这些成就如何在理论上加以总结？形成怎样的制度成果？如何为未来提供一个更为明晰的思路和路径指引？等等，这些颇具现实意义的问题都需要在实践基础上进一步梳理和概括。

为了总结和推广深圳当前的重要改革创新探索成果，深圳社科理论界组织出版了《深圳改革创新丛书》，通过汇集深圳市直部门和各区（新区）、社会各行业和领域推动改革创新探索的最新总结成果，希图助力推动深圳全面深化改革事业的新发展。其编撰要求主要包括：

首先，立足于创新实践。丛书的内容主要着眼于新近的改革思维与创新实践，既突出时代色彩，侧重于眼前的实践、当下的总结，同时也兼顾基于实践的推广性以及对未来的展望与构想。那些已经产生重要影响并广为人知的经验，不再作为深入研究的对象。这并不是说那些历史经验不值得再提，而是说那些经验已经沉淀，已经得到文化形态和实践成果的转化。比如说，某些观念已经转化成某种习惯和城市文化常识，成为深圳城市气质的内容，这些内容就可不必重复阐述。因此，这套丛书更注重的是目前行业一线的创新探索，或者过去未被发现、未充分发掘但有价值的创新实践。

其次，专注于前沿探讨。丛书的选题应当来自改革实践最前沿，不是纯粹的学理探讨。作者并不限于从事社科理论研究的专家学者，还包括各行业、各领域的实际工作者。撰文要求以事实为基础，以改革创新成果为主要内容，以平实说理为叙述风格。丛书的视野甚至还包括为改革创新做出了重要贡献的一些个人，集中展示和汇集他们对于前沿探索的思想创新和理念创新成果。

最后，着眼于解决问题。这套丛书虽然以实践为基础，但应当注重经验的总结和理论的提炼。入选的书稿要有基本的学术要求和深入的理论思考，而非一般性的工作总结、经验汇编和材料汇集。学术研究须强调问题意识。这套丛书的选择要求针对当前面临的较为急迫的现实问题，着眼于那些来自于经济社会发展第一线的群众关心关注或深入贯彻落实科学发展观的瓶颈问题的有效解决。

事实上，古今中外有不少来源于实践的著作，为后世提供着持久的思想能量。撰著《旧时代与大革命》的法国思想家托克维尔，正是基于其深入考察美国的民主制度的实践之后，写成名著《论美国的民主》，这可视为从实践到学术的一个范例。托克维尔不是美国民主制度设计的参与者，而是旁观者，但就是这样一位旁观者，为西方政治思想留下了一份经典文献。马克思的《法兰西内战》，也是一部来源于革命实践的作品，它基于巴黎公社革命的经验，既是那个时代的见证，也是马克思主义的重要文献。这些经典著作都是我们总结和提升实践经验的可资参照的榜样。

那些关注实践的大时代的大著作，至少可以给我们这样的启示：哪怕面对的是具体的问题，也不妨拥有大视野，从具体而微的实践探索中展现宏阔远大的社会背景，并形成进一步推进实践发展的真知灼见。《深圳改革创新丛书》虽然主要还是探讨本市的政治、经济、社会、文化、生态文明建设和党的建设各个方面的实际问题，但其所体现的创新性、先进性与理论性，也能够充分反映深圳的主流价值观和城市文化精神，从而促进形成一种创新的时代气质。

目 录

引言 全球化新时代，人才竞争力成为核心竞争力 …………（1）
 一　全球视野下的人才竞争发展趋势 …………………（3）
 二　提升人才竞争力是落实国家人才强国战略的
   重要内容 …………………………………………（7）
 三　以深圳为样本研究人才竞争力的意义 ……………（12）

第一章　人才与人才竞争力及相关理论研究 ………………（16）
 第一节　人才与人才竞争力 ………………………………（16）
  一　什么是人才 ……………………………………（16）
  二　什么是人才竞争力 ……………………………（21）
 第二节　人才竞争力的理论基础 …………………………（25）
  一　人力资本理论 …………………………………（25）
  二　人才资本理论 …………………………………（27）
  三　人才流动理论 …………………………………（30）
  四　人才集聚理论 …………………………………（31）
  五　人才竞争理论 …………………………………（32）
 第三节　人才竞争力的研究现状 …………………………（38）
  一　国外研究 ………………………………………（38）
  二　国内研究 ………………………………………（39）
  三　研究方法论 ……………………………………（42）

第二章　人才竞争力的发展演进 ……………………………（43）
 第一节　全球化时代的竞争格局演变 ……………………（43）

一　全球化进程的发展阶段 …………………………………（43）
　　二　冷战后的全球竞争格局演变 …………………………（45）
　　三　当前国际竞争的发展趋势 ……………………………（46）
第二节　人才竞争力的变化历程 ………………………………（49）
　　一　冷战结束后的全球人才竞争实力 ……………………（49）
　　二　21世纪初的全球人才竞争力评价 ……………………（51）
　　三　当前全球人才竞争力评价 ……………………………（52）
　　四　人才竞争力的竞争要素演变 …………………………（55）

第三章　人才竞争力评价的分析框架构建 …………………（58）
第一节　人才竞争力评估指标体系比较 ………………………（58）
　　一　国外人才竞争力评价研究 ……………………………（58）
　　二　国内人才竞争力评价体系的相关研究 ………………（63）
　　三　国内外人才竞争力研究比较 …………………………（81）
第二节　深圳人才竞争力评价研究体系 ………………………（82）
　　一　深圳人才竞争力评价方法与研究体系设计原则 ……（82）
　　二　人才自身竞争力分析框架 ……………………………（86）
　　三　人才外部环境竞争力分析框架 ………………………（88）
　　四　人才产出贡献竞争力分析框架 ………………………（90）
　　五　深圳人才竞争力评价分析框架 ………………………（91）

第四章　深圳人才竞争力发展的实证分析 …………………（94）
第一节　深圳人才竞争力的发展历程 …………………………（94）
　　一　深圳人才队伍建设发展阶段 …………………………（95）
　　二　深圳人才政策的改革与调整 …………………………（97）
　　三　深圳人才竞争力评价 …………………………………（98）
第二节　深圳人才自身竞争力指标评价 ………………………（104）
　　一　深圳人才资源总量指标评价 …………………………（104）
　　二　深圳人才质量指标评价 ………………………………（108）

  三　深圳人才结构指标评价 …………………………（109）
  四　深圳人才投入指标评价 …………………………（113）
 第三节　深圳人才外部环境竞争力指标评价 ……………（115）
  一　深圳宏观经济发展环境指标评价 ………………（116）
  二　深圳工作创业环境指标评价 ……………………（119）
  三　深圳科技创新环境指标评价 ……………………（121）
  四　深圳人才生活环境指标评价 ……………………（122）
 第四节　深圳人才产出贡献竞争力指标评价 ……………（124）
  一　深圳人才生产效率指标评价 ……………………（124）
  二　深圳人才创新指标评价 …………………………（126）

第五章　全球创新型城市人才竞争力水平比较 …………（129）
 第一节　美国创新型城市人才竞争力发展现状 …………（129）
  一　美国人才竞争力的发展基础 ……………………（129）
  二　美国部分科技创新城市人才竞争力现状 ………（137）
 第二节　亚洲创新型城市人才竞争力发展现状 …………（144）
  一　日本东京人才竞争力现状 ………………………（144）
  二　韩国首尔人才竞争力现状 ………………………（150）
  三　新加坡人才竞争力现状 …………………………（154）
 第三节　国内城市人才竞争力发展现状 …………………（155）
  一　国内人才竞争力总体现状 ………………………（155）
  二　北京、上海、香港人才竞争力比较 ……………（156）
  三　北京、上海、香港人才竞争力发展战略 ………（159）
 第四节　全球创新型城市提升人才竞争力的若干
    启示 ………………………………………………（172）
  一　人才工作立法 ……………………………………（172）
  二　重视国际人才引进 ………………………………（173）
  三　人才培养机制健全 ………………………………（174）
  四　区域人才协同发展 ………………………………（175）

第六章 深圳提升人才竞争力的路径选择 （177）
第一节 深圳人才竞争面临的形势 （177）
　　一　人才流入与人才流失现象并存 （177）
　　二　人才发展的整体环境仍需进一步提升 （178）
　　三　人才培养和开发力度仍需进一步加大 （180）
　　四　人才政策体系有待完善、深化和多元化转换 （181）
第二节 深圳提升人才竞争力的目标及思路 （182）
　　一　目标：建设人才特区 （183）
　　二　思路：实施"三个更加"，推进"五大转变" （184）
第三节 深圳提升人才竞争力的对策措施 （189）
　　一　创新完善人才工作机制 （189）
　　二　建立健全人才培养体系 （192）
　　三　构建全球化人才引进体系 （195）
　　四　完善人才使用体系 （197）
　　五　建立科学人才评价体系 （198）
　　六　完善人才发展环境 （201）

附录一　近年来深圳市人才政策选编 （205）

附录二　国内主要城市人才竞争力相关指标数据对比 （271）

参考文献 （276）

后　记 （285）

引言　全球化新时代，人才竞争力成为核心竞争力

人才是第一资源，人才竞争力是核心竞争力，这是进入知识经济时代以来世界各国的普遍共识。随着全球化进入3.0时代，"第四次工业革命"进程加快，世界多极化形势进一步发展，人才在全球范围加快流动，高附加值的智力资源成为各国间激烈争夺的宝贵资源，竞争态势日趋激烈。当前，综合国力的竞争说到底就是人才的竞争，哪个国家拥有人才的优势，就会拥有实力上的优势，人才成为各国赢得全球化竞争优势的最有效武器。对此，习近平总书记深刻指出，人才是创新的根基，是创新的核心要素。新一轮科技革命和产业革命孕育兴起，人才资源作为经济社会发展第一资源的特征和作用更加明显，人才竞争已经成为综合国力竞争的核心。为此，总书记提出要构建具有全球竞争力的人才制度体系，聚天下英才而用之。这一战略思想高瞻远瞩，体现了海纳百川的眼界、魄力和气度，指明了参与全球人才竞争的重大意义和有效途径。

进入21世纪以来，我国提出了"人才强国"战略，特别是党的十八大以来，党中央进一步重视人才问题和人才工作，明确将人才强国战略列为强国第一战略。党的十九大报告把人才强国战略纳入决胜全面建成小康社会的七大战略之一，明确提出"要坚持党管人才原则，聚天下英才而用之，加快建设人才强国"。全面提升我国人才竞争力，加快建设人才强国，既是我国提升综合国力、赢得未来发展主动权的必然之举，也是解决新时代我国社会主要矛盾的必然选择和战略举措，只有加快建设人才强国，全面提升我国人才竞争力，才能充分发挥人才作为第一资源的作用，实现我国加速向主要依靠知识积累、技术进步和劳动力素质提升的内涵式发展转

变，为解决新时代社会主要矛盾提供根本动力。

人才不仅是经济社会发展的战略支撑，也是构建现代化经济体系的核心要素和内生动力。当前，我国正处于产业转型的关键时期，正从"人口红利"转向"人才红利"，比历史上任何时期都渴求人才。但同时，我们也要看到尽管近年来我国留学归国人数与出国留学人数的差距在逐渐缩小，但总体上仍处于人才外流状态，且在海外获得博士学位的人员归国就业的比例不高；人才在培养、使用方面仍与发达国家存在一定差距；在日益全球化的今天，人才的国际化、多元化水平仍有待提高，亟须进一步提升人才竞争力，加大创新力度，才能真正构建起高质量发展的现代化经济体系。

深圳，是中国对外开放的先行者，改革开放的前沿阵地和窗口城市。短短四十年，深圳以跨越式的发展创造了现代城市发展史中罕见的奇迹，使这个充满生机活力的现代都市赢得了世人的关注与赞赏。近年来，随着深圳创新逐渐走向世界、走向全球，一批著名企业如华为、腾讯、平安、万科、比亚迪、大疆等释放新动能，深圳逐渐成长为快速发展、具备国际影响力的全国经济中心城市、科技创新中心、区域金融中心。深圳能够迅速地崛起、成就发展的辉煌，关键在于会聚了大批国内外优秀人才。过去的深圳一直对人才保持较大的吸引力，这个吸引力主要来自四个方面，一是深圳有高于其他地区的报酬，特别是20世纪八九十年代，深圳人才报酬全国遥遥领先、一枝独秀，大批人才从内地涌入深圳打拼，被喻为"孔雀东南飞"。二是深圳较早建立起市场经济体制，建立在市场经济基础上的公平竞争，使个人的发展较少受到旧体制的束缚，造就了人才发挥才华的良好环境，由此产生了人才流向的"洼地"和"高地"效应。三是深圳针对各个发展阶段，采取超常规的特殊措施，不断完善人才政策，通过体贴入微的人才政策措施，不断释放深圳"渴求人才、尊重人才、善待人才"的诚意。四是深圳的创新文化鼓励探索，宽容失败，改变了论资排辈的传统，同时不断完善的人才基础设施建设和城市公共服务及生活环境，持续形成对人才的强磁效应。

但往日的荣耀能否成为可持续的辉煌，今日的业绩能否续写明日的篇章？新时代，深圳一直在反思中前瞻未来的发展战略，在新的实践中实现自我超越。着眼当下和未来，深圳的可持续发展，更是离不开人才的支撑和推动。如何通过实施更加积极、更加开放、更加有效的人才政策体系，未雨绸缪提升人才制度竞争力，再造深圳新时代竞争新优势，成为今天深圳这座城市的决策者们和深圳市委市政府首要思考的问题。为此，深圳在2018年市委第六届九次会议上明确了率先建设社会主义现代化先行区的目标任务，提出到2020年深圳将基本建成现代化国际化创新型城市。可见，深圳这座改革开放城市的目标和雄心，是全面对标全球先进城市，打造全球城市版图中的"璀璨明珠"。为实现这一目标，广东省委副书记、深圳市委书记王伟中表示将坚定不移实施人才优先发展战略，全力打造具有全球竞争力的人才制度体系，坚定不移建设更具吸引力的人才特区。

可以说，深圳依靠人才取得今天的成就，有理由相信，也应该乐观预见，深圳也必将依靠人才开创更加美好的未来，成为世界可期的全球创业精英聚集的人才良港。因此，在全球化的视野下，以深圳为样本来研究人才竞争力问题，不仅有利于进一步明确当下深圳人才竞争力在国内外城市中的定位、机遇及挑战。同时，深圳人才工作的发展历程和提升人才竞争力方面先行先试的经验教训，对于促进国内其他城市人才发展乃至提升我国人才的国际竞争力，也具有一定影响和借鉴价值。

一　全球视野下的人才竞争发展趋势

全球3.0时代的当下，人才成为第一资源，智力成为第一生产力，简单来说，知识经济就是人才经济，这一阶段主要推动力是互联网和个人，人才成为了国家发展的第一资源。[①] 这也显示出在当前背景下，全球人才竞争出现新的特征和发展态势。

（一）人才资源作为全球化竞争的核心要素作用进一步发挥

人才资源逐渐成为全球化竞争的核心资源。人类历史发展表

---

① 王辉耀：《人才战争》，中信出版社2009年版。

明，世界上可供开发的资源大体上包括人力资源、物力资源、财力资源和信息资源，而唯有人力资源是能动的、可以创造需求的可持续资源。[①] 而任何经济社会的发展都是以占有和利用有效的资源为基础的。当代世界经济社会发展事实表明，世界经济发展和资源开发的重心已逐渐转移到以知识信息积累为基础的人力资源开发领域。

经济学家舒尔茨指出，在影响经济发展诸因素中，人的因素是最关键的，经济发展主要取决于人的质量的提高，而不是自然资源的丰瘠或资本的多寡。尤瓦尔·赫拉利在《未来简史》中指出："未来，99%的人属于无用阶级，他们的特性和能力是多余的；另外1%的人则成为掌控算法、通过生物技术战胜死亡的神人，他们是未来世界的主宰者，是人类未来进化的新物种。"[②] 如此种种，均揭示出了人才资源在全球经济社会发展中起到的核心资源作用。

与此同时，托马斯·弗里德曼在《世界是平的》一书中，也重点叙述了全球化发展阶段中，全球1.0时代的主要推动者是国家和政府，全球2.0时代的推动者是跨国公司，全球3.0时代的主要推动者是个人的全球化。人力资源企业万宝盛华（Manpower）指出，世界正进入一个"人智时代"（Human Age）的新纪元，人类潜能将成为经济发展的主要动力，成为政治、经济和社会各方面发展和进步的催化剂和驱动力。[③]

为此，以人才及其知识、技术、创新、创意精神为核心的知识主导成为全球竞争的主要方面，其在知识经济时代中的重要性将进一步凸显。人才国际竞争力在综合国力竞争中的基础性、战略性、决定性作用越来越明显，[④] 人才日渐成为各国竞相争夺的最重要战略资源。

[①] 常晓勇：《经济全球化与中国国际人才竞争战略》，博士学位论文，首都师范大学，2007年，第1页。
[②] 王辉耀、苗绿：《人才战争2.0》，东方出版社2018年版，第3页。
[③] 代涛、李晓轩：《我国科技评价的问题分析与改革思路》，《中国科学院院刊》2013年第28卷第6期，第750—755页。
[④] 张国锋：《马克思主义人才思想的创新发展与实践应用研究》，博士学位论文，南开大学，2013年。

（二）人才资源的全球化流动和集聚效应进一步强化

随着经济全球化、科技革命进程的日渐深化，人才资源全球流动、全球配置趋势更加明显，人才流动直接影响了全球的人力资源配置和人才国际化程度及集聚程度。

目前，国际人才流动的常见形式包括留学就业、技术移民、阶段性流动和人才回流等形式，其涵盖了国际人才资源生产、流通、发展的全过程。人的流动促进了资本流动，逐渐形成了以人才资源为核心的全球价值链。

过去，由于西方发达国家在资本、技术、贸易、投资、金融等方面都占有优势，全球著名的跨国公司母国也都在西方发达国家。与发展中国家相比，发达国家在人才培养、技术创新、资本密集等方面仍拥有领先的竞争优势。为此西方发达国家成为国际人才净流入地区，发展中国家和欠发达地区则成为人才净流出地区。据联合国《国际移民报告》[①] 统计，目前世界范围内的移民数量约为2.58亿人，其中2000—2015年移民对北美地区人口增长的贡献率达到42%，对大洋洲的贡献率为31%；同时约有3/4的国际移民处于工作年龄，高收入国家移民占全球移民比例达64%，分别是美国、沙特阿拉伯、德国、俄罗斯、英国等。

与此同时，随着国际产业分工协作和跨国公司向"全球公司"发展，传统人才来源国调整人才战略，积极吸引和集聚人才，全球人才供给格局发生转变，全球人才逐渐流向不同的工作所在地。这一过程，"人才回流"乃至"人才环流"成为大规模的趋势，群体代表如"海鸥一族"频繁往来于流出国（母国）、流入地或第三目的地等，使得全球人才在各国分散又集聚。

此外，随着全球人口结构的变化，人才在全球流动中有了更多的可能性。据联合国发布的《世界人口展望》[②]，截至2017年，全球人口达到75.5亿，其中亚洲人口达到45亿。虽然世界人口总量

[①] 联合国发布2017年《国际移民报告》，2018年8月17日（https：//baijiahao.baidu.com/s？id=1588122599099753684&wfr=spider&for=pc）。

[②] 联合国发布《世界人口展望》2017年修订版报告，2018年8月17日（http：//www.cssn.cn/gj/gj_gjzl/gj_sdgc/201706/t20170630_3565264.shtml）。

在增加，但日本、意大利、葡萄牙等发达国家人口老龄化问题日益严重。发达国家与欠发达国家因人口增长的不均衡发展将进一步影响全球人才的流动及供需，发达国家国内人才紧缺问题将日渐严重。在人才培养和人才供给结构方面，由于人才培养的延时滞后性、通用性等特点，以及人才专业选择、科学技术工程、工作要求的知识结构等方面的差异，使得人才供给往往滞后于人才需求或造成供需不匹配等。由此，进一步加剧了各国人才争夺的激烈程度。

（三）人才竞争战略作为国家参与全球化竞争主要战略的地位进一步凸显

人才资源，一方面可以通过人才培养的内生方式获得，另一方面则可通过引进和集聚的外生方式来填补。在人才要素流动日益全球化，交通、信息等阻碍流动的制约瓶颈日渐被突破的背景下，在人才自身更多自主选择国际流动的趋势下，世界各国都在积极参与全球的人才竞争，采用多重方式的人才引进策略和综合性人才政策，以进一步加快高层次人才集聚。

围绕着全球人力资源需求竞争成为竞争力的最主要战场，无论是国家、企业还是个人，都不可忽视的是"政府是每个国家的政府，市场却是全球性的市场，这就是全球化的致命弱点"[1]。因此，各国均根据自身国情制定完善本国人才战略，率先在全球范围内争夺高层次人才，以求在全球化浪潮中的竞争和合作中占有一席之地。比如，2012年德国全面实施欧盟"蓝卡计划"，日本法务省制定了"高级人才积分制度"，2017年美国总统特朗普签署行政命令，要求紧缩H-1B签证，以进一步确保只有外国高级人才才能获得H-1B签证在美国工作……据2017年《美国国际交流数据报告》[2]统计，2016—2017年度全美国际生总数为107.88万人，较上年度首次负增长，而中国和印度仍然是美国国际生的助力；据教育部统计数据，2017年中国出国留学人数达60.84万人，同比增长

---

[1] [美] 丹尼·罗德里克（DaniRodrik）：《全球化的悖论》，ZHLCN. Kindle 版本. Rodrik）.101.

[2] 《2017美国留学生最新数据报告》，2018年8月17日（http：//baijiahao. baidu. com/s？id = 158430 2999675388800&wfr = spider&for = pc）。

11.74%，仍然保持着世界最大留学生生源国地位，同年留学回国人员达48.09万人（其中获得硕博研究生学历及博士后出站人员达22.74万人）。①

人才资源本身就意味着竞争力水平。人才资源是推动一个国家、地区社会发展，刺激其经济增长，提升其竞争力的中坚力量，具有重要的战略意义。在经济全球化的进程下，由于人才资源对经济社会发展的不可或缺性，对人才的抢夺和竞争就成为了必然结果，特别是在全球化的高新技术领域，譬如人工智能领域，对人才的竞争更加激烈。世界各国特别是发达国家已经认识到人才战略的重要性并采取一系列措施，与此同时，中国虽然自21世纪初已确立人才强国战略，并自上而下制定并实施了相应的人才政策，但与发达国家在人才竞争方面的差距仍在进一步扩大。为此，如何在新一轮全球竞争中夯实国家人才战略的竞争优势和比较优势，确立自身的地位和拓展发展空间，需要进一步探索和完善更加积极、更加开放、更加有效的人才竞争战略。

二 提升人才竞争力是落实国家人才强国战略的重要内容

在当前全球经济处于大变革大调整的发展趋势下，一方面面临全球经济增速减缓，国际贸易摩擦增加，全球化发展受阻的困境；另一方面，随着我国经济社会转型发展的深入推进，面临较大的发展机遇和挑战。而人才作为城市发展的首要资源和科技创新的主体，如何实现人力资源要素的优化配置，在全球竞争和合作中占据人才优势，进一步提升综合实力，是城市乃至国家领导者均需考虑的因素。而深圳作为中国经济社会发展的先锋城市，在中国改革开放和现代化发展中创造了经济高速增长的成就。随着城市发展水平和层级的提升，深圳的发展进入了新的层面，在人才需求和发展方面也面临着新的趋势和新的要求。进一步提升人才竞争力，对深圳建设创新引领型全球城市势在必行。

---

① 《教育部：出国留学人数首次突破60万人　高层次人才回流趋势明显》，2018年8月17日（http://www.gov.cn/xinwen/2018-03/30/content_5278559.htm）。

(一) 提升人才竞争力是贯彻国家人才竞争战略的重要抓手

随着 20 世纪 80 年代以数字技术与高技能知识型劳动力为基础的新资本主义形式开始逐步形成，全球各国相继卷入了这场以知识经济为名的发展进程里。这一阶段，个体、群体乃至民族、国家如何应对和迎接知识经济时代的挑战，成为研究核心，知识经济与人的发展、人才问题的交融等亦成为研究的明确主题，伴随着知识经济发展全球人才问题也日益增多。

根源于全球与中国社会经济发展的现实条件、必然趋势和社会主义建设的内在要求，中国围绕人才队伍建设和人才问题提出了人才强国战略。2002 年，中共中央、国务院制定印发《2002—2005 年全国人才队伍建设规划纲要》，首次提出了"实施人才强国战略"；2003 年，第一次全国人才工作会议上，通过《中共中央国务院关于进一步加强人才工作的决定》，首次提出科学人才观理念；2007 年，人才强国战略载入《中国共产党章程》；2010 年第二次全国人才工作会议印发了《国家中长期人才发展规划纲要（2010—2020 年）》，确定了当前和今后一个时期人才发展的战略目标；2012 年，中共中央办公厅印发《关于进一步加强党管人才工作的意见》，2016 年中共中央发布《关于深化人才发展体制机制改革的意见》，再次强调人才发展机制改革是全面深化改革的重要组成部分，是党的建设制度改革的重要内容。

为了贯彻落实"人才强国"战略，我国各级政府结合各地实际普遍制定实施各类人才发展规划，落实推进中央各时期人才发展战略。以深圳为例，深圳自成立特区起即不断在人才政策、服务、环境等方面加大创新力度，提升引才聚才质量，推动人才发展。在此过程中，深圳运用组合政策工具提升人才竞争力，取得了较好的效果。譬如自 2008 年起在全国较早实施高层次专业人才"1＋6"政策，给予创新人才资金资助、研究进修等扶持，提供人才配偶就业、子女入学等一系列配套服务。2016 年深圳出台《关于促进人才优先发展的若干措施》（即人才"新政"81 条），2017 年又出台《深圳人才工作条例》，进一步以立法的形式保障人才发展体制机制改革，推动人才和促进人才发展。2017 年 11 月 1 日，深圳迎来首个法定人才日。当天,全国首个以"人才"命名的主题公园"深圳人才公园"开园。2018年2月初,《深圳市关于加大营商环境改革力度的若干措施》正式出台,进一步提出深圳将为海外人才提供更优质的公共服务,符合条件的海外人才可在人才住房、医疗教育、社会保险、创新创业支持等方面,按有关规定享受市民待遇。可以说,深圳人才竞争力的提升既是适应深圳城市发展的需要,也是国家以深圳为依托增强综合人才竞争力的重要抓手和支撑。

(二)提升人才竞争力是城市转型发展的必然要求

自改革开放以来,中国在分权、市场化与全球化三股力量的推动下,城乡区域经历了快速的经济转型与城市发展进程。自1978年至2016年,中国常住人口城镇化率由17.92%增加至57.35%,城市数量从193个增加到657个。[①] 由此,中国各大城市发展逐渐形成了不同的城市等级,也逐渐形成了不同的城市区域,比较著名的有三大城市区域,即长三角、珠三角、京津冀等。根据《国际城市蓝皮书:国际城市发展报告》,2016年中国入选世界城市数量达33个,深圳仅次于北京、上海、香港、台北、广州的第一梯队,位于世界城市第二梯队。[②] 据国内多项城市等级和竞争力排名,深圳均位于一线城市以及超大城市行列。

产业集聚逐渐形成了城市,而深圳作为经济特区是在党中央的决策和国家力量的支持下逐渐发展起来的,有其特殊的土壤。在发展过程中,从早期"三来一补"为主的产业结构,到规模化、集群化的OEM代工模式,再从传统产业主导转向高新技术产业为主导的产业结构,深圳的经济产业结构经历了多次迭代转型。《国家"十三五"发展规划纲要》首次将深圳确立为国际科技、产业创新中心,并要求将深圳建设为全球海洋中心城市。结合国家城市发展规划和区域发展定位,深圳已经明确了建设社会主义现代化先行区的发展定位,这对深圳的人才队伍建设提出了更高要求,亟须进一步提升人才竞争力。

[①] 数据来自国家统计局年鉴。
[②] 《中国33个城市入选"世界城市" 成都位列第二梯队》,2018年8月17日(https://www.yicai.com/news/5440654.html?from=singlemessage)。

随着经济全球化的发展，大城市日益成为全球经济竞争网络中的重要节点，其直接参与全球分工与国际竞争。21世纪国与国之间的竞争将更多地表现为重大节点城市之间的竞争，城市竞争定位将变得更加重要。① 在知识经济全球化时代，国际竞争力更多地表现为中心城市对全球范围内资源和信息的集聚能力和配置能力。艾伦·J. 斯科特认为："随着城市等级的变化，人力资本的类型也呈现出显著的差异性。规模较大的大都市区相对更专业化，呈现出与认知和关系类工作任务相关的人力资本类型。"② 对应城市发展的规模和等级变化，深圳城市产业人才需求逐渐转向以"符号分析师"和"低端服务阶层"——专业性职业和低薪服务型职业为主的人力资源结构。因此，基于城市自身发展和产业结构转型升级的需要，提升人才竞争力是城市发展的必然要求。

（三）提升人才竞争力是应对当前人才发展困境的破题办法

自"人才强国"战略提出及实施以来，党和国家高度重视人才培养，不断完善人才政策，深化人才发展体制机制改革，为广大人才创新创业营造良好环境。特别是党的十八大以来，各项人才发展政策和制度出台实施，从中央到地方，从行业到社会，不断推进人才工作体制机制创新。党的十九大报告指出，"人才是实现民族振兴、赢得国际竞争主动的战略资源。要坚持党管人才原则，聚天下英才而用之，加快建设人才强国"③。以深圳为例，在改革开放40年的发展历程中，从深圳经济特区刚设立时南下建设深圳的第一批基建工程兵，到20世纪90年代席卷全国的改革开放浪潮下从内地涌入的大量来深建设者，再到2000年以后迎来产业转型升级的关键节点，深圳逐渐吸引了大量高科技、高层次人才聚集。随着深圳的经济基础日渐夯实，经济实力不断提升，深圳市的人才竞争力水平也在逐渐提升，深圳逐渐成为全球化背景下吸引人才的高地。据

---

① 徐坚成：《人才国际竞争力研究——以上海为例》，上海社会科学院出版社2011年版，第64页。

② ［美］艾伦·J. 斯科特：《浮现的城市——21世纪的城市与区域》，江苏凤凰教育出版社2017年版，第92页。

③ 《中国共产党第十九次代表大会报告》，2018年8月15日（http：//news.cnr.cn/native/gd/2017 1027/t20171027_ 524003098. shtml）。

统计，截至2018年6月，深圳市高层次人才突破1万人，达到10993人；高层次创新创业团队达143个，其中全职院士达到38人，2018年以来新引进9人；2017年底，全市各类专业技术人员153.80万人；全市人才总量已经突破510万人，占2017年深圳常住人口的40.71%。在深圳市充足的人力资源带动下，深圳GDP突破了2万亿元大关，全社会研发投入总额也增加至800亿元，占地区生产总值的4.1%，位居世界前列。

虽然成绩巨大，但同时也应该看到，深圳的人才发展也面临一些深层次的问题。特别是随着深圳产业转型压力的加大，深圳人才供给与需求的矛盾凸显。一是在人才供给方面，深圳面临劳动适龄人口比重持续下降，劳动力供给压力加大等问题。劳动力供给不仅影响着产业结构转型升级的方向和实现程度，也决定着未来经济的可持续发展。据2015年深圳市社会性别统计报告，截至2015年末深圳常住人口1137.89万人，15—64岁人口为946.99万人，占全市常住人口比重为83.22%，较2000年的90.28%（第五次全国人口普查主要数据公报）比重明显下降；深圳总抚养比由2000年的10.63%增加至20.16%。整体来看，深圳劳动力年龄人口比重持续下降，抚养负担日趋加重，未来可能面临"人口红利"优势减弱的情况，人才的可持续供给面临挑战。二是高层次人才紧缺。劳动力的综合素质影响着产出效益，据2015年1%人口抽样调查数据显示，全市6岁及以上常住人口中，具有高中（含中专）以上教育程度的人口为545.69万人，占常住人口比重不足一半（47.96%）；具有大学（指大专及以上）教育程度的人口为257.93万人，每10万人中具有大学教育程度的人数由17644人上升为22668人。由此来看，深圳市大专及以上人员学历占常住人口比重约在22%—25%之间，大幅低于北京、上海、广州的30%。截至2017年底，深圳市各类专业技术人员153.80万人，比上年增长6.7%，占常住人口比重为12.28%；其中具有中级技术职称以上的专业技术人员46.50万人，总体来看深圳市高层次人才整体数量仍然较少。三是深圳在人才培养方面仍与北京、上海、广州等城市有较大差距。高等教育一直是深圳的软肋，在高等学校的数量和人才培养质量方面深圳与北京、上海、香港等城市有较大的差距，深圳90%人才靠外来输入。四是人才生活成本攀升对人才形成了一定的挤出效应。近年来，土地成为深圳城市发展的主要制约因素，深圳房价一路高涨。高房价已逐渐成为深圳居民的重要负担，对外来人才形成了巨大的挤出效应。

为此，深圳如何进一步提升人才竞争力，不仅关系着国家以城市为载体参与全球竞争的综合实力，同时也与深圳城市经济发展水平和城市综合竞争力水平密切相关。为此，必须牢抓人才战略，加强高层次人才集聚，完善人才培养、人才使用、人才引进、人才保障等机制，形成更大规模的人才集聚效应，提升人才的综合竞争力。

三 以深圳为样本研究人才竞争力的意义

随着经济全球化的进一步发展，产业和人才的国际分工及国内不同区域的产业布局逐步加快，不仅在全球范围内掀起了一场"人才战争"，中国各城市之间也深化了对人才的渴求和争夺。以人才竞争力为核心的竞争战略和举措在各地纷纷落地，而深圳，城市发展对标全球，人才竞争全国领先，在产业国际化过程中人才竞争力提升迅速而迫切，特别是在未来产业布局中更需要高新技术行业人才和国际化人才。因此，在这样的时代风口，进一步开展以深圳为样本的人才竞争力研究，有助于进一步梳理当前关于人才竞争力的评价维度；全面了解深圳在全球及国内人才竞争中的地位和定位；进一步建立健全未来深圳乃至一线城市人才竞争力提升的战略举措。

（一）人才竞争力研究有利于以国际视野定位深圳人才发展

深圳市是一座借改革开放东风迅速发展起来的城市，经过近40年的发展，深圳的土地资源开发空间已至极限，人才成为深圳最大的资本。深圳的发展经验和实践表明，深圳的优势在人才，希望也在人才。根据深圳的城市发展定位和目标，到2020年深圳基本建成现代化国际化创新型城市，成为全国高新技术产业发展高地，到2025年基本建成国际科技产业创新城市，到2035年，建成可持续发展的全球创新创意城市，科技和产业竞争力全球领先。与此同时，深圳也肩负着率先建成社会主义现代化示范区的历史使命。

因此，从全球化视野研究深圳人才竞争力，一是有利于按照"着眼全球，立足深圳"的战略方向，明确深圳在全球范围内的发展定位，明晰深圳的人才竞争力水平与国际一流城市的标准和差距。全球化和信息化带给了深圳国际竞争与合作，其应对根本上还在人才；同时深圳的人才竞争力提升又必须从全球化角度来考虑，以国际化标准来衡量，与此同时还要进一步引进国际化人才，使一些事业有成、任职关键岗位的高层次人才加入深圳建设，有效推动具有国际竞争力的人才优势转变城市发展模式，形成城市竞争优势。

二是有利于按照"国际视野，国际人才"的战略目标，明确深圳在人才国际化程度方面的发展水平，整体提升深圳的城市人才国际化视野和国际化人才规模。从全球范围来看，现代化国际大都市通常是开放程度大、国际化程度高的城市，目前深圳也已逐渐从商品国际化、产业国际化阶段转向人才国际化阶段。智力资源易于转移、扩散和辐射的特性，形成了人力资源开发的动态性和国际化特征，特别是国际人才，存在全球关注、全球开发、全球争夺、全球配置的发展态势，为此，深圳将视野放在国际人才市场，在全球范围招揽和集聚高层次人才，要以更加积极、更加开放、更加有效的政策引进和用好海外人才，以此建立起更加国际化、更具全球竞争力的人才队伍。

三是有利于促进"国际分工，人才环流"的目标实现，整体提升深圳及其企业组织在全球化分工与合作中的人才集聚和深化，加速深圳人才要素在全球范围内的流动和共享。随着深圳的国际化程度提高，越来越多的企业走出国门，在全球其他国家或城市设立研究中心或集团公司，更加加速了深圳本土人才走向全球的步伐，也加速了深圳国际化人才在全球范围内的流动，推动了信息和人才资源在深圳的流动、集聚和共享。

（二）人才竞争力研究有利于以国际标准提升深圳人才竞争力

在全球化视野下，近千万个城市在发展和成长，最新的全球城市发展相关研究中,深圳的城市综合发展水平多位于中等偏上水平,距离世界一流城市仍有较大差距。在全球100多个城市人才竞争指数评价方面,深圳的人才竞争实力多处于50名以外。虽在国内各大城市中,深圳有较强的人才竞争优势,但将之立足在全球视野内,深圳的人才竞争力仍有较大的提升空间,亟须进一步促进人力资源开发,提升人才资本实力,夯实人才优势。

从全球化城市人才发展战略和定位来看,一是有利于总结全球城市人力资源培养和开发、人才吸引和集聚、人才效能提升等经验,为深圳人才竞争力提升提供经验和参考。按照全球化人才流动规律来看,人才流向总体趋向经济较发达地区,总结经济发达地区城市人才发展战略,以改善高层次人才短缺等问题,提升人力资源开发水平。

二是有利于促进城市产业和城市人才需求的匹配,促进人力资源积累,形成人才竞争优势。人才在全球范围内的流动和在部分城市的高度集聚,形成了当今城市人才发展的独特景象,这与城市的产业结构和城市职能紧密相连。依托深圳的城市定位和以深圳为标的,对比深圳与全球其他城市在产业结构和人才结构方面的差异,有利于总结归纳深圳与一流城市相对的差异优势和潜在优势,进一步促进深圳构建在国际人才市场上的人才优势,以及发现未来潜在人才。

三是有利于深圳吸收世界城市人才发展经验,形成提升深圳人才竞争力的国际标准。世界各国主要城市在人才竞争实力上存在较大差异,其关于人才总量和综合发展战略等方面以及相应的政策配套体系和人才培养机制也有差异,有的城市注重人才引进,有的城市注重人才培养,有的城市注重人力资源开发等,凡此种种为深圳人才竞争力提升研究提供着丰富的养分和支持。

(三)人才竞争力研究有利于以深圳质量构筑国家竞争优势

世界经济全球化趋势的明显加快和中国经济科技的快速发展,使中国在国际人才市场中的主被动位势逐步异位,越来越多的海外人才开始意识到中国的巨大发展空间和由此所带来的较为乐观的职业发展前景。历史规律表明,当新科技革命推进产业重大变革时,不仅会催生一批新的重大产业，而且也会带动产业结构出现质的转变，产业的生产模式和竞争模式也会发生转变。深圳作为中国改革开放的先行区和试验田，始终秉持顽强的自主精神、有效的城市治理、从容的经济理性、开明的地方政府等理念，有力推动深圳城市发展。

在全球化视野下进一步研究深圳的人才竞争力，一是有利于提升深圳的人才优势，推动由人才优势转化为管理优势、技术优势以及理念优势，提升城市发展质量。随着深圳经济发展方式从主要依靠资金和物质要素投入转向主要依靠科技进步和人力资本阶段，依托人才形成的竞争优势更是成为城市发展的核心。实践经验表明，外商直接投资流入的不仅仅是资本，更重要的是先进技术、管理经验、经营理念、高端人才和营销网络等，对外开放招商引资和招才引智相互补充、相得益彰。因此，开放的态度和有效的人才政策，有助于从认识和制度上吸引人才，形成人才竞争优势。

二是有利于以深圳质量提升国家竞争优势。当今国际竞争的发展趋势表明，随着城市在全球范围内崛起，部分国家的代表城市某种程度上奠定了国家在某一领域或某一行业的全球竞争力，城市成为国家竞争的关键节点。比如美国硅谷领跑全球科技创新行业，奠定了其在全球的科技影响力；比如法国巴黎、意大利米兰等城市在全球时尚领域独树一帜，奠定了其在全球的时尚引领魅力。因此，以人才竞争力提升为抓手提升深圳质量，有利于深圳发挥其在全国范围内的辐射作用和引领作用，以城市带动区域发展，增强国家竞争的影响力。

第一章 人才与人才竞争力及相关理论研究

古今中外,"人才"问题始终为全球各国所重视。受国家制度、社会经济发展水平等因素影响,各国的人才观念略有差异。但在对人才问题的研究中,如"一千个读者就有一千个哈姆雷特"一样,从不同的学科和不同的视角来看,人才研究逐渐深化并发展成不同的研究领域,其中包括从管理学视角切入的人才学和人力资源管理概念、从经济学视角切入的人力资源和人力资本概念、从历史学视角切入的人才观念、从社会学视角切入的人口流动等。近年来随着全球人才竞争加剧,国内各城市加速积累人才资源,人才竞争力成为人才研究中的"显学"。本章主要对人才及人才竞争力相关的概念、理论及研究现状进行梳理。

第一节 人才与人才竞争力

一 什么是人才

(一) 国内对人才的定义

"人才"是一个具有独特中华文化气质的概念,也是我国所特有的一个概念,其最早见于《诗经》。"菁菁者莪,乐育材也,君子能长育人材,则天下喜乐之矣",其借用比兴的手法指代人才是天下人都乐于接受的并对社稷有贡献的特殊的人。《说文解字》中也有云"材,木挺拔也"。比喻人才是人群中优秀且有贡献的部分。在人才观念提出之时,先秦儒家等将人才认定为"六德、六行、六艺的人"。其以是否具备德行、才能和学问三项素质来界定人才。

随着历史的发展,人才的认定也呈现动态和多样的变化,且并无统一标准。比如在清末时期,社会出现了广智论的大人才观,认为人才不是仅仅指几个英雄豪杰,而是包括多数的普通人;广智,即开发民智,是广泛培养人才。同时,还有指出培养人才应"经世致用"[①]。而自改革开放以来,随着中国现代人才学的研究深入,对人才概念的探讨进入科学、规范的阶段。

在"人才"概念的萌芽阶段,研究人才学的学者并不多,但是已有的学术成果都揭示了"人才"概念的两点本质属性,一是强调创造性劳动,二是强调贡献。雷祯孝、浦克强调人的创造性和贡献,认为人才指那些用自己的创造性劳动效果对认识自然改造自然,对认识社会改造社会,对人类进步做出了某种较大贡献的人。这种人才定义强调了创造性和贡献,是最典型的尖子论人才定义。人才学创始人王通讯提出人才就是为社会发展和人类发展进行了创造性劳动,在某一领域某一行业或某一工作上做出较大贡献的人。雷祯孝与王通讯都强调了创造性劳动为社会进步所做的贡献,不同的是雷祯孝强调了看得见、摸得着、已被社会承认的贡献,王通讯则认为尚未被社会承认以及永远未被社会承认的创造性劳动也应包含在人才的定义中。

在"人才"概念的形成阶段,学术界继承了人才"创造性"和"贡献能力"的特点,进一步完善了人才的定义,形成了统一的说法,其中以叶忠海和王通讯为代表。叶忠海强调人的专业性,认为人才是指那些在各种社会实践活动中,具有一定的专门知识、较高的技能和能力,能够以自己的创造性劳动对认识、改造自然和社会,对人类进步做出某种较大贡献的人。[②] 叶忠海指出不能绝对地以学历、职位论人才。王通讯认为人才就是为社会发展和人类进步进行了创造性劳动,在某一领域、某一行业或某一工作上做出较大贡献的人。王通讯指出,不管是为社会所承认的贡献,还是未被社会所承认的贡献,均应被定义为创造性劳动,且人才可以分为显人

---

① 孙大伟、杜彬伟:《现代人才学:基本理论与实践问题研究》,中国财富出版社2016年版,第57—58页。

② 同上书,第1页。

才和潜人才，人才有类别、层次之分，不能以名声论人才，不能以成败论人才。这一阶段关于"人才"的研究，更进一步强调了人才的创造性劳动和贡献，且人才的创造性劳动所产生的社会作用是推动人类社会的进步，同时也指出在各个不同的实践领域，都有属于本行业的专业人才。

"人才"概念的丰富和发展以叶忠海和罗洪铁为代表。叶忠海（1990）在《普通人才学》一书中指出，人才是指在一定社会条件下，能以其创造性劳动，对社会或社会某方面的发展做出较大贡献的人。这个定义提出了"在一定社会条件下"的限定词，表明人才具有鲜明的社会性和时代性。

2001年以后，随着经济的发展，改革的深化，以及中国加入世界贸易组织（WTO），"唯才是举"，一个最基本问题再度引起学术界和管理界的讨论兴趣，这就是"谁是人才"，即人才的定义与界定。[1]罗洪铁（2003）指出"人才是指那些具有良好的素质能够在一定条件下通过不断地取得创造性劳动成果对人类社会的发展做出了较大影响的人"。党和国家的发展中也多次提出何谓人才。邓小平提出了人才的"四化"和"四有"标准，主张革命化、年轻化、知识化、专业化，提倡有理想、有道德、有文化、有纪律。2003年12月召开的全国人才工作会议，充分吸收了对人才定义的讨论成果，为适应新形势新任务新要求，《中共中央、国务院关于进一步加强人才工作的决定》对人才定义进行了新的阐释："只要具有一定的知识或技能，能够进行创造性劳动，为推进社会主义物质文明、政治文明、精神文明建设，在建设中国特色社会主义伟大事业中作出积极贡献，都是党和国家需要的人才。"这个定义充分体现了"尊重劳动、尊重知识、尊重人才、尊重创造"的方针，从而使人才概念更具有时代性和导向性。《国家中长期人才发展规划纲要（2010—2020年）》中特别指出："人才是指具有一定的专业知识或专门技能，进行创造性劳动并对社会做出贡献的人，是人力资源中

---

[1] 丁进：《人才概念的发展和"国际化人才"的定义》，《中国领导人才的开发与管理——2010领导人才论坛暨第二届中国党政与国企领导人才素质标准与开发战略研讨会论文选集》，2010年。

能力和素质较高的劳动者。"

随着人才概念的不断完善,人才的实质呈现出以下四点:一是人才应该具有良好的综合素质;二是人才必须不断进行创造性劳动,并且取得创造性成果;三是外部条件是人才进行创造性劳动的必要因素;四是人才取得的创造性劳动成果必须对社会的发展产生积极影响。由此来看,人才具有"再生性""能动性""社会性""流动性"等属性,呈现出"创新性""超越性""流动性""时效性""自主性"等特点。

(二)国外对人才的定义

国外对人才的讨论建立在人力资本理论的基础之上,没有专门的人才定义。国外关于"人才"的说法,主要有以下类似的词汇和词组,如:person with ability, genius, talent, talented people, human resource, human capital 等。其中 genius、talent 等表示的含义为天才、有天赋的,其含义范围小于"人才",而"human capital"的含义则比人才含义更广一些。

为此,国外学者大多从人才管理(Talent Management)的角度出发研究人才潜力的开发。Lewis 和 Heckman 提出人才管理是人力资源管理的一部分,人才管理是根据典型的人力资源部门实践和功能来概念化的。人才管理被视为一个通用的实体,并将重点放在培养和发展高绩效、高潜力的人才或一般人才上。[1] David G. Collings 和 Kamel Mellah 认为人才可以为组织提供可持续的竞争优势,因此战略人才管理可以定义为以下活动和流程。第一,系统地识别对组织的持续竞争优势有不同影响的关键职位;第二,发展具有高潜力和高绩效的人才库以发挥这些作用;第三,发展差异化的人力资源架构,不断提升人才的能力,引进新人才,不断壮大组织的规模和维持组织的竞争力。[2]

在实际运用中的人才的定义大都是基于统计和分析的需要所做的外

---

[1] Lewis, R. E., & Heckman, R. J., "Talent Managemen: A Critical Review", *Human Resource Management Review*, No. 16, 2006, pp. 139 – 154.

[2] David G. Collings, Kamel Mellahi," Strategic Talent Management: A Review and Research Agenda", *Human Resource Management Review*, Vol. 19, No. 4, 2009, pp. 304 – 313.

延式定义,着重考察人才的界定范围和测量指标。例如,国际人才评价主要以系统的学校教育状况和科学家与工程师数量等指标评价国家人力资源状况。联合国的《人类发展报告》使用各级教育的入学率和承认识字率指标,世界银行使用承认文盲率、科学家和工程师数量、理工科大学生数量、技术开发人才数量等指标。不同国家对人才的统计标准也存在一定的差异,如在美国,是以每万人中拥有大专以上学历和工程师的数量作为统计标准。

国外对人才的定义,包含了两个基本点,一是强调贡献性,二是强调人才的内在素质,一般体现在教育水平、知识技能水平等方面。

(三) 人才的标准

人才标准,回答了什么人是人才的问题,是对人才本质特征的具体衡量把握,是具体化的人才概念。人才最终体现为符合人才标准的具体人员。[①]

人才概念的内涵,即人才概念的含义、内在的规定性,学者也有不同的观点。张国锋认为人才一般应具备以下四个方面的要素,第一,人才必须是劳动者,劳动是区别于人与其他自然生物的根本特性,也是人才与非人才的最基本差别;第二,人才必须具备一定的专业知识或专门技能,这是人才的基本要求;第三,进行创造性劳动,并不是每一个从事劳动的人都是人才,只有从事创造性劳动,从事有所突破、有所创新、有所前进的劳动并在劳动中体现出自己独特的价值的人才是人才;第四,对社会做出积极贡献,这是人才的本质特征,是创造性劳动的最终实现形式和载体。[②] 华才提出,人才之所以成为人才,其区别于一般的劳动者和人力资源的本质在于人才的杰出性,人才的知识技能、创造性劳动和社会贡献优于一般人,离开了杰出性,人才一词也失去了其存在的意义,完全可以用"人员""人力"等来代替。[③]

李维平从经济学角度对人才的创造性进行分析,他认为人才进行创造性劳动的过程是人力资本向资本转化的过程,人才是建立了知识和能

---

① 华才:《人才概念与人才标准》,《中国人才》2004年第2期,第61—62页。
② 张国锋:《马克思主义人才思想的创新发展与实践应用研究》,博士学位论文,南开大学,2013年。
③ 华才:《人才概念与人才标准》,《中国人才》2004年第2期,第61—62页。

力的结构优势，积累了更多人力资本的人，人才区别于非人才，在于人才身上是否积累了更多的人力资本，因而能够在同等的社会劳动时间内生产出加倍的价值和使用价值。同时他也对人才的杰出性做出了解释，人才的杰出性不仅指人才的创造能力杰出，也指人才的学习能力杰出，由于具备了知识能力结构优势，积累了雄厚的人力资本，因而人才的劳动等于加倍的简单劳动。由上可得出，所谓人才，就是通过学习与实践，以知识与能力的形式，积累了更多的人力资本，能够在同等劳动时间内，创造更多社会价值的劳动者。[1]

正因为人才杰出性的本质，使成才成为人们的追求，也使人才需要一定的标准去衡量，去与一般人相区别，人才标准就是使人才与一般人相区别的标准，是衡量人才杰出性的标准，即人杰出到什么程度才能算是人才。全国人才工作会议和《中共中央国务院关于进一步加强人才工作的决定》提出了科学的人才观，并指出，"要坚持德才兼备原则，把品德、知识、能力和业绩作为衡量人才的主要标准，不唯学历、不唯职称、不唯资历、不唯身份、不拘一格选人才"。

二 什么是人才竞争力

20世纪80年代以来，随着竞争力理论的发展和研究的不断深入，人们发现，人力资源在竞争力中的重要性越来越明显。一个国家（地区）未来竞争力如何，将取决于其人力资源方面所拥有的优势。于是，人力资源作为一种特殊的竞争力要素逐渐为学者们所重视，并把它作为一个单独的研究对象。关于人才竞争力，根据本书作者的理解，就是一个国家、地区或组织通过实施人才战略、制定人才政策、优化配置人才资源、推进人才创新创富能力建设而形成的，对人才资源的吸引、争夺、拥有、使用、转化、开发的能力。它既反映该国家、地区或组织静态的人才创新创富和产出贡献能力，诸如该国家、地区或组织在一定时期内人才的数量、结构、效益、能力水平等人才实力状况，也反映该国家、地区或组织留住自身人才的凝聚能力和对外部人才的吸引力以及在国际国内人才流动中的市场争夺能力。

---

[1] 李维平：《关于人才定义的理论思考》，《经济视角（下）》2010年第12期，第1—3页。

当前国内学者对人才发展状况的评价多是根据不同的研究背景和现实需求，采取不同的评价方法，从国家、区域等多个层面进行研究。从研究范围上来讲，当前人才竞争力的研究主要从国家、区域（包括省级行政区和跨行政区域的经济圈）、城市、企业四个层面展开。[①]

（一）国家人才竞争力

人是社会生产力发展的根本动力，世界各国或区域经济社会发展有快有慢的事实表明，各国、各地区人力资源在经济社会和科技发展中的作用存在着差异，也存在着普遍的发展规律。杜谦提出，在探寻人在经济社会与科技发展中的作用及其规律时发现，从长期的发展进程来看，国家或区域发展的快慢不是以人力资源的多寡为依据，也不是以科技人力资源的数量为尺度，而是以人力资源开发利用效率和效益的高低为决定因素。[②] 就具体的人才竞争力而言，国外没有专门进行系统的定义和规范。

通常我们认为一个国家的竞争力与该国自然资源、劳动力资源的储备有很大的关系，但是现在人力资源，尤其是人才（Talents），对于国家竞争力的影响将更为重要。人才竞争力不再仅仅是从微观层面分析单个企业或是组织的竞争力，它也逐渐变成国家之间竞相争夺的战略资源，人才资源和创新力是一个国家竞争力的重要来源。[③] 人才国际竞争力（Global Talent Competitiveness）是指与其他国家相比，一个国家拥有较多人力资本的群体在一定的生活环境、创业环境、创新环境和宏观环境条件下的创富与创新能力。[④]

Lanvin 和 Evans 提出，全球化和各国之间的流动性，让全球经济受益。其中流动性也被重新定义，有创新精神和领导能力的人才开始在国家间流动，来自不同国家的人开始相互合作。人才是国家间交流的重要

[①] 司江伟、韩晓静、沈克正：《山东省人才竞争力评价体系的构建与实例测算》，《统计观察》2017 年第 2 期，第 100—103 页。

[②] 杜谦：《2006 年世界科技人力资源竞争力》，《中国科技论坛》2008 年第 2 期，第 105—110 页。

[③] Serban, A., & Andanut, M., "Talent Competitiveness and Competitiveness Through Talent", *Procedia Economics and Finance*, Vol. 16, 2014, pp. 206 – 211.

[④] 刘尚超、倪鹏飞：《国家人才竞争力评价及提升建议》，《中国国情国力》2014 年第 10 期，第 58—60 页。

纽带，越来越多的国家开始重视人才竞争力，并在全球范围内开展人才竞争，发展、吸引、维持人才队伍。在此背景下，INSEAD 在 2013 年首次提出了国际人才竞争力指数评价体系（The Global Talent Competitiveness Index 2013），为各国在制定和实施人才政策时提供一个量化的工具。GTCI 指数评价体系是一个投入—产出模型，从一个国家对于人才的生产和获得（投入）和人才对于国家经济发展的能力（产出）出发，对国家人才竞争力进行评估。

在人才产出方面，人才产出评价指标旨在测量一个国家的人才政策、人才资源等方面对该国人才质量的影响。GTCI 将人才的技能输出分为中级和高级。中级技能又叫劳动力和职业技能（Labour and Vocational Skills or LV Skills），指通过职业训练获得的技能或者是其在劳动力中所拥有的技术技能。高级技能，又称知识技能（Global Knowledge Skills or GK skills），这一技能用于衡量专业人才、管理人才和领导者的技能，他们的评价指标与创新能力以及企业家精神有关联。GTCI 的投入指数评价指标借鉴了企业的人才管理理念，即人才管理师组织在吸引、选拔、发展、保持关键人才雇员等方面所做的努力。GTCI 根据这一定义，分别从人才政策、投入资源、人才环境等方面对人才竞争力进行评价。人才投入评价指标用于评价一个国家在培养本国人才竞争力方面所做出的努力，具体分为人才环境指标、开放程度指标、教育和学习机会指标以及可持续发展指标。[1]

（二）区域、城市人才竞争力

"区域人才竞争力"或"区域人力资源竞争力"的研究在学术界悄然兴起。[2] 林喜庆把国内学者提出的区域人才竞争力大致归纳为 5 类，分别是"整合论""实力论""吸引论""优势论""综合论"。

"整合论"的代表是华才和丁向阳等人。华才从动态的角度提出：人才竞争力实质上是一个国家、地区和单位人才资源数量、质量、效益和环境等各类人才因素的有机综合和高度凝聚，是各类人才因素的能量

---

[1] INSEAD, The Global Talent Competitiveness Index 2013, Singapore, 2013.
[2] 林喜庆：《区域人才竞争力研究综述》，《电子科技大学学报》（社科版）2009 年第 5 期，第 30—34 页。

化。① 丁向阳认为人才竞争力是竞争主体对人才竞争的环境、政策、制度等因素有机综合和高度聚集（系统整合）而形成的力量，即人才竞争的能力。②

"实力论"观点以江苏省人事厅课题组为代表，认为区域人才竞争力，可以定义为一个地区人才队伍在社会经济生活的竞争、博弈、对抗中所显现的总体能力，包括综合实力、凝聚力和创新能力。③

"吸引论"观点是一个地区通过对人才要素的优化配置而表现出来的对人才要素的"吸引力"，其中以陆晓芳、杨思信等人为代表。陆晓芳等人认为，"所谓人才要素区域竞争力就是指一个区域在其所属的大区域中对人才要素的优化配置能力，也就是区域在大区域中对人才要素的吸引力和市场争夺力"④。杨思信从区域综合吸引力的角度出发，认为"所谓区域人才竞争力，是一种吸引、利用人才资源，并促进区域经济社会可持续发展的综合能力"，并指出这种"吸引力"的内涵十分丰富，具体包括"区域自然环境吸引力""区域经济吸引力""区域科教吸引力""区域生活吸引力""区域社会文化吸引力"等多种因素。⑤

赞同"优势论"的学者以林泽炎等人为代表，林泽炎认为人才竞争力是某一组织相对于其他组织而言，有助于组织战略实现、业务发展的人才数量、质量的开发及人才效能的发挥等方面具有的比较优势。⑥

"综合论"的开发则将区域人才竞争力定义为一种"综合"的竞争力，如张厚和等人强调静态和动态结合对人才竞争力进行分析，提出了"人才综合竞争力"的概念，认为"静态意义上的人才综合竞争力是与其他地区在人才数量、质量、人力资本存量等方面相对比的能力；人才

---

① 华才：《大力提高我国的人才竞争力》，《中国人才》2002年第10期，扉页。
② 丁向阳：《人才竞争战略》，蓝天出版社2005年版。
③ 江苏省人事厅课题组：《提升区域人才竞争力是江苏人才发展战略的核心目标》，《中国人才》2002年第9期，第44—46页。
④ 陆晓芳等：《人才要素区域竞争力评价模型》，《吉林大学学报》（工学版）2003年第3期，第82—83页。
⑤ 杨思信：《甘肃省人才竞争力的现状与发展对策》，《甘肃行政学院学报》2006年第1期，第48—50页。
⑥ 林泽炎：《提升人才竞争力的四大举措》，《人才资源开发》2005年第11期，第8页。

动态综合竞争力是指人才的获取、保持和发展等方面的能力"[1]。王高岑则强调"三位一体"的人才竞争力评价体系，认为应从人才综合实力、人才内在竞争力和人才环境竞争力对区域人才竞争力进行考察，事例是基础，内在因素是动因，环境因素是条件，相互影响、相互制约、互动发展。[2]

而王运红等在《区域人才政策竞争力对比研究》中指出，人才要素区域竞争力是指一个区域对人才的优化配置能力和通过人才战略、人才政策、人才建设能力带来的在大区域中对人才要素的吸引力和市场争夺力。[3]

第二节　人才竞争力的理论基础

一　人力资本理论

17世纪，英国古典经济学家威廉·配第做出了"土地是财富之母，劳动是财富之父"的论断，被认定是首次运用了人力资本的概念。直到20世纪50年代，人力资本理论作为一种经济理论在西方兴起，以舒尔茨为代表的经济学家将人力资本理论的研究推向了一个新高度。

（一）早期的人力资本理论

亚当·斯密提出，劳动力是经济进步的主要力量，全体国民后天取得的有用能力，都应被视为资本的一部分。因此，人力资本投资可以由私人出于追求利益的投资行为来完成。继亚当·斯密之后，约翰·穆勒再次指出"技能与知识都是对劳动生产率产生重要影响的因素"，他强调取得的能力应当同工具、机器一样被视为国民财富的一部分。阿里弗雷德·马歇尔则是现代人力资本理论形成之前的经济学家，其将人的能力分为"特殊能力"和"通用能力"两种，前者指决策能力、责任力、

---

[1] 张厚和等：《苏州市人才综合竞争力评估指标体系的建立与应用》，《苏州大学学报》（哲学社会科学版）2006年第1期，第125—129页。
[2] 王高岑：《关于人才国际竞争力的几个问题》，《岭南学刊》2002年第5期，第71页。
[3] 王运红等：《区域人才政策竞争力对比研究》，《中国科技资源导刊》2014年第11期，第82—89页。

通用知识和智力，后者指劳动者的体力和熟练程度。美国经济学家沃尔什则首度提出了"人力资本"的概念，其通过对个人的教育费用和以后收入相比较以计量教育的经济效应，证明教育投资的资本投资性质。

（二）舒尔茨的人力资本理论

西奥多·W. 舒尔茨从落后的农业国家农民收入低下、而工业发达国家农民收入较高的实证研究中发现，劳动者的收入高低与劳动者的智力、技能很有关系。舒尔茨提出了著名的观点：在影响经济发展诸因素中，人的因素是最关键的，经济发展主要取决于人的质量的提高，而不是自然资源的丰瘠或资本的多寡。

他指出"我们所以称这种资本为人力资本，是由于它已经成为人的一部分，又因为它可以带来未来的满足或收入，所以将其称为资本"。其认为：和体现于物质产品上的物质资本一样，人力资本是体现于劳动者身上的，通过投资形成并由劳动者的知识、技能和体力所构成的资本。也就是说，体现在劳动者身上并以其数量和质量表示的资本就是人力资本。舒尔茨指出，在人力资本的形成过程中，投资是非常关键的，大概可以将人力资本投资渠道划分成几种，包括营养及医疗保健费用、学校教育费用、在职人员培训费用、个人和家庭为适应就业机会的变化而进行的迁移活动等。这些投资一经使用，就会产生长期的影响，也就是说，投资所形成的劳动者素质的提高将在很长的时期内对经济增长做出贡献。

（三）贝克尔的人力资本理论

贝克尔则进一步充实和丰富了人力资本理论。其认为用于教育、在职培训、卫生保健、劳动力迁移及收集价格与收入信息等实际活动的支出都是一种人力资本投资，而不是消费，因为它们不仅能在短期内提高劳动生产率，而且可以长期起作用。贝克尔认为人力资本不仅意味着才干、知识和技能，而且还意味着时间、健康和寿命；同时，其还认为人力资本生产率取决于拥有这种资本的人的努力程度，因此适当而有效的刺激可以提高人力资本的使用效率，这是人力资本和物质资本最大的区别。

（四）新经济增长理论中的人力资本理论

与此同时，阿罗在《边干边学》中指出在生产与学习过程中，以生产更多的物质资本品而积累的更多知识，使下一代资本品所含的技术得以提升，技术的"溢出效应"又使得所有劳动力和固定资产投资在生产最终产品时效率都有所提高。因此，阿罗将经济增长完全归功于学习过程和技术的外部效应。根据阿罗的思想，卢卡斯和罗默对新经济增长理论研究中将人力资本视为最重要的内生变量，特别强调了人力资本存量和投资在内生性经济增长和从不发达经济向发达经济转变过程中的首要作用。其研究揭示了人力资本投资水平及其变化对各国经济增长率和人均收入水平收敛趋势的影响。其中，罗默认为专业化的知识可以产生"内在经济效应"，以及由此产生的技术进步的内在循环与驱动机制，其强调要提高经济增长率，必须在研发部门多投入资源以提高知识积累率，特别是加强该部门中人力资本的投入与培养。卢卡斯则认为专业化的人力资本积累才是经济增长的真正源泉，其一方面可以通过学校正规教育获得，另一方面则是"边干边学"或"在职培训"。

人力资本理论解释了人力资源在经济发展中的重要地位，促使学者将研究重点转到提升人才竞争力上。同时它也为提升人才竞争力提供了理论指导，人力资本是一种特殊的资本形式，无论是物质资本还是人力资本，都需要一定的投资才能形成，才能带来剩余价值，而人力资本投资的过程正是人力资源开发的过程，是提升人才竞争力的过程。人力资本理论将人才竞争力上升到了宏观层面，使学者从宏观的层面去研究如何提高一个国家或地区的人口质量。[①]

二 人才资本理论

（一）人才资本理论基本观点

国内学者桂昭明通过对人才资本的研究，提出了人才资本理论（Capital of Talent），认为人才资本是体现在人才本身和社会经济效益上，以人才的数量、质量和知识水平、创新能力特别是创造性的劳动成果及对人类的较大贡献所表现出来的价值。人才资本有多种价值形态。[②]

[①] 柯志钦：《知识经济时代如何提升珠海市人才竞争力研究》，硕士学位论文，吉林大学，2009年。

[②] 桂昭明：《人才资本论纲》，《中国人才》2003年第9期，第4—10页。

人才资本结构包括显形资本（Delomorphic Capital）和隐形资本（Connotative Capital）两部分。显形资本即为人力资本意义上的教育、卫生保健、迁移等投资量。如果把学历作为教育投资的结果，显形资本在形态上可分为学历资本（Educational level Capital）和健康及迁移资本（Health and Migratory Capital）。

人才资本中的隐形资本从以下两个方面表现出来：其一，根据人才范围的界定，具有相同等级专业技术职务的人才，其知识技能和工作能力所处的层次一般说来是相当的，但具有相同等级专业技术职务的人才，不一定都具有相同等级的学历。也就是说，有一部分人才尽管只有较低学历，但他们在不脱离劳动岗位的前提下，通过在岗训练和边干边学，不增加教育投资而达到了与比他们学历高但同职级人才相当的知识水平。从其创造性的劳动成果表现出来的工作能力显示其对所任技术职务的完全胜任，通过规范的专业技术职务评审聘任而予以界定，亦即通常所说的"自学成才"，显然自学成才者的人力投资亦即拥有的显形资本，少于高学历同职级人才，多于同学历低职级人才这一份差额价值量即为隐形资本。这份隐形资本是通过人才的自学自研，在原来较低的显形资本基础上的增值，其形态可称为学习资本（Study Capital）。其二，人才资本的价值主体主要是通过人才创造性的劳动成果和对人类的较大贡献表现出来，其形态可称为创新资本（Innovation Capital）。创造性劳动成果——重大科技成果、发明创造、技术革新价值，不仅远远超过人才自身因教育、卫生等投资而形成的显形资本，而且，创造性劳动成果的价值体现在社会效益上，有时是无法估量的。虽然无法估量，但是杰出人才所拥有的巨大隐形资本是依赖于杰出人才因自身教育、卫生等投资而积累的显形资本。可以说显形资本是人才资本的基础，没有人才的显形资本也不会产生人才的隐形资本。

（二）人才资本的性质

第一，生产性是人才资本最基本的性质。人才资本是现代生产过程中必不可少的、最重要的生产要素。第二，由于人才资本的形成和存量需要投入大量的劳动、时间、金钱等稀缺资源，所以人才资本是一种稀缺的资本。第三，人才资本存量是可变的，有正增长和负增长两种趋势，通过人才资本的投资或者社会需求的变化使人才资本存量价值增加。第四，人才资本是其所有者用来谋取经济利益的一种手段，人才资本具有功利性。第五，人才资本的增值具有无限性。由于人才资本中隐形资本，尤其是创新资本形态的存在，其对人类进步和社会发展的价值的不可估量决定了资本增值的幅度是无界的，因此人才资源开发的重点是开发人才的创造性。

（三）人才资本与人力资本的关系

人才资本概念是在人力资本概念的基础上生发出来的。人才资本需要通过人力资本投资的积累并达到一定的阈值时，才能在其显形资本的基础上不再依赖教育投资，可以通过自学自研而不断形成并逐步增值隐形成本。人才资本和人力资本的主要区别体现在以下几个点：（1）人力资本的"人力"（Human）泛指具有劳动能力（脑力和体力）的所有人，外延很宽；而人才资本中的"人才"（Talents）则是特指人力资源中的一部分有专门技能的人力，外延较窄。（2）人力资本中的"资本"（Capital）指舒尔茨为代表的人力资本理论中通过教育、卫生保健、迁移等方面的投资形成的，凝结于人体的资本，是一般性人力资本（Common Human Capital）；而人才资本中的"资本"指"新增长理论"中的特殊的知识和专业化的人力资本（Especial Knowledge and Specialized Human Capital）。（3）人力资本的内涵泛指知识技能和工作能力；人才资本的内涵则突出强调创新能力、创造性劳动成果及对人类进步和社会发展的贡献。（4）人力资本是通过教育、卫生保健等方面的投资而形成的，用货币形态衡量；人才资本的价值量由显形资本和隐形资本两部分构成，其中隐形资本是人才通过自学自研获得的增值量，是其能力的体现。（5）人才资本理论揭示了人力投资达到一定阈值时——人力成为人才时，人才资本会增值的规律。也就是说，当人力投资使人具有一定的知识技能时，同时也具备了获取新知识、形成新技能的基本能力；但是人力资本不存在阈值的概念，因为其起点资本为零。（6）人力资本和人才资本在资本收益上存在一定的差异。人才资本增值的无限性，使其受益较之人力资本具有更长的时效性。人才资本受益的社会性比人力资本更为显著，且人才资本受益的增长幅度较之人力资本会有更大的增长幅度。

综上所述，人力资源可以概括为凝聚在人体上的知识和技能的综合，是与自然资源、资金资源相对的具有能动性、主体性的特殊资源。而人才资源是人力资源中具有一定的知识和技能、素质较高的一部分。人才总体上强调了一个国家或地区中具有较强的管理能力、研究能力、创造能力和专门技术能力的人的总称，它强调了人的质量方面，即劳动力资源中杰出的、优秀的那些部分。

三 人才流动理论

教育投资增强了人才的竞争能力，而人才流动则加速了信息、技术、人才的交换和集聚，能在一定程度上提升因人才流动而产生的经济效应。而人才流动理论也经历了从早期的人口流动理论向现代人才流动理论的转变。

（一）早期人口流动理论

早期的人口流动理论相关研究中，美国经济学家亚瑟·刘易斯（W. Arthur. Lewis）最早提出了基于二元经济理论的人口流动模型，其又称两部门剩余劳动理论模型，且被公认为解释第三世界国家剩余劳动力转移过程中的一般模型。刘易斯把发展中国家的经济分成两个部门（通称为二元经济），即由农业生产为代表的传统农业部门和以工业为代表的现代工业部门组成。前者是以传统生产方法进行生产的，人员过剩的，边际生产率为零或负数的非资本主义部门，后者是以现代方式进行生产的，劳动生产率高，工资水平较高的资本主义部门。因传统农业部门有大量剩余劳动力，于是在两部门的差异化作用下，农村剩余劳动力资源逐渐转移向工业部门，人口区际流动由此产生，且农村剩余劳动力向工业部门的转移是经济发展的必由之路。托达罗则以发展中国家的城乡普遍存在失业问题这一角度为出发点提出了微观的人口流动是基于迁移的成本——效益计算后决定的。其认为，只要城市的预期收入高于农村，则农村人口就向城市流动。

（二）现代人才流动理论

马斯洛需求层次理论认为，人都有获得尊重的需求，且人所追求的最高层次目标是个人价值的自我实现。因此，只有尊重人的内在需求、创造一个具有社会活力、充分张扬人的个性的人才环境，人才汇集效应才能形成，这是人才汇集机制形成的核心。马斯洛需求层次理论部分形象呈现了现代人才流动中的尊重理论。卡茨提出的组织寿命学说强调，一个科研组织是有一定寿命的，其涵盖了成长、成熟、衰退的过程。组织也有一个最佳年龄区，即1.5—5年，组织超过了5年，即需要进行人才流动，进行改组。其从企业活力角度论证人才流动的重要性和必要性。弗兰卡、瑞森和萨德卡等人认为，人才作为具有专业技能的劳动者具有和资本一样的流动性。一般而言，人才的收入比较高，因而他们往往被适用于最高的边际税率，因此只要异国个人所得税最高边际税率和其他国家的最高边际税率差距足够大，就有可能把部分具有高技能的人才"挤出"本国，从而使人才在国际上流动。[①]

四 人才集聚理论

19世纪90年代，马歇尔提出，产业空间的集聚、城市化和人才集聚本身存在动态关系，人才集聚只有与产业集聚、人才环境协调发展才能使集聚产生稳定性和持续性的效应，以此形成"强路径依赖"，使集聚地获得先行发展的优势；否则，人才的集聚只能是昙花一现。自马歇尔之后，西方学界关于集聚机制重点研究集聚的经济结构和因素结构，人才集聚的经济结构则根据集聚类型划分为横向的人才集聚和纵向人才的集聚。

一是横向的人才集聚模式。新经济地理学从人才集聚和产业集聚的相互关系方面界定人才集聚的程度、变迁和优化。斯科特基于中心—外围的视角分析因市场不确定性和技术变化出现了"灵活的专业化"新分工模式，进而使部门群集、竞争和合作，以此产生技术、知识外溢效应、工资差异和创新需求推动；同时，斯科特还提出了在知识经济时代人才作为核心生产要素和知识载体，而形成了人才和知识的外部化和共享性的逻辑框架。

二是纵向人才集聚模式。研究表明，交易成本是纵向人才集聚

[①] 孙健：《人才集聚的理论分析与实证研究》，科学出版社2018年版，第24页。

的重要变量,其中处于增长中心的高新技术会形成巨大的人才集聚辐射力,生产中的知识分工和公司间交易活动的结构内生地衍生出纵向人才集聚模式。人才集聚形成了更加频繁和有效的社会经济交流。

人才集聚的结构影响因素包括机会的多寡、雇主的可模仿性、地方观念、雇主识才用才能力、经纪人和中介状况、未来提升空间等。人才集聚的因素结构一定程度上反映了人才流向和集聚地的经济结构和因素结构,对提升人才竞争实力有重要的参考意义。

五 人才竞争理论

(一) 竞争主体视角的竞争力辨析

目前,关于竞争力的分类和认定并无明确一致的意见。比如,在当前关于国际竞争力的主要研究中,莫夫卓基(Donald G. McFetridge)将竞争力分为企业竞争力、产业竞争力和国家竞争力三个层次;经合组织(OECD)将竞争力分为宏观竞争力、微观竞争力和结构竞争力等。因不同学者对竞争力的定义视角不同,由此形成了不同类型的竞争力理论分析框架。从竞争要素出发,其主要是两个或两个以上竞争主体为了某一目标或利益而进行的争夺或较量;且在争夺对象过程中,还存在着不同利益主体之间的利益再分配。因此,竞争涵盖了竞争主体、竞争对象、竞争结果三大要素;竞争力是两个或两个以上竞争主体在追求一个或多个竞争对象的过程中所表现出来的力量,即竞争力是竞争主体在竞争过程中所表现出来的力量。

从竞争主体相互比较来看,竞争力是竞争主体所存在的比较优势的反映,是竞争主体自身的能力、对竞争对象的吸引力,其总体上是竞争结果所反映的收益能力。而国家、国家之间的区域性组织、企业、产业等均是可以产生的竞争主体。某种程度上来看,国家竞争力从竞争过程来看是对竞争对象的吸引力;从比较角度来看是国家所拥有的强于他国的竞争优势;是国家自身形成的一种能力;是竞争后国家提高居民生活水平的能力。

由此,人才作为生产过程中的生产要素或生产资源,是国家、区域（城市）、企业参与竞争的主要竞争对象，其也构成国家竞争力、地区竞争力、企业竞争力、产业竞争力、区域利益共同体竞争力的重要组成部分。

（二）比较优势理论

国家竞争力的体现在国际贸易理论和竞争优势理论方面有过相对深入的研究。早期亚当·斯密在《国富论》中提到各国在生产技术上的绝对差异，造成了劳动生产率和生产成本上的绝对差异，这形成了国际贸易和分工的基础，如果某一国家拥有更高的劳动生产率或更低的生产成本和价格，则该国在这一产品上拥有"绝对优势"。随着对"绝对优势"理解的扩大，包括自然资源、气候环境等生产要素逐渐被纳入绝对优势范畴。在此基础上，大卫·李嘉图从相对生产效率的角度提出了比较优势理论。他认为即使一国在两种商品的生产上较之另一国均处于劣势，仍有可能互利贸易。一个国家可以生产、出口它的绝对劣势相对小一些的商品，同时进口其绝对劣势相对大的商品，同样能获得贸易收益，提升社会福利。由此，比较优势可以通过劳动生产率、生产成本和价格来衡量。此外，瑞典经济学家俄林提出了要素禀赋理论，其认为国与国之间在要素禀赋上存在着差异，使得要素价格也存在差异，进而导致生产成本和产品价格的差异。比较优势理论是从各个国家生产率的差异来解释成本和价格的差异，要素禀赋理论从各个国家生产产品的投入要素价格的差异来解释比较优势，后者强调了产品竞争力主要来自其生产要素价格方面的竞争力。此外还有学者从所有权和文化等角度阐释竞争优势。从某种程度上来看，竞争力来源是复杂的，但竞争力本质却相对一致，其是相互比较之后所存在的某种差异的反映。

（三）国家竞争优势理论

迈克尔·波特在其1990年出版的《国家竞争优势》一书中率先提出了一国产业竞争优势的来源，其将国家竞争优势归结为生产要素、需求状况、相关支持产业、企业战略结构与竞争四大要素，认为国家竞争优势取决于产业竞争优势，为研究国家竞争力奠定了理论基础。波特的钻石体系理论提出国家竞争优势是由四个方面的因素构成的一个体系,包括生产要素需求条件相关产业和支持产业的表现企业的战略、结构和竞争对手。这四个因素分布于一个菱形图形的四角,恰如一枚钻石,故称"钻石体系"。除了这四项要素之外,影响国家竞争优势的还有"机会"和"政府"两个变数(见图1—1)。

第一个要素是生产要素,通常分为人力资源、天然资源、知识资源、资本资源和基础设施等几大类。波特将生产要素分为高级要素和初级要素,初级要素只需要简单的投资就能拥有,如自然资源、地理位置、非技术工人等,随着供给量相对于需求量的不断增加,其重要性也会逐渐降低。高级要素则包括现代通信设施、受过高等教育的人才等,是需要在人力和资本上进行大量且持续的投资才能形成的生产要素。高级生产要素对获得竞争优势具有不容置疑的重要性。高等级生产要素很难从外部获得,必须由其自己来投资创造。一个国家如果想通过生产要素建立起产业强大而又持久的优势,就必须发展高级生产要素和专业生产要素,这两类生产要素的可获得性与精致程度也决定了竞争优势的质量。如果国家把竞争优势建立在初级与一般生产要素的基础上,它通常是不稳定的。

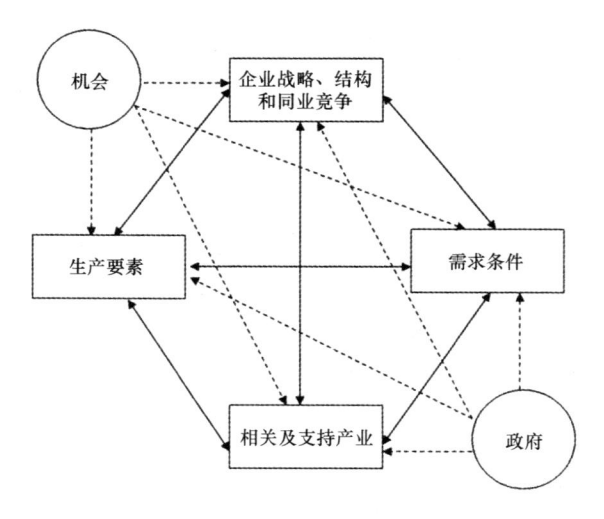

图1—1 波特竞争优势决定因素菱形图

第二个要素是国内需求市场。波特将需求条件看作是产业发展的动力，尤其是内部市场需求具有重要地位，可以激发企业竞争，抢先发展高级产品，领先国际市场。国内需求市场是产业发展的动力。国内市场与国际市场的不同之处在于企业可以及时发现国内市场的客户需求，这是国外竞争对手所不及的，因此波特认为全球性的竞争并没有减少国内市场的重要性。波特指出，本地客户的本质非常重要，特别是内行而挑剔的客户。另一个重要方面是预期性需求。如果本地的顾客需求领先于其他国家，这也可以成为本地企业的一种优势，因为先进的产品需要前卫的需求来支持。

第三个要素是相关支持产业。波特认为，一群在地理上互相靠近的、在技术上和人才上互相支持并具有国际竞争力的相关产业和支持产业所形成的产业链（或"产业集群"），是国家竞争优势的重要来源。这种地理上的相对集中加剧了同业之间的竞争，缩短了相互之间沟通的渠道，能够快速地相互学习，不断地进行创新和观念交流，并不断扩大着其专业人才队伍和专业研究力量，形成了产业群内部的一种自加强机制。这种产业集群若参与国际竞争则其所形成的竞争优势难以被其他地区所夺走，因此具备可持续竞争力。

第四个要素是受所在地的环境与历史影响的企业战略、组织方式、管理方式和竞争方式。受产业和国情的影响，企业的目标、组织方式、管理方式也会有所差异。波特指出，推进企业走向国际化竞争的动力很重要。这种动力可能来自国际需求的拉力，也可能来自本地竞争者的压力或市场的推力。创造与持续产业竞争优势的最大关联因素是国内市场强有力的竞争对手。波特指出，在其研究的十个国家中，强有力的国内竞争对手普遍存在于具有国际竞争力的产业中。在国际竞争中，成功的产业必然先经过国内市场的搏斗，迫使其进行改进和创新，海外市场则是竞争力的延伸。而在政府的保护和补贴下，放眼国内没有竞争对手的"超级明星企业"通常并不具有国际竞争能力。

还有两项可变因素对于国家和地区的竞争优势有一定的影响。第一是机会变数，这与国家和地区环境无关，也是企业和政府无法影响的，其价值在于"使得原本的竞争优势顿失，创造新的环境"。

一个国家的机会是可遇而不可求的，机会可以影响四大要素发生变化。波特指出，对企业发展而言，形成机会的可能情况大致有几种：基础科技的发明创造；传统技术出现断层；外因导致生产成本突然提高（如石油危机）；金融市场或汇率的重大变化；市场需求的剧增；政府的重大决策；战争。机会其实是双向的，它往往在新的竞争者获得优势的同时，使原有的竞争者优势丧失，只有能满足新需求的厂商才能有发展"机遇"。第二是政府。波特指出，政府最传统也最重要的角色是创造和提升生产要素，其中包括拥有熟练技术能力的人力资源、基础科学、经济信息和基础设施等。波特指出，从事产业竞争的是企业，而非政府，竞争优势的创造最终必然要反映到企业上。政府能做的只是提供企业所需要的资源，创造产业发展的环境。政府只有扮演好自己的角色，才能成为扩大钻石体系的力量，政府可以创造新的机会和压力，政府直接投入的应该是企业无法行动的领域，也就是外部成本，如发展基础设施、开放资本渠道、培养信息整合能力等。政府在产业发展中最重要的角色莫过于保证国内市场处于活泼的竞争状态，制定竞争规范，避免托拉斯状态的形成。波特认为，保护会延缓产业竞争优势的形成，使企业停留在缺乏竞争的状态。

通过以上分析可以看到，波特建立了由以上生产要素、需求条件、相关支持性产业和一定环境中的企业这四项决定国家产业竞争优势的基本要素，加上机会和政府两项可变因素而形成的完整的国家竞争优势的钻石体系。尤其值得注意的是，波特强调"拥有钻石体系中的每一项优势，不必然等于拥有了国际竞争优势，要能将这些因素交错运用、形成企业自我强化的优势，才是国外竞争对手无法模仿或摧毁的"[1]。

波特综合各种因素提出国家竞争力学说，认为一个国家的产业决定国家实力，但是波特也承认：除了天然资源等，企业策略、政府以产业政策等方式的介入也是国家竞争力优势的关键要素。格拉斯·诺斯则明确强调制度对于提高国家竞争力的重要性：对一个国

---

[1] 王越平：《建设产业集群，提升区域人才竞争力——浙江省区域人才竞争力建设分析与对策建议》，硕士学位论文，浙江大学，2004年。

家而言，除非现存的经济组织是有效率的，否则经济增长不会简单地发生，即"有效率的经济组织"是经济增长的关键；要保持经济组织有效率，需要在制度上做出合理的安排，以造成一种刺激，将个人的经济努力变成私人收益率接近社会收益率的活动。有利的制度安排可以调动个人的积极性，从而合理分配有限的资源，进而促进社会发展和变革。有利的制度安排甚至可以弥补自然资源和社会资源不足对国家竞争力的负影响。[①]

（四）城市竞争力理论

自20世纪80年代以来，关于城市竞争和城市竞争力的研究逐渐受到学者们的关注。从城市竞争主体、竞争环境、竞争优势资源、竞争方式等角度来看，传统经济时代（即前工业时代和工业时代）向信息时代的转变中，城市竞争理论从比较优势理论和城市定位理论向竞争优势理论与城市核心竞争力理论转变，城市竞争主体从前工业社会的家庭和政府，工业社会的企业、政府向信息时代的企业、政府以及公私合作部门转变，城市竞争环境从不确定性低向变化快速、异质性强等维度转变，竞争优势来源从比较优势条件向独特、不易模仿的战略资源和竞争能力（即竞争优势）转变，城市竞争方式也从有形资源竞争向以能力建造和能力运用为主要内容的能力竞争转变，竞争形式也涵盖了宽容型竞争、合作型竞争，城市竞争范围逐渐从临近城市转向全球范围内拥有创新思维的"创业型城市"转变。城市竞争力取决于各种影响竞争力的因素组合而形成的竞争优势，而竞争优势与城市拥有的关键资源、创新能力以及组织学习、组织能力等都紧密相连，其对城市竞争优势起着支撑作用。

对一个城市来说，不可能拥有全部的竞争力要素，其中基本影响因子是体现城市竞争力的必要条件，但不是充分条件，对一个拥有竞争力的城市来说都是必不可少的。而非基本影响因子，则不一样，城市竞争要素更依赖于城市的专业化趋势和全球、区域劳动分工状况，如技术型人力、专业知识领域及其他定义更明确的因素，这类要素在一定意义上决定着城市的职能。根据城市竞争的动态演

[①] 倪鹏飞、王杉：《改革、可持续竞争力对提升我国国家竞争力的作用——基于WEF全球竞争力报告的分析》，《甘肃社会科学》2014年第2期，第161—165页。

进特征、竞争力影响因素等，部分学者将城市竞争力阶段划分为要素驱动主导型、投资驱动主导型、创新驱动主导型阶段三个阶段。[①] 其中，创新驱动主导型主要包括技术密集型、知识和人才密集型生产要素阶段，其涵盖的主要特征是知识经济阶段、人才流竞争为主导，竞争优势主要取决于技术、知识、人才等关键资源，适用制度创新竞争优势理论以及涵盖不同类型城市如"创新城市""学习型城市"等。

人才资源作为国家竞争力和城市竞争力的主要来源，是形成竞争优势的关键指标，在区域社会经济的发展中起着关键的作用。于是，区域的人才竞争力作为"一个地区人才队伍在社会经济生活的竞争、博弈、对抗中所显现的总体能力，包括综合实力、凝聚力和创新能力"，也成为区域整体竞争力的最重要的组成部分之一。而人才竞争力的评价和衡量则与国家、区域或城市的发展有着更密切的关联。

第三节 人才竞争力的研究现状

一 国外研究

20世纪80年代以来，随着人力资源管理实践的发展和人力资本理论的深化，人才日益成为国家、城市和企业竞争力的关键因素。人才竞争力成为当下经济全球化和知识经济时代备受关注的话题，理论界对人才竞争力的研究日益深入，并将研究重心归结在人才竞争力指标评价方面。目前，发布的关于人才竞争力评价指标的报告共有4个，分别是：（1）世界经济论坛（World Economic Forum，WEF）发布的《全球人力资本报告》；（2）英国经济学人情报部（Economist Intelligence Unit，EIU）与海德思哲国际咨询公司（Heidrick & Struggles）于2011年发布的《全球人才指数报告：2015展望》；（3）欧洲工商管理学院（European Institute of Business

---

[①] 于涛方、顾朝林：《论城市竞争与竞争力的基本理论》，《城市规划汇刊》2004年第6期，第16—21页。

Adiministation，INSEAD)、人力资源公司德科集团（Adecco Group Human Resources Company）和塔塔通讯（TATA Communications）自2013年起每年持续发布的《全球人才竞争力指数报告》（Global Talent Competitiveness Index，GTCI）；（4）波士顿咨询公司（Boston Consulting Group，BCG）于2015年发布的《全球领导力与人才指数报告》，提出了全球领导力与人才指数（Global Leadership and Talent Index，GLTI）。其中，对国家竞争力、人才竞争力的研究最具影响力的两个机构是世界经济论坛（World Economic Forum）和瑞士洛桑国际管理发展学院（IMD），近年对人才竞争力指数定期跟踪调查的则是世界经济论坛和欧洲工商管理学院分别发布的报告。具体见后文。

二 国内研究

目前国内外学术界关于各类与国际竞争力和城市竞争力相关的研究文献大量涌现，且已形成较为科学的理论和实践体系。其中，有不少涉及人才竞争力的研究，包括人才的国际竞争力和人才的城市竞争力。

桂昭明、王辉耀对中国省域人才竞争力进行指标体系建设，从人才数量、人才质量、人才结构、人才投入、人才平台、人才生活环境、人才创新、人才贡献、人才发展态势等指标对各省市的人才竞争力进行评估测量，将各省市自治区2010年人才综合竞争力分为四类，第一类为具有很强的人才综合竞争力的省域，分别是北京、上海、广东、江苏；第二类省域具有较强的人才综合竞争力，分别是天津、浙江、山东；第三类省域有一定的人才竞争力，包括辽宁、福建、湖北、四川、河北、重庆、内蒙古、河南、湖南、陕西、吉林、黑龙江；第四类省域人才综合竞争力较弱，为安徽、新疆、山西、广西、海南、宁夏、云南、西藏、青海、贵州、甘肃。结果显示，沿海各省市的人才综合竞争力居于全国前列，同时它们的城市竞争力也有较大的优势，这充分说明人才作为重要的资源，与城市竞争力相互影响、相互作用。

倪鹏飞在《2014中国城市竞争力评价》中总结到，中国城市竞争力大致呈现出由东南向西北递减的态势。从综合经济竞争力指数来看，东南沿海城市、环渤海城市以及港澳台城市的综合经济竞争力指数均值高于全国平均水平，而内陆城市的经济竞争力则较弱。从可持续竞争力指数来看，仍是港澳台地区、东南沿海、环渤海城市三分天下。[1] 十年来，我国城市之间总体竞争力差距逐渐缩小，虽然香港的城市竞争力一直高居榜首，但是内地城市的竞争力显著提升，总体差距缩小。东北、西北地区在过去十年里整体发展较快，特别是东北城市依靠老工业基地振兴的契机，创新城市发展战略，在城市投资、居住环境、社会治安等方面有了明显改善，综合竞争力也随之提高。中部地区区域中心城市发展较快，但对周边中小城市的辐射带动作用较小，城市分化严重。以"北上广"为龙头的环渤海城市群、长江三角洲城市群、珠江三角洲城市群及周边城市的实力较强，发展较快，经济板块作用日益增强，带动作用明显。且资源型城市的综合城市竞争力提升也十分迅速。

李涛对我国 35 个城市人力资本投资与城市竞争力的相互关系进行研究。首先对城市竞争力进行分析测量，从市场占有率、GDP 增长率、居民人均收入和劳动生产率四个方面建立城市竞争力指标体系，对 35 个样本城市的城市竞争力进行测量后，得出结论：城市竞争力最好的四个城市依次为上海、深圳、广州、北京；处于后列的城市为南宁、西宁、银川、海口。总体来看东部沿海城市的竞争力比中、西部城市强，前十强的城市都在东部地区，且东部沿海地区，珠江三角洲、长江三角洲区域的城市竞争力要高于环渤海地区城市竞争力。其次对城市人力资本投资进行测度和比较。建立城市人力资本测度指标体系，从教育、培训、科研开发、医疗卫生保健、劳动力迁移、社会保障六个方面的智力资本投资形式出发，选择 13 个指标作为度量我国城市人力资本投资状况的标准，各指标如下：人均教育支出、教育事业费支出占 GDP 比重、成人高等教育学校在校学生人数、每万人拥有专业技术人员数、每万人拥有科技活动人员数、人均科技支出、从业人员占总人口比重、从业人员平均

---

[1] 倪鹏飞、李超：《2014 中国城市竞争力评价》，《中国经济报告》2014 年第 7 期，第 89—92 页。

工资、每万人拥有医疗卫生保健床位数、人均消费支出中的医疗保健支出、社会保障率、百万人拥有职业介绍机构数、万人大专人口数。数据分析显示，我国人力资本投资指数最高的前4个城市为深圳、北京、上海、广州；最低的城市为南宁、海口、南昌、长春。对城市人力资本投资指数和城市竞争力指数进行回归分析，结果证明人力资本投资水平与城市竞争力的大小呈现正相关关系。这说明，人力资本投资对于城市竞争力有促进作用。

此外，还有部分学者从集聚角度研究城市产业集聚和人才集聚的关系，以此形成对区域人才集聚竞争力的研究。人才集聚度是考量人才资源及其所携带的人才资本、技术、研究成果在区域、产业、行业等空间分布的集中性、聚合性程度的指标，是衡量区域、产业、行业等空间、领域人才发展状态和水平的重要标志，是人才集聚的静态概念。人才绝对集聚度是指人才集聚的总量，显示了人才资源及其所携带的人才资本、技术、研究成果在区域、产业、行业等空间分布的规模效应；人才相对集聚度是人才集聚的分量，显示了人才资源及其所携带的人才资本、技术、研究成果在区域、产业、行业等空间分布的质量效应。[①] 城市人才集聚度与区域人才发展的外部因素密切相关，包括人才投入、人才发展平台、人才生活环境等。人才流动和人才集聚的规律显示，人才发展中的经济地位、科技平台、社会环境、人文传统等因素对人才的流动和集聚的影响很大，甚至是决定性因素。表面上看，人才在不同国度、区域或社会组织之间流动，实质上是在不同体制、机制、制度环境和不同的经济、科技、社会、人文环境之间的流动。哪个地方适合人才充分发挥其才智，有利于人才的长足发展，人才就会向哪个地方流动和集聚。[②] 因此，人才竞争力与人才流动和集聚之间关系密切，在研究人才竞争力的影响因素时，应重视导致人才流动与集聚的动因的研究。

[①] 桂昭明：《城市人才集聚度评价与比较研究》，《专家视角》2015年第4期，第13—18页。

[②] 桂昭明、王辉耀：《中国区域人才竞争力报告No.1》，社会科学文献出版社2013年版，第6页。

三　研究方法论

本书以人力资本理论、人才资本理论和钻石体系理论的有关知识作为分析深圳市人才竞争力的研究视角。深圳市人才竞争力的现状，反映了这个城市的人才资本积累程度，也反映了深圳市人力资源开发和管理水平的现状，通过研究可以从中找到不足并提出改进的建议和对策。本书在研究方法上采用了理论与实际相结合的方法，运用文献研究法、案例分析、比较研究等方法，通过深圳市人才竞争力的调查研究和统计数据反映深圳市人才竞争力的真实情况，结合人力资源经济学、管理学等多门学科的理论知识，全面系统地研究提升深圳市人才竞争力的措施，并通过分析，建立深圳市人才竞争力评价指标体系，指出在开发、管理人才资源方面存在的不足，提出未来有效提升深圳人才竞争力的具体路径。

第二章 人才竞争力的发展演进

知识经济时代，人才成为各个国家和地区最为关键的核心竞争资本。人才资本是推动社会生产效率进步的关键要素。因为人才推动技术创新，由此推动国家或城市在某一产业或多个产业的发展，以此提升产业竞争力和综合竞争力，形成一定的竞争优势。在经济全球化和国际分工日益细化的今天，世界各国、国内各城市的人才竞争力水平处于不断变化之中，有的发达国家一直处于人才竞争力前列，有的发展中国家的综合水平也一直处于不断上升之中，而有的城市对人才的吸引力也随着城市综合实力的提升而不断增强。一部全球人才竞争的历史，呈现出了全球化时代以来的人才竞争的观念和评价标准；一座城市人才竞争力水平提升的历程，也呈现出了城市的发展历程和现实画卷。

第一节 全球化时代的竞争格局演变

一 全球化进程的发展阶段

（一）全球化进程

美国《纽约时报》专栏作家托马斯·弗里德曼在其著作《世界是平的》中，将全球化划为三个阶段：全球化1.0时代、全球化2.0时代和全球化3.0时代。

全球化1.0时代是1492—1800年的大航海时代。随着哥伦布、麦哲伦的环球航行，人类第一次成功地跨越海洋，把有人类居住的各自隔绝的六大洲联结成为一个整体。早期的全球化，带有浓厚的政府色彩，主要由各国政府所主导，到欧洲之外的地方进行人力和能源的掠夺，伴随着血性的屠杀、野蛮的战争以及奴隶的贩卖。这一时期的全球化，市场经济开始萌芽，打破国界的敲门砖是赤裸裸的武力威胁和侵略，在形成世界统一市场的同时，全世界绝大多数国家沦为少数国家的殖民地或半殖民地。这一阶段的全球化带着浓厚的掠夺色彩，主要以掠夺实体物质资源为主。奴隶和能源是这一时期的主要竞争对象。

全球化2.0时代是1800—2000年的全球化进程。这一阶段将由人类居住的各自隔绝的六大洲联结成为一个整体，国家与政府的政策和实力是前一阶段的主要竞争力量；二次世界大战以后，跨国公司是全球化竞争的另一主导力量。随着国际贸易在全球范围内的兴起和繁荣，对他国土地、资源、人力的使用越来越成为竞争优势。人才环流、人才本土化等趋势是"企业全球化"时代的明显特征，人才成为涉及全球化每一个行业的常规战争。

全球化3.0时代自2000年代开始，国家全球化结束，"个人全球化"成为这一时代的潮流。知识经济的确立，使人才成为第一资源，知识经济时代的社会生产力决定性要素不再是机器、劳动力、设备等实体物质，而是人的智力、知识、创意等脑力因素，知识经济时代人才创造了主要的国家生产总值，无论是高新技术人才、还是基础领域的高级人才以及实用性技能人才，都成为全球范围内各国争夺的主要资源。[①] 因此，全球化3.0时代，人成为了核心关键要素，各国的人力资本存量，对人力资本的开发程度，对人才的吸引力成为这一时期的重要变量。

（二）全球化时代的人才竞争特点

全球化将世界联结成为一个整体，市场经济在全世界范围内的确立与接轨、世界各国产业发展的不平衡、国际产业的转移与分工协作、跨国公司的崛起，全球化使国家之间的界限越来越模糊，也使区域和城市变得越来越重要，全球竞争越来越激烈。与此同时，世界人口结构变化，特别是老龄化问题日益严重，在发达国家低出生率和预期寿命延长，使得全球各国的劳动力总量储

---

① 王辉耀：《人才战争：全球最稀缺的争夺战》，中信出版社2009年版，第7页。

备不足，因此需要补充大量的移民；而此时发展中国家却存在大量的劳动力过剩问题，由此产生了人口从发展中国家向发达国家流动的趋势。在此过程中，全球化人才竞争也呈现出以下特点。

第一，不同发展阶段的国家或地区对人才竞争的需求和侧重点有所不同。从人才供给的角度来看，人才供给的有限性是一个突出问题，发达国家人口老龄化严重，限制了人才供给的规模；人才培养具有延时滞后性等特点，人才的供给往往滞后于人才的需求；发展中国家调整人才战略，从单向度的人才流出转变为开始主动吸引和集聚人才，导致全球人才供给格局发生转变，全球人才资源需求大战逐渐成为竞争力的主要战场。2007年，联合国贸易和发展会议结论指出，人才流失是阻碍非洲国家发展并影响其顺利实现千年发展目标的主要障碍之一。不发达国家从屈指可数的财政收入中挤出巨资投入人才培养，但受到全球人才竞争的影响，所培养的人才最终却为强国服务，非洲国家为人才流失付出了高昂的代价。但如WEF曾预测，2010—2020年，美国、加拿大、德国、法国、西班牙、意大利、韩国、日本等主要发达国家人才处于严重紧缺状态，2020年，各国最为紧缺的人才主要集中在服务业领域，信息技术、商业服务等领域人才短缺较为明显。

第二，人才流动呈现出从人才外流向人才回流和人才环流转变的特点。从世界各国对人才的吸引力角度来看，老牌的发达国家和地区如欧洲、日本、澳大利亚等，其人才均向美国流失；亚、非、拉等发展中国家的人口也多向发达国家和地区流失；落后的发展中国家人才向新兴发展中国家流失，也有部分人才从发达国家向新兴发展中国家流失。从世界各国的人才流入角度来看，新兴国家和地区出现"海归时代"，人才回流成为热潮。从人才的全球化流动和工作来看，因国际分工协作和互联网的繁荣，各类人才在全球范围内循环流动成为趋势。

二 冷战后的全球竞争格局演变

20世纪50年代后，美国位居第二次世界大战后世界霸主地位，英国、法国等西方国家逐渐发展。在亚非拉地区，新加坡、中国香港、中国台湾、韩国等依托20世纪七八十年代的发展机遇，逐渐成为世界新兴发达地区。但在国际关系局势中，以国家为单位的综合国力竞争始终伴随着全球化利益格局的再分配，而分配利益水平则始终与国家的政治、经济、文化等水平密切相关。

20世纪90年代以来，随着冷战的结束，以经济为中心内容的综合国力竞争日趋激烈。国际竞争力概念是20世纪70年代以来，在世界经济日益全球化与一体化的背景下提出来的，国际竞争力包括四个方面，企业、产品、产业和国家的国际竞争力。其中国家竞争力有两个基本含义，一是某国（地区）在国际市场上的占有率和长期赢利能力，二是国民财富的增加和实际国民收入的提高。

进入21世纪以来，全球竞争焦点逐渐转向"一个大国争夺太平洋主导权的实际"[1]，环太平洋地区逐渐成为全球新的经济增长点，全球经济的大部分新增成果将来自这个地区。因此，21世纪的全球国际竞争中，美国的核心利益要求其保持在太平洋地区的超级大国地位及其在世界各地的影响力。

三 当前国际竞争的发展趋势

在主流的经济学和管理学研究领域中，如何通过有效的方式判断全球各国的国家竞争力或者国际竞争力，并做一定的参考，先后经历了不同的认识和理论发展。在这些观点中，先后出现了绝对优势理论、比较优势理论、要素禀赋理论，以及新时代的生产力理论、新生产要素理论、新经济地理学理论、创新理论、核心竞争力理论、新经济增长理论、钻石模型理论以及双重钻石模型理论。

在最新的理论中，其认为从国家保有的物力和人力两大角度，通过构建商业背景、劳动力资源、政客官员、企业家、专业人才等要素来评价国家竞争力。其理论区分了物质要素和人力要素，充分

---

[1] 李光耀：《论中国与世界》，中信出版社2013年版，第41页。

显示了人力资源对国家竞争力的重要贡献。在国家竞争力层面，从绝对优势理论到双重双钻石模型理论都从不同的角度体现了劳动力和人才对国家竞争力的重要推进作用，在国家竞争力研究体系中也一直有着重视劳动力、人才、创新等高级要素的传统，而且随着时代进步这些要素愈显重要。

与此同时，全球人才与国家竞争力密切相关，人才的短缺会影响人才的国际流动，人才流动也会对人才短缺产生影响，为了在全球竞争中取得优势，各国都在积极参与全球的人才竞争，通过人才培养的内生方式、人才引进与集聚的外生方式来填补。全球人才竞争的新趋势为各国都提出了新的挑战，面对未来的发展，必须以全球的视野、开发的策略，坚持国际化、市场化的取向，在人才竞争中取得优势。在全球人才战争的背景下，各国都实施了符合本国实际的人才竞争战略，可以总结为以下十种具有代表性的战略。[①]

第一，移民战略。这是一种永久性的引进人才的战略，移民战略不是简单地补充人口的方法，而是作为一种吸引人才的手段，从而促进该国的经济增长。入籍和绿卡，是外来人才扎根的必要保障。美国、加拿大等移民国家将移民制度和人才战略结合起来，大量引进高质量的外来人才，而欧洲国家忽视了对外来人才的移民制度，从而导致了欧洲竞争力的逐渐衰落。此外，发达国家还通过签发工作签证等形式来吸引海外人才。

第二，招收并挽留外国留学生战略。发达国家能够欢迎来自全球各地的学生，慷慨地提供丰厚的奖学金或者助学金，牺牲本国学生接受教育的机会，实质上是为了能够争夺全球最优秀的人才苗子。因此大学不问国籍录取全球最优秀学生的背后，是各国政府为争夺人才而做出的努力。

第三，双重国籍战略。一般情况下，需要获得双重国籍的人，多是涉及人才流动的群体，如留学生、跨国企业高管、海外侨胞等。就像许多留在海外的留学生不愿意放弃自己祖国的国籍一样，

[①] 王辉耀：《人才战争：全球最稀缺的争夺战》，中信出版社2009年版，第7页。

那些本土引进的外国人才也不愿放弃母国籍。因此，适当地运用双重国籍的武器，将有利于推动外国人才、海外侨胞流入本国投资和工作。如今越来越多的新兴国家，如韩国、印度等主动承认双重国籍，以推动留学人才回归，吸引海外族裔以及外国人才。

第四，特殊人才特殊待遇战略。人才的"定价"是影响一个国家是否能吸引、留住人才的关键要素之一。随着跨越国界的全球化人才市场的逐渐形成，人才在全球市场上的定价会导致收入水平较低的发展中国家在这一方面缺乏竞争优势。因此，对于特殊人才制定特殊待遇的战略十分重要。

第五，国家猎头战略。在全球化阶段，政府不再高高在上，使用传统的方法招募人才，越来越多的政府在自己执掌政权之外的全球范围招募人才，与其他国家展开争夺，因此政府猎头成为一种趋势，多以政府工作组、社团、基金会、科研机构等形式出现，专门从事海外人才的招聘工作，吸引海外人才回流。

第六，跨国公司人才本土化战略。外国的跨国企业经常会与当地的政府和企业争夺高端人才，但这并不意味着要防范跨国企业。与跨国企业在科研方面进行合作，签订技术转让协议或是合资经营，在多数情况下本土企业和跨国企业是一种双赢的合作。

第七，国际交流与合作战略。国际科技合作常常是双方获益，可以通过分工协作和智力成果共享，使各国能以最小的成本获得最大的成果。另外，还有国际合作办学这一形式，用于培养本土国际化人才、争夺全世界最优秀的人才，提高人才的国际竞争力，适应全球化的需要。

第八，民间社团、基金会、人才库战略。许多国家意识到，滞留在海外的人才是一笔巨大的风险投资，但是政府部门直接在海外开展人才回归计划，尤其是涉及核心、关键、敏感领域的核心人才时，往往会引发争议。因此，海外专家/学者协会、留学生社团等与海外高端人才保持密切联系的社团组织开始发挥作用，帮助国家和政府建立国际顶尖人才、海外高端人才、留学人才等信息库，为政府和企业引进海外人才。

第九，通过风险基金、创业扶助、高科技园区吸聚人才战略。

人才、企业、产业能够产生巨大的集聚效应。如美国科技与创新集聚的硅谷、金融与资本的代表华尔街、主导娱乐和文艺的好莱坞。因此，形成产业中心和科技园区能够吸引顶尖的人才，将产业、资金、技术等各方面转化为直接效益的优势，这成为人才竞争中的利器。

第十，文化输出与国家梦战略。当今，有很多国家注重通过文化输出和国际宣传，塑造自己的"国家梦想"，并凝聚成一种国际形象，吸引全世界的人才，如美国在全球推销自己的制度，是为了获得更多有共识的盟友，进行文化输出，塑造"美国梦"的存在，吸引全世界的人才主动去美国寻求发展。未来，中国不能仅仅依靠重金高薪来争夺人才，应更加注重吸引人才，塑造属于中国的"中国梦"。

经济全球化的不断发展，世界多极化的形成，人才的战略地位日益突出，但是伴随着人才作用的不断提升，人才短缺常态化、人才流动国际化、人才竞争白热化等特点随之出现。面对未来发展，我国参与全球人才竞争，必须以全球的视野、开放的策略参与人才竞争，加快人才制度创新，提供有潜力的发展环境。

第二节　人才竞争力的变化历程

一　冷战结束后的全球人才竞争实力

在经济全球化背景下，分析和比较世界各国及经济体间的竞争力，成为一些学术机构和政府智库的重要课题。20世纪90年代以来，WEF（世界经济论坛）和IMD（瑞士国际管理发展学院）致力于研究发达经济体和新兴经济体的国际竞争力。

其中，WEF的《全球国际竞争力报告》以未来5—10年的中长期人均GDP的增长为基础，建立多因素决定的系统评价体系。WEF和IMD于1994年9月联合发表了《1994年国际竞争力报告》，该报告修改了国际竞争力的定义和评价准则。它们认为，"国际竞争力是指一国或一公司在世界市场上均衡地生产出比其竞争对手更多财富的能力"。国际竞争力是竞争力资产与竞争力过程的统一。资产是指固有的（如自然资源）或创造的（如基础设施）；过程是指将资产转化为经济结果（如制造），然后通过国际化（在国际市场测量的结果）产生出国际竞争力。[①]

人才问题研究的核心理论是人力资本理论。该理论认为促进经济持续增长的动力不再是传统的物质资本（Physical Capital）与普通劳动力，而是存在于人体具有经济价值的熟练技能、广泛知识、较强实践能力和健康等多种质量因素之和，即人力资本（Human Capital）。人才国际竞争力（Talent Global Competitiveness，TGC）是指与其他国家相比，一个国家拥有较多人力资本的群体在一定的生活环境、创业环境、创新环境和宏观环境条件下的创富与创新能力。[②]

按照 WEF 的《全球竞争力报告》，除 2010 年外，1995—2005 年的 20 年间美国一直排名第 1 位。中国则从 1995 年的第 40 余位，上升到最近三年排在第 28 位。[③] 从 1990 年以来，中美之间的综合国力的相对差距逐渐缩小，但是我国的发展水平同美国仍有较大差距，尤其是在人才、教育、科技、金融等核心竞争力要素方面。在教育领域，美国拥有绝对优势，中美在教育投入上的差距巨大，且中国在大学教育质量方面明显落后于美国。在人才素质方面，美国也拥有绝对优势，美国每百万人中有研发人员和技术人员 4018.64 人，而中国这一数据仅为美国的 1/4。另外，我国每百万人发表在科技刊物上论文的数量仅有 1.5 篇左右，不到世界平均值 4.16 篇的一半，说明我国论文的发表不仅质量不高，且数量也有欠缺，科研产出的水平较低。[④] 美国在人才素质等方面持续领先中国，且优势

[①] 胡列曲、丁文丽：《国家竞争力理论及评价体系综述》，《云南财贸学院学报》2001 年第 17 卷第 3 期，第 56—61 页。
[②] 刘尚超、倪鹏飞：《国家人才竞争力评价及提升建立》，《中国国情国力》2014 年第 10 期，第 58—60 页。
[③] 倪鹏飞、王海波：《中美经济竞争力：强弱比较、动态变化与全球地位》，《China Economist》2017 年第 12 期，第 2—30 页。
[④] 刘尚超、倪鹏飞：《国家人才竞争力评价及提升建立》，《中国国情国力》2014 年第 10 期，第 58—60 页。

明显，一定程度上反映了人才对于国家竞争力的影响巨大，人才竞争力的优胜意味着国家竞争力更具优势。但是，随着我国在高等教育和科技等方面投入的不断增长，中国与美国在人才素质方面的差距也在逐渐缩小。

IMD 的《世界国际竞争力年鉴》从国际竞争力的定义出发，强调国家整体的现状、实力和发展潜力，兼顾国际竞争的资产条件和竞争过程、国内经济与全球经济、引进吸收与输出扩张、个人风险与社会凝聚力的整个国家经济社会发展的四大平衡关系，强化市场经济理论在系统描述中的评价原则的开发与运用，建立系统科学的综合评价体系。根据 IMD 的《世界竞争力年鉴》数据，1995 年在 46 个国家中美国国际竞争力排名第 1 位，中国排名第 34 位。

二 21 世纪初的全球人才竞争力评价

进入 21 世纪，世界人才争夺战更加激烈。随着市场经济的发展和经济全球化的到来，使世界经济结构发生重大调整，进而引起就业结构的深刻变化。各国都面临着相似的问题：一是从事简单劳动的就业机会相对减少，失业问题日益加剧；二是从事高新技术研究与开发和操作的人才供不应求。[①] 各国各城市依靠自身组织力量与外部资源整合，在全球范围内进行人才竞争。

根据 IMD 的《世界竞争力年鉴》数据，2015 年在 61 个国家中，美国仍然排名第 1 位，中国排名第 22 位。WEF 在《全球竞争力报告 2016—2017》中，从教育机构、基础设施、宏观经济环境、健康和基础教育、高等教育和职业培训、商品市场效率、劳动市场效率、金融市场效率、科技储备、市场规模、创新力等指标对各国的竞争力进行评估，瑞士在全球各国竞争力排名中位居第 1；新加坡位居全球第 2、亚洲第 1；中国处于全球第 28 位，仅列亚洲第 8 位。

---

① 桂昭明：《人才经济理论与实践》，党建读物出版社 2014 年版，第 11 页。

三 当前全球人才竞争力评价

（一）INSEAD《全球人才竞争力指数》比较

2018 年的《全球人才竞争力指数》报告发布，衡量国家、城市和组织所具有的竞争力时，人才都是其中一个重要组成部分。全球人才竞争力指数（GTCI）连续 6 年对各国和主要城市吸引培养和留住人才的能力进行排名。GTCI 指数根据 119 个国家和 90 座城市成长、吸引和留住人才的能力发布 2018 年最新排名。

其通过对四大投入指标人才启用（Enable）、人才吸引（Attract）、人才成长（Grow）、人才保留（Retain）指标以及两大产出指标 VT 技能（VT Skills）和 GK 技能（GK Skills）进行衡量。最后得出结果如表 2—1 所示：

表 2—1　　　　　　2018 年全球人才竞争力指数排名

序号	国家	序号	国家	序号	国家
1	瑞士	16	比利时	31	西班牙
2	新加坡	17	阿拉伯联合酋长国	32	立陶宛
3	美国	18	奥地利	33	智利
4	挪威	19	德国	34	拉脱维亚
5	瑞典	20	日本	35	哥斯达黎加
6	芬兰	21	法国	36	意大利
7	丹麦	22	爱沙尼亚	37	塞浦路斯
8	英国	23	卡塔尔	38	巴林
9	荷兰	24	以色列	39	波兰
10	卢森堡	25	捷克	40	斯洛伐克
11	澳大利亚	26	马耳他	41	沙特阿拉伯
12	新西兰	27	马来西亚	42	希腊
13	爱尔兰	28	斯洛文尼亚	43	中国
14	冰岛	29	葡萄牙	44	乌拉圭
15	加拿大	30	韩国	45	巴拿马

续表

序号	国家	序号	国家	序号	国家
46	毛里求斯	71	墨西哥	96	冈比亚
47	保加利亚	72	格鲁吉亚	97	塞内加尔
48	克罗地亚	73	巴西	98	摩洛哥
49	阿根廷	74	秘鲁	99	巴拉圭
50	约旦	75	蒙古	100	萨尔瓦多
51	哈萨克斯坦	76	卢旺达	101	阿尔及利亚
52	匈牙利	77	印度尼西亚	102	玻利维亚
53	俄罗斯联邦	78	阿尔巴尼亚	103	乌干达
54	菲律宾	79	多米尼加共和国	104	埃及
55	特立尼达和多巴哥	80	纳米比亚	105	委内瑞拉
56	阿曼	81	印度	106	莱索托
57	阿塞拜疆	82	斯里兰卡	107	坦桑尼亚联合共和国
58	黑山	83	突尼斯	108	柬埔寨
59	马其顿共和国	84	危地马拉	109	巴基斯坦
60	黎巴嫩	85	厄瓜多尔	110	马拉维
61	乌克兰	86	摩尔多瓦	111	尼加拉瓜
62	博茨瓦纳	87	越南	112	埃塞俄比亚
63	南非	88	肯尼亚	113	马里
64	罗马尼亚	89	波斯尼亚和黑塞哥维那	114	孟加拉国
65	科威特	90	加纳	115	津巴布韦
66	亚美尼亚	91	不丹	116	尼泊尔
67	哥伦比亚	92	洪都拉斯	117	莫桑比克
68	土耳其	93	吉尔吉斯斯坦	118	马达加斯加
69	塞尔维亚	94	伊朗伊斯兰共和国	119	也门
70	泰国	95	老挝		

资料来源：欧洲工商管理学院：《全球人才竞争力指数2018》["Global Talent Competitiveness Index (the GTCI) 2018"]。

GTCI 2018 年对 119 个国家进行了测评和排名，占全球 GDP 的近 98%。结果显示位居前列的继续以高收入的发达国家为主，而且人均 GDP 较高的国家，全球人才竞争力得分也高。瑞士继续位居榜首，其次是新加坡和美国。欧洲国家依然在 GTCI 排名中占据主导地位，其中 16

个排在前 25 位。排名靠前的非欧洲国家有澳大利亚（第 11 名）、新西兰（第 12 名）、加拿大（第 15 名）、阿联酋（第 17 名）和日本（第 20 名）。报告还指出这些排名靠前的非欧洲领导者可以大致分为两类：长期受益于全球人才的经济体（美国、加拿大、澳大利亚）以及明确定位在成为"人才枢纽"的经济体（新加坡、阿联酋和卡塔尔）。

我国在排行榜的第 43 位，较 2017 年上升了 11 位，在金砖国家中，仍领先其他 4 个国家——俄罗斯（53 位）、南非（63 位）、巴西（73 位）、印度（81 位）。GTCI 研究认为，中国在人才培养（第 29 位）和全球知识技能方面（第 22 位）表现突出。正规教育尤其表现出色，这体现于中国学生的阅读、数学和科学能力（PISA 成绩）以及中国大学在国际排名中的崛起。中国也在利用这些技能来创造创新，体现在人才影响力、新产品创业活动等方面。但中国在人才吸引（第 76 位）和保留全球优秀人才（第 64 位）方面相对较弱。

（二）主要国家人才竞争力比较

以美国、日本、以色列、中国在人才竞争力上的具体指标比较，可知中国在 GTCI 指标体系中总得分为 48.01 分，全球 119 个国家中排名第 43。而美国总得分为 75.34 分，日本得分为 62.63 分，以色列得分为 61.79 分，均位居全球前列（见图 2—1）。

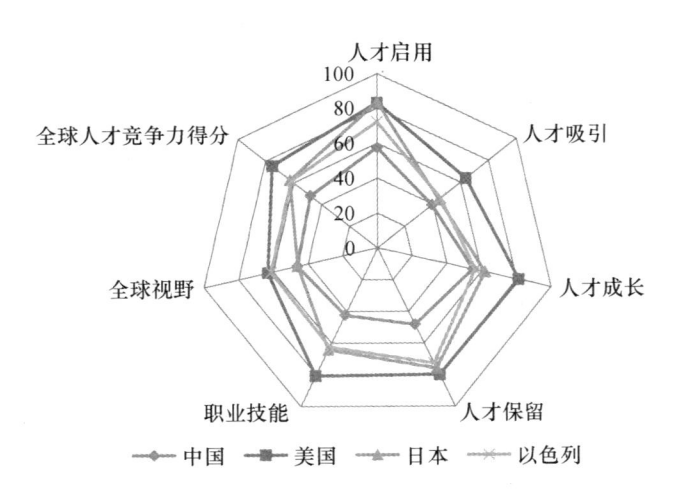

图 2—1 中国与其他国家人才竞争力比较

资料来源：欧洲工商管理学院，https://gtcistudy.com/。

总体来看，美国、日本在人才使用方面位居全球前列，二者差距不大，均在80分以上，在人才吸引力方面，美国、以色列等国家吸引力较强，中国与日本差距不大，在人才增长方面，美国处于遥遥领先地位，在人才保留方面，美国、日本、以色列处于同一水平线上，中国与之相差较远，在人才技能培养方面，美国的人才技能发挥水平仍较其他国家高。

四 人才竞争力的竞争要素演变

竞争的三个要素构成为：一是利益独立的竞争主体，即谁和谁竞争；二是竞争对象，即竞争什么；三是竞争结果，即利益或对象最后是如何分配的。在此命题成立前提下，即竞争关系成立情况下，才存在着竞争主体的竞争力大小问题。从20世纪90年代掀起的以民族国家为主体的国际竞争力在全球范围内，推动了各国的发展。而随着全球城市化水平的提高，城市越来越成为国家参与竞争的基本单元。

城市竞争力、城市区域差距也越来越受到人们的关注，因为城市竞争力不仅关系到全球发展格局和具体区域命运的未来判断，也关系到国家与区域的政策选择。近年来，城市竞争力的影响因素逐渐由硬条件向软实力转变，人才和政府管理对城市竞争力的贡献度最大，科技、人才、资本、管理等软条件对城市综合竞争力的贡献度进一步提高。倪鹏飞等人发现，人才竞争力变化率是城市竞争力变化率提升最大的积极因素，是城市竞争力提升的最大拉动力。

城市竞争力主要是指一个城市在竞争和发展过程中，与其他城市相比较所具有的吸引、争夺、拥有、控制、转化资源和争夺、占领、控制市场的能力，以及为居民提供福利的能力。[1] 城市竞争力是个相对概念，其核心是一个城市在竞争和发展过程中同其他城市相比较，所具有的多快好省地创造财富和价值收益的能力。城市创造价值的能力以及城市的竞争力决定了城市价值收益的获得及获得

---

[1] 倪鹏飞、卜鹏飞：《城市引领中国崛起》，《理论学刊》2012年第12期，第48—53页。

的多少。城市的价值是由人、企业、产业和公共部门共同创造的，其所创造的价值和财富，相对于城市内部，所依靠的是人才、企业、产业和公共部门自身的水平；对外依据其所处的外部环境，包括本市、区域、国家和国际环境。

而在一定程度上，城市竞争的本质在于人才竞争，城市人才竞争力是城市经济在开放经济和区域竞争条件下依靠内生自组织力量与外部资源整合的关键环节。人才竞争力的发展演进对城市竞争力有一定的贡献，人才竞争力以及人才要素的动态变化对城市竞争力也有一些影响。李光全基于2001—2010年城市人才竞争力的变化，利用面板数据分析了我国城市人才竞争力对于城市竞争力的影响，以及人才各要素竞争力变化对于人才竞争力的影响，从动态的视角关注中国城市人才格局及其竞争力变化，全面认识培育和提升区域人才竞争力与城市整体竞争力之间的关系。结果表明，产业需求的牵引作用和教育培训的驱动作用是目标时间段城市人才竞争力提升的主要因素；人才质量是影响城市人才竞争力的显著因素，人才配置是城市竞争力、城市人才竞争力的关键影响因素；人才创新创业环境是营造良好人才生态的重要路径，也是提升城市竞争力的有利因素。[①] 李光全提出数据表明，人才竞争力的提升是城市竞争力上升的主要支撑因素，对人才竞争力的重视程度是未来城市竞争力指数以及城市间竞争力为此变化的决定因素。

一个区域的经济和科技活动是否活跃主要取决于是否善于引进和留住人才。从国内层面来看，人才竞争中的"马太效应"使得东部沿海地区聚集了大量的人才，推动经济的快速发展，随后又吸引了更多的人才，优者更优，劣者更劣，地区间的发展不平衡不断加剧。改革开放以来，我国一些地区的社会经济得到了率先发展，究其根源，是这些地区抢占了人才发展的先机，认识到社会经济的发展必须优先发展人才，从而实现地区内人才——经济同向互驱的科学发展局面。

---

① 李光全：《中国城市人才竞争力变化影响因素分析》，《科技进步与对策》2014年第1期，第136—139页。

研究表明，表征人才数量的"受过高等教育的劳动力总量""科技研发人员总量"和"人力与人才资本存量"三个人才总量指标与经济总量指标之间具有高度的相关性，且呈正相关关系，其中广东、江苏、浙江等省份具有代表性。[①]

[①] 桂昭明：《人才经济理论与实践》，党建读物出版社2014年版，第11页。

第三章 人才竞争力评价的分析框架构建

第一节 人才竞争力评估指标体系比较

一 国外人才竞争力评价研究

（一）WEF 的人才竞争力指标评估体系

世界经济论坛（World Economic Forum，WEF）于 1980 年开始进行工业化国家竞争力指数的排名，并从 1985 年开始与瑞士洛桑国际管理发展学院合作，通过设计国际竞争力评价指标体系和多因素分析，对工业化国家和重要发展中国家的竞争力进行综合评价（人才竞争力成为国家竞争力的重要组成指标），其成果以《世界竞争力年鉴》形式公开发布，成为许多国家在发展过程中改进自身不足的重要参考依据，受到越来越多的重视。[1]

自 2013 年起，世界经济论坛开始发布《全球人力资本报告》，目前共发布四期，分别是《全球人力资本报告 2013》《全球人力资本报告 2015》《全球人力资本报告 2016》《全球人力资本报告 2017》。

世界经济论坛关于人力资本指数重点考量的是衡量一国（地区）开发国民劳动力素质的能力（为企业领袖、政策制定者、公民社会和公众提供支持，帮助他们根据数据进行科学决策，以充分释放人力资本的潜力），其重点是预测未来主要行业的就业状况，并介绍在消除技能差距、解决失业问题上表现优秀企业的最佳实践。[2]

---

[1] 柯志钦：《知识经济时代提升珠海市人才竞争力研究》，硕士学位论文，吉林大学，2009 年。

[2] 黄远浙：《人才评价指标的国际比较》，《全球科技经济瞭望》2016 年第 12 期，第 25—29 页。

在 2017 年《全球人力资本报告》中，其从四个维度对各国人力资本利用状况进行衡量：人力资本能力（CAPACITY），主要关注劳动力的受教育程度；人力资本配置（DEPLOYMENT），即能力的积累与应用程度；人力资本开发（DEVELOPMENT），即对新型劳动力的培养投入；专业技能水平（KNOW-HOW），即现有劳动力技能的广度与深度。同时，报告将研究人口划分为五个年龄段，分别为：0—14 岁、15—24 岁、25—54 岁、55—64 岁、65 岁及以上。

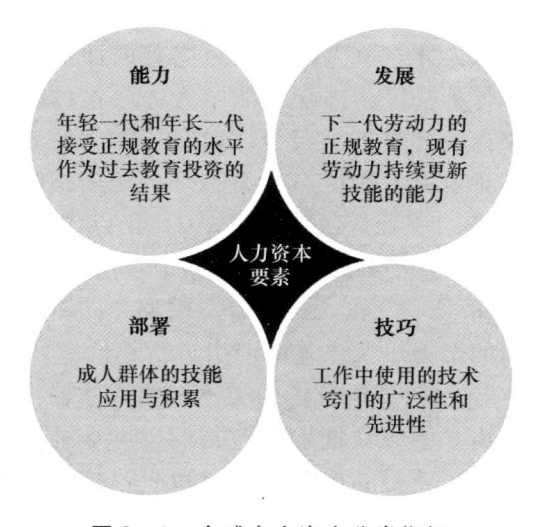

图 3—1　全球人力资本分类指标

资料来源：世界经济论坛：《2017 年全球人力资本报告》（"Global Human Capital Report 2017"）。

报告认为，无法有效用人、缺乏新技能培训和终身受教育机会是阻碍各国充分发挥人力资本的重要原因，如果在教育和工作这两条促进社会包容性发展的道路上都存在缺口，全球收入不平等的状况则会进一步加剧。报告认为，人力技能积累不应止步于学校教育阶段，在工作中持续积累和提升技能也是人力资本开发的重要内容。而现实情况则是，很多国家并不缺乏人才储备，而是未能使之达到最有效的资源配置。其中，仅 25 个国家的人力资本利用率达到 70% 及以上，大部分国家处于 50%—70%，另有 14 个国家低于 50%。除了欧洲三国外，美国（4）与德国（6）两大经济体也跻身前十。亚洲方面，新加坡（11）、日本（17）和韩国（27）排在前列。

(二) INSEAD 的人才竞争力指标评估体系

全球化的发展以及各类生产要素在全球范围内的流动，使得各国经济快速发展。其中人才是全球化的核心，越来越多的国家意识到人才竞争力的重要性，重视教育改革，减少性别歧视、吸引国际高质量人才。全球人才竞争力指标体系（The Global Talent Competitiveness Index，GTCI）是由欧洲工商管理学院（INSEAD）、人力资源公司德科集团（Adecco Group Human Resources Company）和塔塔通讯（TATA Communications）等联合发布的，是年度基准报告，总体来说是当前全球人才竞争力指数最为完善的评估报告之一，以期为政府、企业、各种公民团体提供制定人才政策的依据。其重点在于衡量一个国家在人才培养、吸引、留存等方面的表现，从而评估全球各国的人才竞争力。2017年全球人才竞争力指数报告以"人才与技术：塑形未来的职业"为主题，2018年以"多元化"为主题进行研究，以此进一步考察全球各国人才在多元化方面的潜力。

GTCI 指标体系是一个输入—输出型模型，同时对国家为生产和获得人才所做出的努力以及人才的产出进行评价。

关于人才输出，GTCI 区分了两类不同的人才输出，将其分为中级和高级技能输出。中级技能输出包括劳动和职业技能，是人才在职业训练和工作中所获得的技能，劳动和职业技能的经济作用由劳动生产率及其薪酬来衡量。高级技能输出包括全球知识技能，是人才的专业、管理、领导能力，其影响用创新能力和领导能力来衡量。

关于人才输入，GTCI 以 Attract-Grow-Retain 为框架，将人才管理定义为组织为吸引、选拔、发展、留住人才所做的一系列努力。在国家竞争的背景下，人才吸引包括了从全球范围内吸引国际人才，以及在国家内部消除阻碍人才发展的各类障碍，如对女性和老年人的歧视。从传统的角度来看，人才培养即为教育，但是随着社会的发展，人才培养还包括技能培训和持续教育。留住人才是保持可持续竞争的关键，其中最重要的就是营造适合人才的生活环境，此外还有一系列政策制度、市场发展等因素，统称为"助推器"。因此，助推器、吸引、培养和留住人才共同组成了人才输入部分。

具体评价体系如下：在人才竞争力输入的二级指标中包含四类

指标，代表了一个国家在政策、资源等方面促进人才竞争力所做的努力。助推器反映了一国的政治、经济环境为人才的发展和成长所提供的条件的程度。人才吸引的指标包括外部和内部的开放程度，人才培养的指标包括教育、持续教育、得到机会的能力。留住人才指标包括可持续性和生活方式。人才输入指标是四类指标得分的算术平均值。人才竞争力输出指标旨在测量一国所拥有的人才的质量。其二级指标中包括劳动和职业技能以及全球知识技能。GTCI 指标体系下共有 48 个测量标准[①]（见图 3—2）。

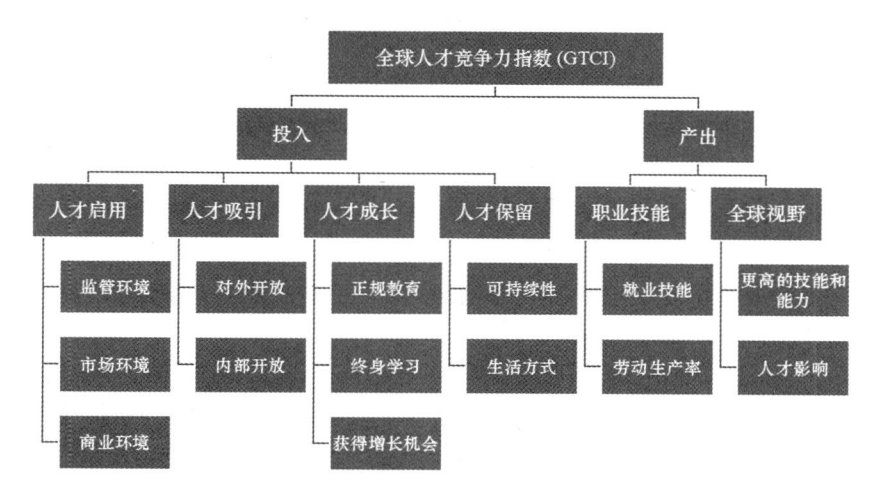

图 3—2　全球人才竞争力指数——国家

资料来源：欧洲工商管理学院：《全球人才竞争力指数 2018》["Global Talent Competitiveness Index (the GTCI) 2018"]。

与此同时，GTCI 指数评价体系在全球人才竞争力指数基础上，针对城市进一步调整和完善了相应的城市人才指标评价体系。相较人才竞争力的国家指数比较和上年城市人才竞争力指标体系，最新的 2018 年版将职业技术水平和高级技能由城市的国际化程度指标来代替，具体包括了一个城市发展全球知识技能的能力（通过其受过高等教育的劳动力和人口来衡量）以及全球交通的连通性（以国际机场的存在衡量）及其在国际关系中的作用（通过政府间组织存

---

① INSEAD, The Global Talent Competitiveness Index 2013, Singapore, 2013.

在衡量)。最终的 GCTCI 分数被计算为每个城市的相应的五维支柱得分的平均值(见图 3—3)。

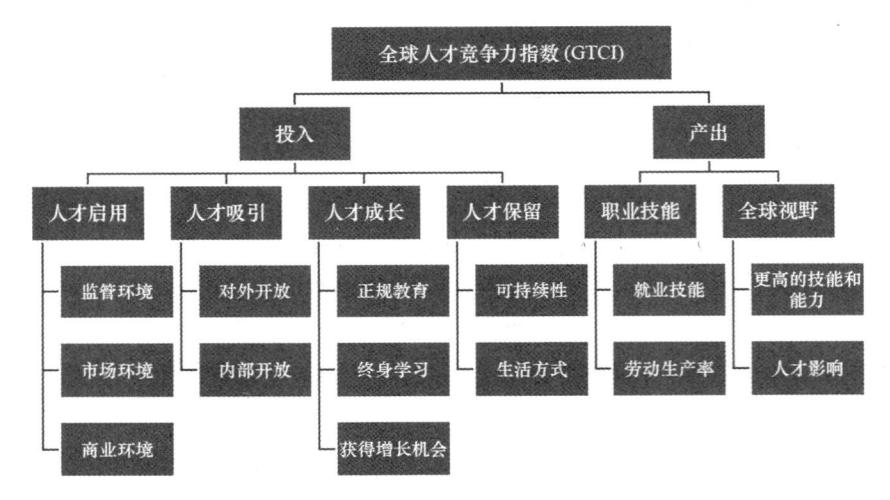

图 3—3 全球人才竞争力指数——城市

资料来源：欧洲工商管理学院：《全球人才竞争力指数 2018》["Global Talent Competitiveness Index (the GTCI) 2018"]。

国外不同的人才竞争力指标评价是基于不同的角度完成，但其总体上体现出人才竞争力评价和研究的一些共性规律。其一，经济发展水平是人才发展的关键。一些结论发现，不同国家得分与人均国内生产总值呈正比，人均 GDP 越高的国家人才吸引能力越强。其二，教育是人才指数的关键要素。全球人力资本指数、全球人才竞争力指数等都将教育作为指标体系的关键要素，在部分指标体系中，人才教育是一级指标。其三，民主的政策系统是人才发展的保障。全球人才竞争力指数认为，强大和稳定的政治环境是人才成长的关键，并提出需要一个有长远目标的人才政策。其四，开发人才潜能，要做到人尽其用。"世界经济论坛创始人明确指出，与资本相比，人才是 21 世纪'最有效的连接创新、竞争力和经济增长的关键纽带'。"[①] 因此，无论国家是富裕还是贫穷，全球各国都意识

---

① 黄远浙：《人才评价指标的国际比较》，《全球科技经济瞭望》2016 年第 12 期，第 25—29 页。

到提升人才竞争力是提升国家竞争力的关键因素。

二 国内人才竞争力评价体系的相关研究

（一）倪鹏飞版的人才国际竞争力评价体系

回溯国内的人才竞争力研究，倪鹏飞在《人才国际竞争力——探寻中国的方位》一书中，将人才国际竞争力定义为"与其他国家相比，一个国家中拥有较多人力资本的群体在一定的生活环境、创业环境、创新环境和宏观环境条件下的创富与创新能力"[①]，由此从投入和产出两个方面，将人才国际竞争力指标体系分为人才本体、人才环境、人才创富与人才创新四个一级指标，每个指标下面再由若干多级子指标构成，以此形成人才国际竞争力的分析框架。其中人才本体和人才环境属于要素投入，人才创富和人才创新属于贡献产出。人才本体是根本，是人力资本投入、培养与增值的表现载体；人才环境是保障，是吸引人才与发挥人才资本价值的首要前提；人才创富是支撑，是促进人才创造社会财富的有利条件；人才创新是动力，是全面提升竞争力的重要推手。而四个要素相互作用，相互促进，共同影响人才国际竞争力的形成。从具体指标来看，倪鹏飞在人才国际竞争力指标体系分布如表3—1所示。

表3—1　　　　　　　人才国际竞争力评价体系

一级指标	二级指标	三级指标	四级指标
人才本体	现实人才	人才基础	15—64岁人口规模
			15—64岁人口占总人口比例
			人均出生预期寿命
			婴儿出生死亡率
			平均预期受教育年限
			平均预期受教育年限增长率
			人力资本总量

[①] 倪鹏飞：《人才国际竞争力——探寻中国的方位》，社会科学文献出版社2010年版，第34页。

续表

一级指标	二级指标	三级指标	四级指标
人才本体	现实人才	主体人才	大学学历以上人口数量
			大学学历以上人口数量增长
			大学学历以上人口占总人口比重
		初级人才	技能人才总量
			技能人才增长
			技能人才占就业人口比重
		中级人才	工程师人数
			工程师人数增长
			工程师占总人口比重
		高级人才	科学家人数
			科学家人数增长
			科学家占总人口比重
		国际人才	净移民数
			净移民数增长
			净移民占总人口比重
			人才流失
	潜在人才	教育投入	教育公共支出占GDP比重
			教育公共支出占GDP的比重增长
			教育公共支出占政府支出的百分比
			大学生公共支出占人均GDP的百分比
		教育质量	教育系统的质量
			数学和科学的教育质量
			管理学院的教育质量
		中级教育	初级教育入学率
			中级教育入学率
			职业教育入学率
		高等教育	高等教育入学率
			著名大学数量
		教育培训	当地专业培训服务
			员工培训的广度
		留学教育	留学生数量
			每百万人中留学生数

续表

一级指标	二级指标	三级指标	四级指标
人才环境	生活环境	收益成本	人均收入
			生活成本（逆）
		卫生保健	人均卫生支出
			每千人拥有医生数
		环境质量	二氧化碳排放量（逆）
			污水处理率（逆）
			颗粒物（逆）
		社会保障	社会保障支出占GDP比重
			公共退休金占GDP百分比
		娱乐环境	每千人报纸数量
			电视用户的百分比
		基础设施	航空运输设施的质量
			基础设施总体质量
	创业环境	创业激励	企业边际税率
			个人边际税率
		创业便利	申请开业时间
			申请开业程序
		就业市场	雇用难度指数
			时间强度指数
			解雇难度指数
		法制环境	履行合同程序数
			履行合同所需时间
		政府监管	政府监管负担
			官僚文牍主义程度
		服务体系	融资便利度（金融市场成熟度）
			最新技术可得性
		基础设施	每百人电话主线
			每百人手机数

续表

一级指标	二级指标	三级指标	四级指标
人才环境	创新环境	资金投入	研发支出占 GDP 比重
			研发资金投入总数
		创新平台	著名研究机构数量
			科学与研究机构的质量
		创新体系	风险资金可得性
			大学与产业合作
		制度激励	产权保护程度
			知识产权保护
		基础设施	每百人宽带用户数
			人均国际互联网容量
			每百人计算机数
	宏观环境	经济环境	人均 GDP
			人均 GDP 增长
			就业率
		对外开放	外资占 GDP 比例
			贸易依存度
		政治环境	国家信用等级
			政治稳定性
		移民政策	雇用外国劳动力容易程度
			移民法不禁止本国公司雇用外国劳动力
人才创富	创富产出	产出效率	劳动生产率
			人均 GDP（PPP）
			人均 GDP 增长
		产出结构	高科技产品出口占制成品出口额比重
			高科技产品出口占制成品出口额比重增长
			第三产业增加值比重
			第三产业增加值比重增长
		产出规模	GDP 规模
			GDP 增长
			GDP（PPP）

续表

一级指标	二级指标	三级指标	四级指标
人才创新	创新产出	专利产出	每百万从业人员专利批准数
			专利批准总量
			专利批准总量增长
		著作产出	发表于科技刊物上的论文数
			每百万人发表于科技刊物上的论文数
			发表于科技刊物上的论文数增长
		版权费	收到的版权与许可权费
			每百万人收到的版权与许可权费
			收到的版权与许可权费增长

在倪鹏飞版的人才国际竞争力指标体系研究中，其通过对国外国家竞争力指标体系和人才竞争力评价体系的综合研究提出了以中国为视角的人才国际竞争力指标体系。并在指标确立完成后，运用一致性检验和互斥性检验的方法对不同级别指标的一致性和同一级别对应指标的两两相关性检验，确立了指标间的相关系数。与此同时，在数据处理过程中则采用无量纲化的方式将数据标准化，而其在标准化法、指数法和阈值法三类中主要采用了阈值法进行标准化处理。对每项指标的权重处理更是采用了层次分析法和主成分分析法相结合的方式进行赋权，以此进一步兼顾了指标体系评价中的主客观性，以及指标的现实经济意义。

（二）桂昭明、王辉耀版的国内人才竞争力评价体系

作为提出人才资本论的学者桂昭明在其《人才竞争力评价》一文中，将 IMD 发表的 2000 年《世界竞争力年鉴》中国家竞争力体系的 20 个指标抽出部分反映、体现人才竞争的指标，形成一个国家人才国际竞争力的指标体系。以此为基础，将瑞士洛桑国际惯例发展学院（IMD）发表的 2000 年《世界竞争力年鉴》中国家竞争力体系的 290 个评价指标抽出部分反映、体现人才竞争力的指标，形成人才国际竞争力评价指标体系。根据科学性、可量化、可比较的原则，设计出专门用于我国区域人才竞争力的评价体系结构，将区

域人才竞争力分为体现人才竞争力的内在要素和影响人才竞争力的外在要素，以及表征人才竞争力现状的效能水平因素。其中，区域人才内在竞争力要素反映了区域人才创新创业、作用发挥的核心竞争力。内在竞争力要素包括人才数量指标、人才质量指标、人才结构指标等方面，是区域潜在的、未来可能拥有的人才竞争能力；影响区域人才创新创业的外部影响因素，对核心竞争力起到正向或反向的作用，外在竞争力要素包括人才投入指标、人才平台指标、人才生活及环境指标等方面，是区域将潜在的人才竞争能力转化为现实以获得竞争优势的能力；表征人才竞争力现状的是人才产出水平，反映了区域人才对区域国民经济和社会发展的贡献和促进作用。人才效能水平包括人才创新指标、人才贡献指标、人才发展态势指标等方面，是区域现实的人才竞争能力。

在其《中国区域人才竞争力报告No.1》中，桂昭明、王辉耀等人运用这一评价指标体系，对中国省域人才竞争力进行比较。省域人才竞争力评价指标体系是区域人才竞争力评价体系结构在省域的具体化。省域人才竞争力评价的一级指标有9项，分别是人才数量竞争力指标、人才质量竞争力指标、人才结构竞争力指标、人才投入竞争力指标、人才平台竞争力指标、人才生活及环境竞争力指标、人才创新竞争力指标、人才贡献竞争力指标、人才发展态势竞争力指标，按照层次分析法确定了各指标的权重。然后对省域人才竞争力二、三级指标体系进行构建，共有43个二级指标，132个三级指标。[1]

由此也建立了以国内城市为单位的城市人才竞争力评价体系。在桂昭明和王辉耀版的城市人才竞争力评价研究中，其认为"城市竞争力是以城市为一个主体单元，评价它在国内社会经济发展的背景下，在人才流动与竞争的环境中，吸引、保留和用好人才的能力，更是其谋求事业科学发展的实力"[2]。为此，其研究的竞争对象主要为中国国内的城市，并以直辖市、副省级城市、省会城市三类

---

[1] 桂昭明、王辉耀：《中国区域人才竞争力报告No.1》，社会科学文献出版社2013年版，第6页。

[2] 同上书，第72页。

作为研究比较对象。其具体指标体系评价内容主要由体现城市人才竞争力的内在要素和影响城市人才竞争力的外在要素以及表征城市人才竞争力现状的效能水平要素组成。

在桂昭明、王辉耀的以国际、区域、城市为指标的人才评价体系中，其主要采用指数评价法进行分析，并通过层次分析法对区域人才竞争力评价指标体系中的指数权重加以确定。具体如表3—2所示：

表3—2　　　　　　　城市人才竞争力评价体系

一级指标	二级指标	三级指标	四级指标	数据来源
内在竞争力要素	人才数量指标	人才资源	人才资源总量（万人）	城市统计年鉴
		学历人才	受过高中、中专及以上教育的劳动力总量（万人）	六普+城统
			受过高等教育的劳动力总量（万人）	六普+城统
			受过研究生教育的劳动力总量（万人）	六普+城统
		R&D人员	R&D人员全时当量（人年）	城统
		企业家人才团队	规模以上企业的企业家人才团队数	城统
		人才资本	总人力资本（万人年）	六普+城统
			人才资本（万人年）	六普+城统
			高级人才资本（指受过高等教育的劳动力所拥有的人才资本）	六普+城统
			高端人才资本（指受过研究生教育的劳动力所拥有的人才资本）	六普+城统
	人才质量指标	从业人员占比	中专以上学历人才占从业人员比例（%）	六普+城统
			受过高等教育的劳动力在从业人员中的占比（%）	六普+城统
			受过研究生教育的劳动力在从业人员中的占比（%）	六普+城统

续表

一级指标	二级指标	三级指标	四级指标	数据来源
内在竞争力要素	人才质量指标	人才资本占比	总人力资本中的人才资本占比（%）	六普+城统
			总人力资本中的高级人才资本占比（%）	六普+城统
			总人力资本中的高端人才资本占比（%）	六普+城统
		R&D人员占比	R&D人员占从业人员的比例（%）	城统
		受教育年限（年/人）	从业人员受教育年限（年/人）	六普+城统
		人才资本质量	从业人员人均人才资本（人年/人）	六普+城统
			从业人员人均高级人才资本（人年/人）	六普+城统
			从业人员人均高端人才资本（人年/人）	六普+城统
	人才结构指标	人才学历结构	全部人才中大专及以上学历占比（%）	六普+城统
			全部人才中研究生学历占比（%）	六普+城统
		人才资本结构	高级人才资本占人才资本的比例（%）	六普+城统
			高端人才资本占人才资本的比例（%）	六普+城统
外在竞争力要素	人才投入指标	人才教育投入	地方财政公共教育经费支出总额（亿元）	六普+城统
			公共教育经费支出占国内生产总值比重（%）	六普+城统
			人均公共教育经费支出总额（元/人）	六普+城统

续表

一级指标	二级指标	三级指标	四级指标	数据来源
外在竞争力要素	人才投入指标	人才科技投入	地方财政科技经费支出总额（亿元）	六普+城统
			地方财政科技经费支出占国内生产总值比重（%）	六普+城统
			从业人员人均科技经费支出（元/人）	六普+城统
		人才医疗卫生投入	地方财政医疗卫生支出总额（亿元）	六普+城统
			地方财政医疗卫生支出占GDP比重（%）	六普+城统
			人均医疗卫生支出（元/人）	六普+城统
	人才平台指标	人才经济平台	GDP（亿元）	城统
			人均GDP（万元/人）	城统
			劳动生产率（GDP/就业人数）（万元/人）	城统
			第三产业占GDP的比重（%）	城统
		人才投资平台	全社会固定资产投资额（亿元）	城统
			年末金融机构存款余额（亿元）	城统
			年末金融机构各项贷款余额（亿元）	城统
		人才科技平台	本省国家产业化计划项目经费（亿元）	城统
			本省R&D机构数（个）	城统
			本省R&D经费课题支出（亿元）	城统
			本省大中型工业企业R&D项目经费支出（亿元）	城统

续表

一级指标	二级指标	三级指标	四级指标	数据来源
外在竞争力要素	人才平台指标	人才科技平台	本省大中型工业企业R&D项目平均经费（亿元）	城统
			本省大中型工业企业技术获取和技术改造费用（亿元）	城统
			本市规模以上企业R&D经费内部支出（亿元）	城统
		人才教育平台	普通高等学校在校学生数（万人）	城统
			成人高校在校学生数	城统
			每万从业人员在校大学生数（人/万人）	城统
			中等职业技术学校在校学生数（万人）	城统
		人才信息化平台	从业人员人均国际互联网用户数（户/万人）	城统
			从业人员人均移动电话用户数（座/万人）	城统
			从业人员人均本地电话用户数（座/万人）	城统
			邮电业务总量（亿元）	城统
		人才物流平台	客运总量（万人）	城统
			民用航空客运量（万人）	城统
			货运总量（万吨）	城统
		人才外商贸平台	进出口总额（亿美元）	城统
			全社会固定资产投资中外商（含港澳台商）直接投资占比（%）	城统
			外商投资企业投资总额（亿元）	城统
			外资（含港澳台资）规模以上工业企业总产值（亿元）	城统

续表

一级指标	二级指标	三级指标	四级指标	数据来源
外在竞争力要素	人才平台指标	人才外商贸平台	外资（含港澳台资）规模企业总产值在规模以上工业企业总产值占比（%）	城统
	人才生活及环境指标	人才产业平台	规模以上工业企业总产值（亿元）	城统
			规模以上工业企业从业人员人均产值（万元/人）	城统
			规模以上工业企业利税（亿元）	城统
			规模以上工业企业从业人员人均利税（万元/人）	城统
		居民生活水平	城镇单位职工平均工资（元/人）	城统
			城镇居民人均可支配收入（元/人）	城统
			城镇居民人均消费支出（元/人）	城统
			居民年末人均储蓄余额（万元/人）	城统
		财政收支水平	地方财政一般预算内收入（亿元）	城统
			地方财政一般预算内支出（亿元）	城统
		医疗卫生环境	医生数（执业医师+执业助理医师）（人）	城统
			医院床位数（张）	城统
			每万人医生（人/万人）	城统
			每万人床位（张/万人）	城统

续表

一级指标	二级指标	三级指标	四级指标	数据来源
外在竞争力要素	人才生活及环境指标	子女教育环境	城区普通中学在校学生数（万人）	城统
			城区每万人口普通中学在校学生数（人/万人）	城统
			城区普通小学在校学生数（万人）	城统
			城区每万人口普通小学在校学生数（人/万人）	城统
		城市人居环境	空气质量达到及好于二级的天数（天）	城统
			市区居民人均生活用水量（吨）	城统
			市区居民人均生活用电量（千瓦时）	城统
			市区居民人均用气指数	城统
			市区居民交通出行指数	城统
			市区绿化指数	城统
			城市三废处理利用指数	城统
		城市文化环境	公共图书馆图书总藏量（千册、件）	城统
			每百人公共图书馆藏书量（册、件/百人）	城统
人才效能水平	人才创新指标	国内专利申请量	专利申请量（件）	省统
			发明专利申请量（件）	省统
			发明专利申请量占比（%）	省统
			从业人员人均专利申请量（件/万人）	省统
			从业人员人均发明专利申请量（件/万人）	省统

续表

一级指标	二级指标	三级指标	四级指标	数据来源
人才效能水平	人才创新指标	国内专利授权量	专利授权量（件）	省统
			发明专利授权量（件）	省统
			发明专利授权量占比（%）	省统
			从业人员人均专利授权量（件/万人）	省统
			从业人员人均发明专利授权量（件/万人）	省统
		科技创新技术及产品	规模以上工业企业新产品产值（亿元）	省统
			规模以上工业从业人员人均企业新产品产值（万元/人）	省统
			规模以上工业企业新产品产值在总产值中的占比（%）	省统
			高新技术产业产值（亿元）	省统
			高新技术产业从业人员人均产值（万元/人）	省统
			高新技术产业产值在规模以上工业产值占比（%）	省统
	人才贡献指标	人才贡献率	总人力资本贡献率（%）	六普+国统
			人才资本贡献率（%）	六普+国统
		人才效用度	人才资本使用效益（%）	六普+国统
			高级人才资本使用效益（%）	六普+国统
			高端人才资本使用效益（%）	六普+国统

（三）以上海为例的城市人才国际竞争力评价体系

徐坚成则以上海市为例，研究上海的人才国际竞争力。其同样采用经济学投入产出理论，按创建投入量、产出量和中间量的 IMP 模型人才竞争研究模型，探讨人才竞争力的由来与形成。并将人才培养能力、人才吸引集聚能力和人才使用能力视为投入量，把人才开发制度、人才发展环境视为中间量，把人才产出效益视为产出量，三者相互联系，互为因果，形成体系。通过对人才竞争力指标体系的构建，进一步明确上海市的人才国际竞争力水平，并从人才培养、人才引进、人才队伍建设等角度提出了相应的建议。

徐坚成以上海为例的人才国际竞争力研究，以纽约、伦敦、巴黎、东京、香港、新加坡、北京等国际大都市为比较对象，使人才竞争力指数比较更具针对性。依托不同类型的数据，作者采用了将纷繁复杂数据指标化处理的方式，并采用平均赋权的方法对各级指标进行赋权。以此推论出 8 个城市人才国际竞争力中巴黎竞争力最强，排名第一；其次是东京，再次是伦敦，第五到第八分别是纽约、新加坡、香港、北京，上海的人才国际竞争力指数最低（见表 3—3）。

表 3—3　　　　　　　　上海人才国际竞争力评价指标体系

一级指标	二级指标	三级指标
人才规模与结构国际竞争力	人才总量	研究与开发人员总人数
		企业研究与开发总人数
		R&D 科学家和工程师总量
	人才相对规模	每千人中研究与开发人数
		每千人中企业研究与开发人数
		每万人劳动力中 R&D 科学家和工程师（人）
	人才结构	每千名居民中经理人数（人）
		每千名居民中 IT 从业人数（人）
		每千名居民中生物和化学技术人员从业人数（人）
		每千名居民中汽车和机械制造从业人数（人）
		每千名居民中仪器和电子设备从业人数（人）
		每千名居民中高科技从业人数（人）
		每千名居民中金融业从业人数（人）

续表

一级指标	二级指标	三级指标
人才质量国际竞争力	人才受教育水平	人均受教育年限（年）
		获得大学本科及以上学历的人口占总人口的比例（%）
		获得大学本科及以上学历的人口占劳动力总数的比例（%）
	人才健康水平	人口平均寿命（年）
	人才国际化水平	外籍劳动力占劳动力总数比例（%）
		熟练使用两种语言以上人口占5岁以上人口比例（%）
		常住外籍人口占总人口比例（%）
		留学生占高校在校生总数比例（%）
	人才流动	信息技术人才可获得性
		合格工程师可获得性
人才供给国际竞争力	高中以上教育规模	每十万人中的高等教育在校生数（人）
		每十万人中的高中在校生数（人）
		高等教育毛入学率（%）
	高中及以上教育结构	高等教育理工科学生的比例（%）
		高中阶段职业教育的比例（%）
	人才投入经费	教育经费占GDP的比例（%）
		公共教育经费占GDP的比例（%）
		高等教育生均教育经费占人均GDP的比例（%）
		高中教育生均教育经费占人均GDP的比例（%）
	终身教育	职工参加在职培训的比例（%）
人才产出国际竞争力	专利与论文	每百万居民专利数量（件）
		每百万人平均国际专利数量（件）
		每百万人平均科技论文发表数量（篇）
	劳动生产率	全员劳动生产率（元/人）
		平均月收入（元）
人才环境国际竞争力	社会生活环境	城市生活质量
		城市生活成本
		气候环境舒适度
		犯罪率（%）

续表

一级指标	二级指标	三级指标
人才环境国际竞争力	工作创业环境	互联网主机覆盖率（%）
		宽带覆盖率（%）
		每百万人安全服务器数量（个）
		合同执行难易度
		雇佣关系自由度
		创办企业难易度
	科技创新环境	知识产权保护
		科技投入水平
		政府在R&D中人均支出（元）
		企业在R&D中人均支出（元）
		用于高等教育的人均支出（元）

（四）其他相关人才竞争力评价体系研究

江苏省人事厅课题组提出人才竞争力是决定江苏省竞争成败的关键，是实现人才强省目标的关键，因此提出和建立了区域人才竞争力的概念。课题组认为，区域人才竞争力可以定义为一个地区人才队伍在社会经济生活的竞争、博弈、对抗中所显现的总体能力，包括综合实力、凝聚力和创新能力。因此经过系统研究分析，确定了两个方面共9项起决定性作用的因素指标。第一方面是对人才队伍状况的分析与评价。第一，人才规模发展状况从人才总量、两院院士人数、从事研究开发的科学家和工程师人数3个指标来衡量；第二，人才结构状况由人才密度、高级专业技术职称人数比例、高等学历人数比例3个指标来衡量；第三，人才动量状况由人才动量指标来衡量，这是衡量区域人才凝聚力的重要指标，包括国外人才回归率、外国留学生比率、大学毕业生流向比率、高层次年轻人才流向比率等。第二方面是对人才总体效能的分析与评价。由人才经济系数、人才技术创新能力两个指标来衡量。人才经济系数（百万GDP/专业技术人员总量）用于衡量区域人才效率，该指标是衡量专业技术人员在经济活动总产出效率的主要指标；区域专利成果和科技成果数量用以衡量人才技术创新能力。[①]

根据上述指标与江苏经济社会发展数据进行相关分析，得出各因素权重，运用要素分析法对区域人才竞争力进行积分排序，江苏省列于北京、上海、广东等省市之后，位列全国第4位。江苏省人才竞争力在国内处于前列，但是与国内一些省市对照存在一定差距，且与发达国家及亚洲新兴工业国家、地区相比仍存在较大差距，体现在高职称、高学历人才数量不多，比例偏低，特别是从业人员中高等学历人员比例亟待提高；此外，高层次年轻人的凝聚力较低，人才效率较低（见图3—4）。

```
人才队伍状况 ── 人才规模 ── 1. 人才总量
              │           2. 两院院士人数
              │           3. 从事研究开发的科学家和工程师人数
              ├─ 人才结构 ── 4. 人才密度
              │           5. 高级专业技术职称人数比例
              │           6. 高等学历人数比例
              └─ 人才动量 ── 7. 人才动量指标

人才总体效能 ── 8. 人才经济系数
            └ 9. 人才技术创新能力
```

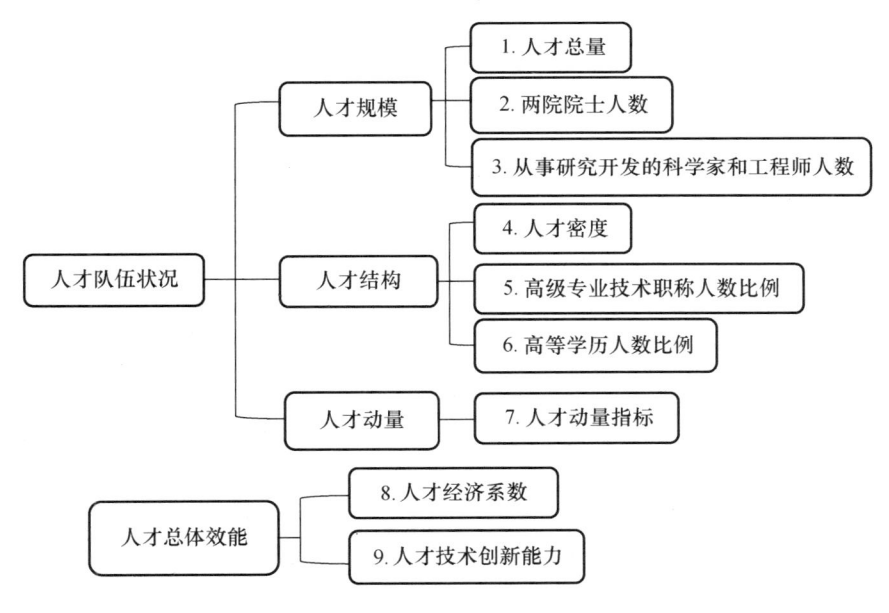

图3—4 江苏省人才竞争力评价体系研究

李晓园等建立了评价中国人才竞争力指标体系，对中国人才竞争力进行了测度。伞锋借鉴IMD、WEF、UNDP的人才竞争力有关指标，建立了一个有26个指标的体系，分为人才队伍、人才投入、

---

① 江苏省人事厅课题组：《提升区域人才竞争力是江苏人才发展战略的核心目标》，《中国人才》2002年第9期，第44—46页。

人才产出、人才环境等方面。倪鹏飞、李晓园也构建了城市或区域人才竞争力指标体系（见表3—4）。江苏省人事厅构建了一个以人才队伍状况和人才总体效能两个因素为一级指标，包含人才总量、人才密度、人才动量、人才经济系数和人才技术创新能力等9项三级指标在内的指标体系。杨河清在构建首都区域人才竞争力评价指标体系时，提出了三套"兼顾当前与未来，基础与提高，既有普遍意义又能突出北京特色"的区域人才竞争力评价指标体系。相对于第一类基于国家或城市竞争力评价指标体系基础构建的人才竞争力指标体系，独立进行的区域人才竞争力指标体系的构建就显得更为具体和实际，也更符合中国的实际情况。李良成等人在相关统计年鉴的基础上建立了科技人才竞争力评价指标体系，对全国各省市自治区科技人才竞争力进行评估排序。

表3—4　李晓园等建立的城市人才竞争力测度指标体系

目标层	准测层	指标层
人才总量指标	人才总量	从业人才量
	人才流量	潜在人才资源量
人才结构指标	人才占比	每10万人拥有量
		从业人才数/从业人员数
	人才密度	人才/总人口数
	高层次人才占比	院士及正高职称的专家、学者数/人才总量
人才比例指标体系	人才层次结构	学历结构比（研究生：本科：大专：中专）
		职称结构比（高级：中级：初级）
		技能结构比（高级技工：中级技工：初级技工）
	人才配置结构	产业结构比（第一产业：第二产业：第三产业）
		企业、机关、事业单位人才比 （企业：机关：事业单位）
	人才年龄结构	青年：中年：老年 （35岁及以下：36—45岁：46岁及以上）
人才动态变化指标体系	人才流动率	人才流动总量/人才总数
	人才进出比	流入人才数：流出人才数

续表

目标层	准测层	指标层
人才投入指标体系	高等学校教育投入	高等学校教育投入经费
	高层次培训投入	高层次培训投入经费
	人才信息网络及服务	引进和使用人才的投入经费
	科研投入	科研投入占GDP比重
人才产出指标体系	科技成果量	万人拥有的授权专利数
		万人拥有的申请专利数
		国家级科技进步奖
	科研成果转化率	科研成果数量及转化率（知识产权交易率）
	新产品开发及利润	新产品开发及利润
	人才效率	生产效率
人才环境指标体系	人事工作环境指标	人才人事法规体系
		人才人事组织机构
		人才市场中介机构建设
		博士后流动工作站
		机关工作作风
	生活环境指标	个人可支配收入
		居民消费价格指数
		城市平均每万人拥有公共汽车
		城市人均住房面积
		城市商业网点密度
	经济环境指标	人均增加值
	人文环境指标	社会人才观

三 国内外人才竞争力研究比较

综上，国内外不同组织、科研机构和学者对人才竞争力评价的研究中，基于不同的研究重心、研究方法和数据来源，未完全形成统一的评价体系。但通过对现有人才竞争力评价的各项指标体系进行研究，可以看出人才竞争力的内涵主要包括以下三个部分，一是人才的总量和质量，是竞争主体——人才的竞争评价要素；二是区域经济实力、城市化水平等客观因素，是影响竞争主体集聚与流动、创新与发展的相关因素；三是人才的产出贡献实力，是竞争目标实现的评价要素，也是综合目标要素。

因此有的研究利用投入—产出模型进行分析，也有的利用内在、外部和贡献产出等模型进行分析，还有的则直接从各级指标进行结构性研究。总而言之，虽然对人才竞争力没有一个直接的、比较统一的定义，但是对于人才重要性的认识逐渐形成共识，对人才竞争力的研究通常从宏观的角度对各国人才竞争力进行对比分析。

通过对各类人才竞争力指标体系及方法运用的考察，笔者认为人才竞争力评价的指标体系和分析框架要重点把握以下原则。一是指标体系建立原则，要注重科学性、系统性、可比性和可量化原则。二是指标体系指标选取事项，要充分把握数据的可获取性和可比性，以及多级指标体系下的一致性、同级指标下的互斥性，需要综合运用检验方式进行。三是指标体系研究过程中，要综合运用指标法、阈值法、标准化法等方式对数据进行无量纲化处理，以及对各项指标采取多种方式如层次分析法、德尔菲法、主成分分析法、平均赋权法予以研究。

第二节　深圳人才竞争力评价研究体系

一　深圳人才竞争力评价方法与研究体系设计原则

（一）人才竞争力评价方法

竞争力评价的方法多种多样，按照评价指标的多少，竞争力评价方法可以分为单项指标评价法和综合指标体系评价法，由于人才竞争力涉及多方面的情况，因此通常都是根据综合指标体系来进行评价。根据评价方法的属性，可将竞争力评价方法分为四大类：定性评价方法、分类评价方法、排序评价方法和操作型评价方法。

定性评价方法有因素分析法及内涵解析法，因素分析由表及里，从表面容易感知的属性入手，逐步深入内在的因素和属性展开分析；内涵解析法将定性和定量分析相结合，重点研究影响区域竞争力的内在因素，对难以量化的因素则采用听取专家意见或问卷调查的方式进行分析判断。

分类评价法又分为模糊综合评价法、聚类分析法、物元分析法等，其中模糊综合评价法既有严格的定量刻画，也有对难以定量分析的模糊现象进行的定性描述，定性和定量相结合比较适合区域人才竞争力的评价。

排序评价法包括综合指数评价法、主成分分析法、因子分析法等。（1）综合指数评价法通过选取一定的定性和定量指标，经过无量纲化处理，达到统一量化比较的目的，从而得出具体的综合评价指数；（2）主成分分析法就是找到几个彼此之间不相关的综合指标，尽可能多地反映原来的指标所提供的信息量；（3）因子分析法是假设大量观测变量背后潜藏着的几个维度，成为"公因子"，每个观测变量总变异中的绝大部分能够被这几个公因子所解释，不能被公因子解释的部分成为该变量的特殊因子，因此在一般情况下，所有观测变量都可以表示为公因子和特殊因子的线性组合，称为因子分析的线性模型。

操作型评价方法又称标杆测定方法，其步骤为：第一，确定标杆测定的主题、对象和内容；第二，组成工作小组并确定工作计划；第三，收集资料开展调查；第四，分析比较找出差距，确定最佳方法，明确改进方向制定实施方案；第五，组织实施，并将事实结果与最佳做法进行比较，在比较的基础上进行修改完善，努力达到最佳实践水平。

因此，综合以上多种竞争力的评价方法，本书主要采用内涵解析法和主成分分析法，对深圳的人才竞争力进行综合评价，并用指标体系作为分析框架。按照人才自身竞争力、人才外部环境竞争力、人才产出贡献竞争力三大维度进行研究分析。

（二）深圳人才竞争力分析框架设计原则

通过对人才竞争力评价分析方法的选择和确立，本书在构建人才竞争力研究体系设计时，遵循以下原则。

第一，科学性原则。在设计指标体系时，以科学的人才理论作为指导，抓住最重要、最本质和最有代表性的影响本地区人才竞争力的因素。在构建人才竞争力评价体系时，以《国家中长期人才发展规划纲要（2010—2020年）》中所列的各类人才队伍建设中反映人才特征的指标为核心指标，辅之以与人才特征密切相关的其他指标，使评价体系科学地完整地反映人才竞争力的本质。

第二，系统优化原则。对人才竞争力的评价有多种指标，本书在构建评价指标体系时，尽可能地选取最核心最关键的指标来反映人才竞争力的内容，避免指标过于庞杂，也避免评价因素的单一。本书采用系统分解和层级结构分析法，将总指标分解成次级指标，再由次级指标分解成次次级指标，组成树状结构的指标体系。

第三，可量化原则。受体制机制、制度环境以及数据获取条件等因素影响和限制，在人才竞争力评价过程中尽量采用国内外公开的相关统计数据、已开展的相近研究，对难以量化和获取的数据，采用客观描述分析等方式尽可能地用定性或定量方式呈现。

第四，可比性原则。因为人才竞争力是一个相对的概念，不同的研究对象的竞争力是不同的，本书对区域人才竞争力进行分类比较研究，使得研究对象具有相同的区域特征，从而具有可比性。

第五，目标导向原则。对于人才竞争力的评价不仅仅是单纯地对某一区域人才竞争力的现状优劣的评价，更重要的是对人才竞争力发展的引导和鼓励，因此在设计指标体系时要结合《可持续发展综合国力评价指标体系》的相关内容，遵循可持续发展的原则设计指标体系。

（三）深圳人才竞争力评价分析框架

党的十九大报告提出，坚持新发展理念，发展是解决我国一切问题的基础和关键，主动参与和推动经济全球化进程，发展更高层次的开放性经济，不断壮大我国的经济实力和综合国力。推动互联网、大数据、人工智能和实体经济深度融合，在中高端消费、创新引领、绿色低碳、共享经济、现代供应链、人力资本服务等领域培育新增长点、形成新动能。同时应加快建设创新型国家，创新是引领发展的第一动力，是建设现代化经济体系的战略支撑。加强国家创新体系建设，强化战略科技力量。深化科技体制改革，倡导创新文化，强化知识产权创造、保护、运用。培养造就一大批具有国际水平的战略科技人才、科技领军人才、青年科技人才和高水平创新团队。

"十二五"伊始，深圳市发布了历史上第一个中长期人才发展规划纲要——《深圳市中长期人才发展规划纲要（2011—2020）》[①]，提出到 2020 年，深圳人才发展的总体目标是：通过建立健全开放引才、精心育才、科学用才的体制机制，推动形成求贤若渴、广纳英才的良好环境，引进和集聚一批世界一流人才，培养和造就规模宏大、布局合理、素质优良、创新能力强、竞争优势突出的各类优秀人才队伍，实现人才发展、产业转型、人口调控有机统一和相互促进。力争经过 10 年努力，逐步形成人才国际竞争比较优势，把深圳打造成为亚太地区最具创新活力、最优创新环境、最具国际氛围的人才"宜聚"城市之一。到 2020 年，深圳经济特区人才资源总量实现持续快速增长，人才资源总量占全市人口总量比重逐年递增，达到 500 万人，比 2010 年增长 40%。人才结构更趋优化，主要劳动年龄人口受过高等教育的比例达到 40%，每万劳动力中研发人员达到 376 人年，高技能人才占技能劳动者的比例达到 33%。人才效能明显提高，人才贡献率达到 56%。人才发展环境更加优良，人力资本投资占 GDP 比例达到 15%，形成系统高效、扶持有力的创新创业环境，舒适宜居、配套齐全的生活环境和开放包容、竞争择优的人文环境（见图 3—5）。

深圳人才竞争力评价体系		
人才自身竞争力	人才外部环境竞争力	人才产出贡献竞争力

图 3—5　深圳人才竞争力评价体系

[①] 《深圳市中长期人才发展规划纲要（2011—2020）》，2018 年 7 月 12 日（http://www.sz.gov.cn/zfgb/2011/gb754/201108/t20110830_1725707.htm）。

根据人才竞争力相关定义，我们认为人才竞争力评价体系不仅包含能够体现人才存量状况的相关数据，也涵盖了能体现从人才培养到人才使用的环境要素指标，以及能体现人才使用结果的考核性指标。从而将人才竞争力体系划分为人才自身竞争力、人才外部环境竞争力、人才产出贡献竞争力三个一级指标体系。其中，人才自身竞争力是人才自身的根本，是人力资本投入、培养和增值的表现载体；人才外部环境竞争力是人力资本要素投入，是吸引人才和发挥人力资本价值的前提和保障；人才产出贡献竞争力是结果，是人才创新创富能力的支撑和动力，是全面推动人才发展和社会发展的推手和动力。而这三者相互作用，相互促进，共同影响人才竞争力的形成。

二 人才自身竞争力分析框架

人才自身竞争力是人力资本的表现形式，是通过教育、培训等方式进行人力资本投资的直接对象。人才自身竞争力有当下存量人才的自身竞争力和增量人才的自身竞争力两种。而从具体的指标来看，从现有人才存量和人才增量两个角度进行考虑：存量人才主要从人才资源总量、质量、结构等角度出发，增量人才主要反映各层次人才增长的能力。舒尔茨曾认为"人力资本是社会进步的决定性因素……作为一种生产能力，其已经超过了一切其他形态的资本"。因此，必须加强人才自身竞争能力建设，加强技能型人才和高层次人才队伍建设，以及加大对初级人才的投入。

（一）人才资源总量竞争力指标

人才资源总量反映了现实人才和增量人才现状及其结构，现实人才指标表现越好，说明一国或地区现实人才竞争力越强，增量人才指标表现越好，说明一国或地区未来人才竞争力越强。为此，在人才资源总量方面设定指标主要包括人才基础相关数据，近年新增人才及相应的人才结构，以及当前增量人才（潜在人才）发展情况。

人才资源总量采用人才资源总规模的"从业人员总量"指标，15—64岁劳动力人才比例是人才资源发展的基础。近年新增人才是人才流入与流出后的净增人才结果，反映了人才增长趋势。潜在人才则以中等教育、高等教育、教育培训和留学教育等作为相关指标。城市人才发展的预备人才资源平台，其中高校是城市创新体系的重要组成部分，高校的规模在一定程度上影响着城市的专业技术人才状况和知识创新能力，因此可用"普通高等学校在校学生数""中等职业技术学校在校学生数"等指标作为衡量城市人才资源是否丰富的重要指标。

（二）人才质量竞争力指标

人才质量竞争力指标主要是衡量城市不同层次人才资源在质量方面的优劣、显示相对数量差距的主要指标，主要体现了人才素质效应。具体包括人才拥有相对量的"从业人员人才占比指标"（"中专以上学历人才占从业人员的比例""受过高等教育的劳动力在从业人员中的比例""受过研究生教育的劳动力在从业人员中的比例"）；反映城市创新人才相对实力的"R&D人员占从业人员的比例"；反映城市人才资源文化知识相对实力的"从业人员受教育年限指标"。

（三）城市人才结构竞争力指标

城市人才结构竞争力指标是衡量城市不同层次人才资源的分布状况，显示人才配置合理性的主要指标，反映了不同类型、层次人才资源的分布与城市经济社会发展的相关性。主要包括了反映城市人才文化知识结构的"人才学历结构指标"（"全部人才中大专及以上学历占比""全部人才中研究生学历占比"）；反映城市人才活力的"人才年龄结构指标"（青年、中年、老年人才占比）；反映城市人才在产业结构中的分布的"产业结构指标"（第一产业、第二产业、第三产业中人才占从业人员比例）。

（四）城市人才投入竞争力指标

城市人才投入竞争力指标，主要衡量城市在人才培养、创新支出和人才激励等方面的投入力度，是增强人才自身竞争力的重要支撑，是人才自身竞争力的主要构成要素。为此，城市人才投入竞争力指标是衡量城市在人才保障、人才潜能方面的优劣，显示人才吸引力和发展后劲的主要指标。包括反映、衡量城市为提高居民整体素质、培养潜在人才资源所进行的财政性教育经费支出的力度和水平的"人才教育投入指标"("公共财政公共教育经费支出总额""公共教育经费支出占国内生产总值比重""人均公共教育经费支出总额")。

三 人才外部环境竞争力分析框架

人才发展环境指标是衡量城市在为人才提供发挥作用的"用武之地"以及长足发展的通道方面的优劣，显示吸引、留住人才的力度和影响人才发展后劲的主要指标。包括了经济环境、创业环境、科技环境、生活环境等方面。

（一）人才宏观经济环境指标

人才与经济发展的关系密不可分，推动经济发展是集聚人才的根本目的，同时人才也能从经济发展中实现自身价值，因此城市的经济环境是吸引人才的重要因素，城市的经济环境表现为经济发展水平和经济结构。城市经济发展水平体现在地区生产总值，人均地区生产总值，人均能源消费等方面。城市经济发展水平高，可以催生经济制度的优化，提高人力资本的边际收益，增强城市人才吸引力，形成人才聚集高地，加快知识创新和技术进步的速度，促进区域经济环境的改善与优化。[①] 因此，从宏观角度来讲，城市经济环境是人才发展的首要的基础平台，是人才选择或留在某一个城市发展的首要关注点，用"区域国内生产总值""第三产业占 GDP 比重"来反映和衡量城市经济发展水平。

与此同时，城市产业环境是城市人才特别是产业人才发展的平台，是人才发展实业、发挥才智的舞台。用"规模以上工业企业总产值""规模以上工业企业从业人员人均产值""规模以上工业企业劳动生产率"等指标来反映和衡量城市产业发展能力和水平。

---

① 徐茜、张体勤：《基于城市环境的人才集聚研究》，《中国人口、资源与环境》2010 年第 20 卷第 9 期，第 171—174 页。

(二) 城市工作创业环境指标

从事业环境、政策制度法制环境来看,桂昭明对比分析了2010年全国各省市区人才发展的事业平台和生活环境等状况,得出以下结论。北京、上海、广东、江苏、浙江、山东等省市在人才科技平台及环境、人才产业平台及环境、人才财政投资平台及环境、人才生活环境等方面优势明显,而西藏、青海、宁夏、海南等省区在这些方面有明显的弱势。因此,建构以服务经济为主的产业结构,推动创新驱动为主的发展模式,为人才提供创新创业的平台和环境,为人才营造一个有成长空间的生存环境,才能够保证该地区对于人才的吸引力,人才竞争力也会随之提高。[①]

因此,一个地区是否能为城市人才提供较好的工作创业环境,直接影响着人才作用的发挥以及在此地区的长久发展。工作创业环境涵盖了辖区就业与雇用是否便利,政务服务是否便捷、效率是否快速,区域基础设施如宽带网络是否完善、交通是否便利,以及辖区的法制环境是否良好,政府、市场和企业是否遵纪守法诚信管理等。就业市场指标以"就业率""失业率"为主,政务服务效率以与城市相关的"满意度"调查或实际数据为主;硬件设施以宽带网络设施建设、交通客运量等作为指标;法制环境以履行合同程序数等作为指标。

(三) 城市科技创新环境指标评价

城市科技创新环境是城市人才发展的首要技术平台,人才科技竞争力是反映城市人才竞争力的重要指标,用"本区域国家级创新载体数""本区域R&D机构数""创新人才数量及团队""本区域R&D经费课题支出"等指标来衡量城市科技发展和科技经济一体化的规模和水平。

(四) 城市生活环境指标评价

人才生活环境是人才赖以生存、成长、发展的外部因素的总和。适宜的环境可以激励、促进人才的成长与发展,相反,恶劣的环境可以制约、阻碍人才的成长与发展。城市人才生活竞争力指标是影

[①] 桂昭明:《人才环境优化是人才强国、区域发展的平台战略》,《人才专家论坛》2013年第12期,第22—25页。

响城市人才稳定度的重要指标，是城市人才获得体面收入、满足家庭生活需求及社交需求的重要条件。用"城镇单位职工平均工资""城镇居民人均可支配收入""城镇居民人均消费支出""居民年末人均储蓄余额"等指标来衡量城市人才生活质量水平。

城市人才居住环境是人才在发展过程中影响其才能形成和作用发挥的客观环境，指上述人才发展环境以外的、影响人才及其家庭生活的医疗卫生、子女教育、人居和文化等环境。主要用"医疗机构数量""城区普通中学数量""公共图书馆数量"等来衡量。

城市生态环境是人才在生活过程中赖以生存的重要环境，用"城市空气质量达到或好于二级以上天数""城市绿化指数"等指标进行衡量。

四　人才产出贡献竞争力分析框架

城市人才产出贡献竞争力指标用来衡量不同城市在人才使用效能、人才产出方面的强弱，人才产出贡献竞争力的主要体现是人才在多大程度上推动辖区的经济发展，在哪些方面推动技术创新进一步提升了生产效率，为此生产与创新成为人才产出贡献的两大评价指标维度。

（一）劳动生产率指标评价

劳动生产率是一国高素质劳动者创造财富的能力，是在一定的投入之后获得产出的状况。劳动生产率、第三产业增加值、GDP及其增长率等都包含其中。但整体上主要用人才创富的产出效率、人才创富的产出结构和人才创富的产出规模等评价指标来衡量人才的致富能力。

（二）人才创新能力指标评价

城市人才创新能力是人才科技产出的重要标志，人才创新是科技进步、社会发展、人才国际竞争力提高的重要推动力。一般而言，经济发达的国家或地区，其创新投入相对较大，创新产出也相对较多；同理，创新活力越强、创新产出越大，其经济水平也较高。一般而言，人才创新多用科技论文、专利及版权费等产出来定量或定性地衡量其科技创新实力与发展水平。其中，专利是社会创新水平的直接体现，它作为技术进步或创新的测度指标在国际上被广泛运用。"专利申请数""国内专利授权量""国际专利授权量""发明专利申请量""发明专利授权量""规模以上工业企业新产品产值"以及"高新技术产品进出口总额"是衡量人才创新能力的常用评价指标。①

五 深圳人才竞争力评价分析框架

深圳人才竞争力评价分析框架，如表3—5所示：

表3—5　　　　　深圳人才竞争力评价分析框架

一级指标	二级指标	三级指标
人才自身竞争力	人才资源总量	15—64岁人口总量
		从业人员总量
		受过高中、中专及以上教育的劳动力总量
		近年人才增长数量
		中等职业技术学校在校学生数
		普通高等学校在校学生数
		著名大学数量
	人才质量	中专及以上学历人才占从业人员的比例
		受过高等教育的劳动力在从业人员中的比例
		受过研究生教育的劳动力在从业人员中的比例
		R&D人员全时当量（人年）及占比
		受教育年限
	人才结构	全部人才中大专及以上学历占比（%）
		性别结构
		年龄结构
	人才投入	地方财政公共教育经费支出总额（亿元）
		医疗卫生财政支出

---

① 李晓园等：《中国人才竞争力指标体系构建》，《中国人力资源开发》2004年第7期，第83—85页。

续表

一级指标	二级指标	三级指标
人才外部环境竞争力	宏观经济环境	区域国内生产总值
		第三产业增加值及占比
		全社会固定资产投资额
		一般公共财政收入
	工作创业环境	就业率
		失业率
		融资便利度
		交通设施便捷度
		法制环境
	科技创新环境	本区域国家级创新载体数
		本区域 R&D 机构数
		创新人才数量及团队
		本区域 R&D 经费课题支出
	生活环境	城镇单位职工平均工资
		城镇居民人均可支配收入
		城镇居民人均消费支出
		居民年末人均储蓄余额
		医疗机构数量
		中学数量
		公共图书馆数量
		城市空气质量达到或好于二级以上天数
		城市绿化指数
人才产出贡献竞争力	人才生产率	劳动生产率
		人均 GDP（PPP）
	人才创新	国内专利申请总量
		国内专利授权量
		专利授权总量增长
		发明专利授权量
		国际专利申请量
		国际专利授权量

续表

一级指标	二级指标	三级指标
人才产出贡献竞争力	人才创新	发表于科技刊物上的论文数
		发表于科技刊物上的论文数增长
		收到的版权与许可权费
		每百万人收到的版权与许可权费
		收到的版权与许可权费增长

第四章　深圳人才竞争力发展的实证分析

1980年，深圳经济特区正式成立，包括今罗湖、福田、南山、盐田四区。1981年，深圳市升格为副省级城市。1992年，邓小平同志第二次南方谈话指出"计划经济不等于社会主义，市场经济不等于资本主义，特区姓'社'不姓'资'"。同年，全国人大常委会授予深圳经济特区立法权。2004年，深圳市成为全国首个无农村无农民的城市。2010年，深圳经济特区延伸至全市，特区总面积由395平方公里扩容至1948平方公里，2011年，深圳经济特区延伸至深汕特别合作区。2018年1月6日，国务院同意撤销深圳经济特区管理线。

深圳近40年的跨越式发展，创造了现代城市发展史上罕见的奇迹，是特殊时空下"天时、地利、人和"多种因素共同催生的结果。这其中，人才成为深圳快速发展的核心推动力，人才的集聚创造了深圳的"奇迹"。本章从深圳人才竞争力的现状、当前人才自身竞争力、人才外部环境竞争力因素、人才产出贡献竞争力等角度出发，探讨以深圳为样本的人才竞争力问题。

第一节　深圳人才竞争力的发展历程

人是城市中最活跃的因素，城市发展的核心在人。而城市经济的快速发展，必然会增强人才的吸引力、促进人才集聚，进一步释放人才潜能。改革开放40年的历程中，从经济特区设立时第一批南下建设深圳的基建工程兵，到20世纪90年代席卷全国的改革开放浪潮下来自内地的大量来深建设者，再到2000年以后深圳迎来产业转型升级的关键节点，深圳逐渐吸引了大量高科技、高层次人才聚集。随着日渐夯实的城市实力和经济基础，深圳的人才竞争力水平逐渐提升，并成为全球化背景下吸引人才的高地。

一 深圳人才队伍建设发展阶段

纵观近40年来关于深圳人才方面的研究，以"深圳""人才"作为相应的文献检索词，检索发现深圳人才研究早期集中在人才队伍建设和发展方面的研究，以及为适应产业经济发展而提出的人才需求研究，比如证券行业，文秘人员；至1998年前后，深圳研究转向顺应产业转型的高级人才研究，并提出了人才特区的发展概念；在2010年前后，深圳人才研究进一步趋向人才认定、人才引进、国际性人才等方面；及至目前，深圳进一步推动人才立法，加强城市人才综合竞争力研究。综合各个阶段的研究，发现深圳人才研究主题主要集中在人才观念、人才结构、人才引进等方面。

人才观念方面，深圳确立了"以人为本，以用为本"的发展思想。在深圳建设之初，人才匮乏，专业技术人才几乎是空白。为此，当时市委、市政府认为"人才的优势是最根本的优势"，在全国范围内聘用素质高、年纪轻、专业新的人才来开发深圳。1991年，深圳建立了全国最早的人才智力市场，为深圳的经济和社会快速发展提供了强有力的人才保障。[1] 随着经济高速发展，深圳仍然面临人才缺乏问题，为此仍将人才视作第一资源，不遗余力吸收高素质、开拓型和敬业型人才。部分学者认为深圳的人才发展战略是以整体性人才资源开发为基础，以高新技术人才资源开发为主线，以制度创新为动力，加快转变政府职能，完善人才引进、培养、使用、配置、激励等机制，着力构建高新技术人才带，以高新技术人才带支撑并服务于高新技术产业带的建设，将深圳建设成科技创新

---

[1] 熊何礼：《深圳人才观念的启示》，《西藏党校》1997年第3期，第50—52页。

的宝地。[①]

在人才结构方面,深圳的人才结构调整和变动始终与城市产业发展的人才需求和发展战略布局密切相关。1979年深圳经济特区创立之前,全市大专及以上学历专业技术人才仅占固定人口的0.2%,至1988年底,全市各类专业技术人才占固定人口的比例增加至6.8%,[②] 2000年,深圳具有大专及以上学历人员为56.41万人,较1990年增长了7.57倍,[③] 2007年底,深圳市大专及以上学历及高级技工以上人才总量达141.83万人,[④] 及至2015年,深圳市技术技能人才总量达421.3万人,其中专业技术人才135.3万人,技能人才286万人。[⑤] 人才数量上的变化反映了深圳在人才发展方面的活跃度和强度。人才结构也从早期的工科、医科、师范等专业逐渐转向计算机、通信、金融、管理等类别。

在人才引进方面,深圳经历了从多方位引进人才向引进国际化高层次人才的转变。深圳是非常明显的人才流入城市,从成立初期,深圳即采取了招聘、选调、聘请、技术协作、项目承包、对口支援和接收大学生等方式招揽各类专业技术人才。[⑥] 1984年邓小平同志第一次南方谈话后,深圳为推动人才流动和发挥人才作用,不断完善人才引进方式,将引进国内人才与引进国外人才相结合,发挥政府和市场的配置作用。1991年后,深圳整体采用有促有控、总量控制、专业引导,重点引进稀缺和高层次人才的战略思路,并进一步重视人才培养。进入21世纪以来,深圳市逐渐加大对高端人才的引进和培养力度,注重激活存量人才活力。2016年以来,深圳进

[①] 周锦涛:《关于新世纪深圳人才发展战略的思考》,《特区理论与实践》2002年第2期,第39—42页。

[②] 赵仲森:《关于深圳人才队伍建设的若干思考》,《特区理论与实践》1990年第5期,第55—58、50页。

[③] 吴振兴:《深圳人才战略选择与发展路径初探》,《特区实践与理论》2006年第6期,第52—54页。

[④] 同上。

[⑤]《深圳市人力资源和社会保障事业发展"十三五"规划》,深圳市人力资源和社会保障局,2016年8月。

[⑥] 李文雄:《人才发展三十年:深圳这样走过》,《中国人才》2008年第10期,第53—56页。

一步加强对高层次人才的吸引，推动人才立法。

二 深圳人才政策的改革与调整

深圳关于用工制度、用人机制的改革创新从未停止过。其率先进行劳动用工合同制探索，为建立市场化就业机制奠定了基础，并建成全国首家常设性人才市场；与此同时，深圳创办了国内第一家以中外合作形式组建的留学生创业园，成立首家服务外商驻深机构的劳务大市场，首次推行积分入户制度，率先探索建立劳动争议调解指导工作协调机制等。

深圳关于人才制度的改革调整，自 21 世纪以来进入了快速发展阶段。随着 2000 年深圳出台《关于鼓励出国留学人员来深创业的若干规定》，深圳建立了国内首家中外合作形式的留学生创业园。及至 2001 年深圳发布《关于调整人才引进若干政策的通知》，取消人事计划单列以及引进人才指标单，加大人才引进力度。2002 年，颁布《关于引进国内人才来深工作的若干规定》，进一步规定了人才引进的条件和程序，提出根据社会经济发展和产业结构调整情况，结合人才存量、需求和结构等确定引进人才的专业和岗位目录。与此同时，还出台了系列关于人才市场、人才交流、人才中介等配套规范文件，促进深圳人才的规范发展。至 2004 年，深圳市进一步出台《关于进一步加强人才工作的实施意见》，着力打造人才资源能力培育中心。

2010 年以来，深圳大力推动人才工作，在全球范围内招揽人才。2016 年出台《关于促进人才优先发展的若干措施》，提出了 20 个方面 81 条 178 个政策点，在人才安居保障、落实人才自主权、优化人才服务等方面为人才提供全方位的支持。2017 年出台《深圳经济特区人才工作条例》，以地方性法规形式推进人才工作依法管理，提升人才工作法治化水平。

哈佛大学教授迈克尔·波特在《国家竞争优势》中说过：当经济进入知识经济和信息化时代，人才是解决发展瓶颈问题、提升国际竞争力优势的关键所在。人力资源对资本竞争力、科技竞争力、结构竞争力、基础设施、区位环境竞争力、凝聚力、制度和文化竞争力、社会秩序、对外开放都有影响和作用。深圳要用"用户体验"的思维，为人才创造他们最需要的理想城市。同时，率先加大营商环境改革力度，全面重构优化升级人才政策体系。

三 深圳人才竞争力评价

（一）深圳城市竞争力评价

中国社会科学院财经院发布《中国城市竞争力报告 No.16：40年：城市星火燎原》，对2017年中国两岸四地294个城市的综合经济竞争力和289个城市的宜居竞争力、可持续竞争力进行了研究。香港、深圳、广州、南京在三大竞争力指数十强皆榜上有名。其中，深圳综合经济竞争力指数蝉联第一，可持续竞争力指数排名第四，宜居竞争力指数位居第十，是中国城市整体崛起40年来最成功的40个城市之一。其中，深圳位居2017年全国综合经济竞争力指数十强榜首，可持续发展力位居第四，宜居竞争力位居第十，次于香港、无锡、杭州、广州、南通、南京、澳门、镇江、宁波等城市，香港与其他城市拉开明显差距。与此同时，深圳在综合增量竞争力、效率竞争力方面未拉开明显差距，在可持续竞争力方面面临愈加激烈的趋势，在宜居竞争力方面的得分和排名均有所下降。

中国发展研究基金会与普华永道对中国主要城市从经济、文化、科技、教育、医疗、环境、城市规划等方面进行调查研究，选择了除北京、上海以外的20座在经济区域中具有重要作用的城市进行对比研究，发布了《机遇之城2016》报告。[①] 该报告共选取了10个指标作为观察角度，分别是智力资本与创新、技术成熟度、区域重要城市、健康安全与治安、交通和城市规划、可持续发展与自然环境、文化与居民生活、经济影响力、成本和宜商环境，其中深圳在智力资本和创新、技术成熟度、可持续发展和环境、经济影响力、宜商环境方面表现突出。深圳在技术成熟度、可持续发

[①] 普华永道、中国发展研究基金会：《机遇之城2016》，2016年。

展与自然环境方面排名第一,在空气质量和生活质量表现上具有较大的优势,在经济影响力和宜商环境方面均列第一,而在智力资本和创新方面因受过高等教育的人员比例等变量评分较低,仅位于第五名。

在城市竞争力上,一座城市的竞争力的强弱很大程度上取决于其人口密度、经济密度和经济活跃度。随着深圳的快速发展,深圳的综合经济实力、人口密度整体处于经济人口密集片区,辖区经济交易活跃。

(二)深圳人才竞争力评价

未来的城市竞争,不仅仅是经济规模的竞争,更是城市功能和资源配置能力的竞争;不仅仅是"单项冠军"的角逐,更是"多项全能"的比拼。全面对标全球最高标准,筑牢底板、补齐短板、拉长长板,根本上还是要靠人才。[①]

表4—1、表4—2、图4—1显示,在全球城市人才竞争力方面,深圳的人才竞争力综合实力排第73名,整体有待提升。据《全球人才竞争力指数报告》(GTCI)对119个国家和90个城市的人才竞争力评估,[②] 排名前20名的多为欧美国家城市,亚太区的东京排在第12位,首尔排在第20位。我国入选的六大城市分别为北京(第55位)、杭州(第66位)、上海(第70位)、深圳(第73位)、广州(第77位)和天津(第83位)。对标全球主要科技城市、金融城市、花园城市,深圳与旧金山、纽约、新加坡在人才赋能指标(监管环境、市场环境、商业和劳动力环境)、人才吸引力指标(外部开放、内部开放)、人才培养指标(正式教育、终身学习、获得发展的机会)等方面有差距,同时深圳在人才保留指标(可持续发展、生活方式、生活质量)等方面与旧金山、东京有一定差距,但高于新加坡,在全球化知识建立方面,深圳远低于其他城市。对标亚洲主要城市,深圳在人才赋能和人才培养方面具有一定的优势,在人才吸引、保留、全球化知识建立方面均有较大差距,并与杭州有些微差距。

[①] 倪鹏飞:《中国城市竞争力报告 No.16》,中国社会科学出版社2018年版。

[②] https://gtcistudy.com/special-section-gctci/#gtci-rankings-table.

表4—1 2018年全球人才竞争力城市20强及中国上榜城市（分）

排名	城市名称	国家	总分
1	苏黎世	瑞士	71.0
2	斯德哥尔摩	瑞典	68.2
3	奥斯陆	挪威	68.1
4	哥本哈根	丹麦	67.1
5	赫尔辛基	芬兰	66.8
6	华盛顿	美国	66.5
7	都柏林	爱尔兰	66.1
8	旧金山	美国	63.4
9	巴黎	法国	63.2
10	布鲁塞尔	比利时	62.7
11	阿姆斯特丹	荷兰	61.6
12	东京	日本	60.2
13	洛杉矶	美国	59.8
14	伦敦	英国	59.6
15	维也纳	奥地利	59.5
16	卢森堡	卢森堡	59.4
17	波士顿	美国	58.6
18	首尔	韩国	57.8
19	里斯本	葡萄牙	57.0
20	悉尼	澳大利亚	56.9
55	北京	中国	42.3
66	杭州	中国	38.1
70	上海	中国	35.6
73	深圳	中国	34.7
77	广州	中国	33.9
83	天津	中国	27.3

表 4—2　　　　　2018 年亚洲城市人才竞争力指标排名

	人才启用	人才吸引	人才成长	人才保留	全球视野	排名
首尔	5	58	10	76	25	18
东京	12	8	17	42	20	12
新加坡	28	41	1	84	23	33
北京	22	71	34	64	82	55
杭州	35	79	36	70	83	66
上海	60	65	36	83	88	70
深圳	46	82	43	81	85	73
广州	64	81	50	73	84	77
天津	78	87	56	74	90	83

资料来源：欧洲工商管理学院，全球人才竞争力指数 2018（Global Talent Competitiveness Index（the GTCI）2018）。

	深圳	洛杉矶	东京	新加坡
全球人才竞争力排名	73	13	12	33
地区	东亚及大洋洲	北美	东亚及大洋洲	东亚及大洋洲
全球人才竞争力得分	34.7	59.8	60.2	52.7
人才启用	37.6	48.3	55.4	43.3
人才吸引	37.6	67.5	76.9	63
人才成长	46.6	73.9	62.5	77.1
人才保留	49.7	62.8	66.7	42.8
全球视野	2	46.6	39.6	37.5

图 4—1　全球科技、金融综合型城市对比

资料来源：欧洲工商管理学院，https://gtcistudy.com/。

在国内城市的人才竞争力方面。中国发展研究基金会与普华永道共同发布的《机遇之城 2016》报告，从智力资本和创新的指标角

度对深圳的人才竞争力和创新力进行了评价。该项指标具体包括"公共图书馆""受过高等教育的人员比例""重点大学的研究水平""创新城市指数""创业环境""创新应用"六个变量。前三个变量旨在考察城市智力资源的潜力,后三个变量则是考察城市的创新功能。结果显示,深圳在三个创业角度的变量中均处于领先位置,但在"受过高等教育的人员比例""重点大学的研究水平"两项指标上处于极为落后的位置,其中"受过高等教育的人员比例"一项仅有 1 分,"重点大学的研究水平"仅 5 分,因此在智力资本与创新这一指标中深圳位列 20 个城市的第五位,次于广州、杭州、武汉、南京。这反映出深圳在创新城市方面具有领先的优势,但在智力资本上深圳的人才竞争实力略低。

2018 年中智现代人力资源管理研究院编制的《2018 中国城市人才竞争力指数报告》,通过对 2017 年中国 GDP 总量排名前 20 位的城市进行研究,从人才规模指数、人才结构指数、人才创新指数、人才发展指数、人才效能指数、人才生活指数六大维度 41 个指标综合测算 2018 年中国城市人才竞争力指数结果得出,深圳城市人才竞争力指数综合排名位于第 2 位,仅次于北京(见表 4—3)。整体上反映了城市人才竞争力通常与城市经济、产业发展和人力资本投资有着密切关系,特别是在人才规模指数、人才创新指数、人才发展指数、人才效能指数等方面排名前三的均是北京、上海、深圳,在人才结构指数上排名前三的是北京、上海和南京,在人才生活指数上排名前三的是深圳、北京、广州,其中深圳在人才创新上仅次于北京,在人才规模、人才发展上仅次于北京、上海,在人才效能和人才生活上领跑其他城市,而在人口结构上深圳还需优化。

表 4—3　　　　　　　2018 年中国城市人才竞争力指标排名

排名	城市名称	人才竞争力指数	人才规模指数	人才结构指数	人才创新指数	人才发展指数	人才效能指数	人才生活指数
1	北京	48.13	7.24	7.33	13.70	7.69	3.61	8.56
2	深圳	47.25	4.91	-0.57	12.93	6.90	9.97	13.11

续表

排名	城市名称	人才竞争力指数	人才规模指数	人才结构指数	人才创新指数	人才发展指数	人才效能指数	人才生活指数
3	上海	35.34	7.15	2.78	7.86	7.52	5.10	4.92
4	广州	18.04	1.15	0.14	0.85	4.30	3.48	8.12
5	杭州	6.84	-0.53	0.94	-0.34	0.63	0.61	5.53
6	南京	6.13	-3.79	1.81	-0.50	-0.40	3.33	5.68
7	武汉	0.95	-2.94	1.66	-0.47	-0.81	2.61	0.89
8	成都	0.62	2.55	0.39	-1.44	-0.54	0.57	-0.92
9	苏州	0.56	-0.80	-2.41	-2.02	1.98	1.61	2.20
10	长沙	-0.70	-3.51	1.02	-2.17	-2.62	3.17	3.41
11	重庆	-3.27	3.61	-3.02	-3.41	-1.50	3.43	-2.39
12	佛山	-5.22	-1.34	-1.75	-2.21	-2.99	1.45	1.63
13	宁波	-6.88	-2.00	-0.88	-1.46	-1.86	-1.20	0.52
14	天津	-7.83	-1.32	-2.76	1.37	0.18	-2.10	-3.20
15	青岛	-8.24	-4.57	-0.46	-2.27	-2.87	-0.69	2.62
16	无锡	-10.90	-5.72	-1.34	-2.06	-1.57	0.00	-0.21
17	郑州	-10.92	-1.05	1.77	-4.50	-3.36	-1.97	-1.81
18	东莞	-13.37	-2.47	-1.54	-3.79	-4.08	-5.37	3.87
19	南通	-18.13	-2.49	-1.45	-3.27	-2.92	-3.52	-4.46
20	泉州	-20.63	-1.90	-1.67	-5.79	-3.68	-3.94	-3.66

综合全球人才竞争力指数和中国城市人才竞争力指数相关研究报告，可以看出深圳在全球城市竞争中整体位居前列。但在城市国际化建设、人才竞争综合实力上，深圳距离全球一流标准还有较大的差距，特别是人才吸引、保留和人才全球化方面。同时，深圳与杭州在国际人才竞争力方面的差距，部分原因与人才竞争力的指标设定相关，同时也与杭州近年来快速发展、城市国际化程度提高等因素相关。国内发展水平的比较方面，深圳的人才规模体量无法与北京、上海等城市相比，但整体人才创新力度和单位人才贡献能力

仍处于领先地位，与此同时，深圳的人才培养短板和结构性短板较为突出。

第二节 深圳人才自身竞争力指标评价

随着经济全球化深入发展，知识经济日益深入，科技进步日新月异，国际竞争日趋激烈，竞争领域不断扩大，人才国际化趋势日益明显，人才竞争比较优势已成为综合实力竞争的核心要素。为此，人才竞争力既是城市竞争力的重要组成部分，又是城市国际竞争力的战略性、基础性和先导性因素。而一个地区的人才竞争综合实力与这个地区的社会经济情况、发展目标密切相关。[①] 人才自身竞争力指标，具体指人才资源总量、人才质量、人才结构以及人才投入等指标。

一 深圳人才资源总量指标评价

自深圳提出人才强市战略以来，为把深圳建设成为开放包容、激励创新、崇尚创业、充满活力的现代人才良港，深圳在人才引进、创新资助、评价、培训、安居等各方面相继出台了系列相关政策，尤其是近年来出台的高层次专业人才"1+6"政策，引进海外高层次人才的"孔雀计划"（"1+5"文件），及"人才安居工程"等政策措施，加大了人才引进与扶持的力度。

（一）深圳人才总量规模

从深圳近40年的常住人口变化规模和社会劳动者规模数量变化来看，深圳常住人口总量整体呈增加趋势，截至2016年深圳市常住人口达1190.84万人，较上年增加52.97万人。与此变化相一致的是，深圳社会劳动者总量也呈增加趋势，社会劳动者总量在2013年、2016年有增长的小高峰，在2016年趋向平稳，2016年深圳市社会劳动者达926.38万人，同比增长2.2%。常住人口资源总量和

---

① 李晓园、吉宏、舒晓村：《中国人才竞争力指标体系构建》，《中国人力资源开发》2004年第7期，第83—85页。

社会劳动者总量一定程度上奠定了深圳的人才资源基础。对比北京、上海、广州、深圳、香港五个城市的从业人员规模总量，深圳从业人员总量仅低于北京、上海，并持续增长。据相关数据指出，目前深圳人才总量已突破510万人（见图4—2、图4—3）。

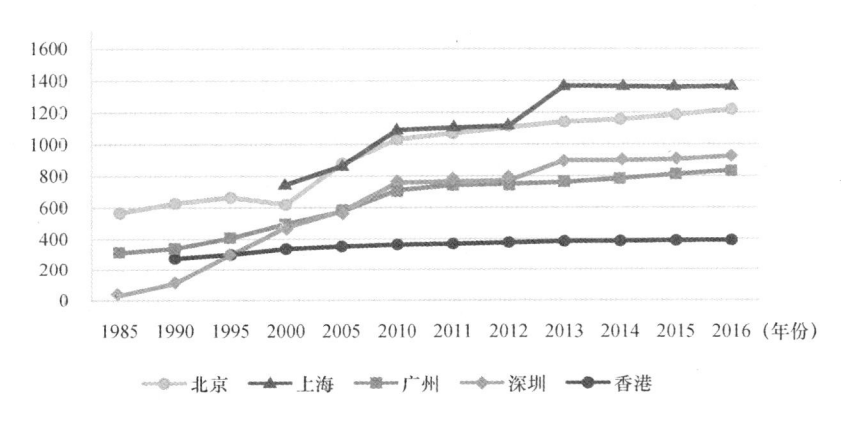

图4—2 五大城市从业人员总量对比图（万人）

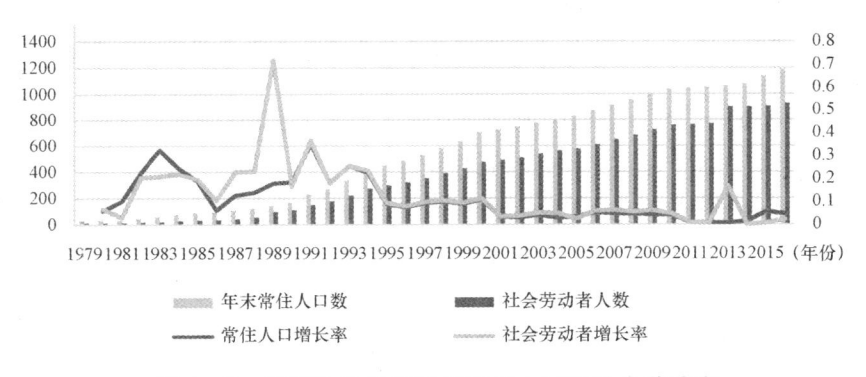

图4—3 改革开放以来深圳常住人口和社会劳动者
数量变化（万人，%）

（二）深圳人才流动情况

人才流动是市场经济发展的客观要求和必需条件，也是调节人才需求与供给、充分发挥人才效益的重要机制。普遍意义上的人才流动倾向于流向高科技产品市场、流向研究与开发水平高的地方、流向适合自己创业的地方、流向能体现自身价值的地方。人才的流动具有"马太效应",深圳是一座新兴的高科技创新产业城市,前沿的科技技术、完备的产业链以及开放包容的城市环境等各种因素每年都吸引大量人才来深工作、在深创业;与此同时,房价高企等制约因素也使得深圳地区部分人才外流,加速了粤港澳经济圈的人才流动。

2015年,社交招聘网站领英发布《2015中国职场人跳槽报告》,指出北京、上海、广州、深圳仍然是最大的人才聚集地,但二三线城市对人才的吸引力也逐渐增加。在城市人才流入流出比率方面,2015年人才整体仍然向一线城市聚集,其中从二三线城市流入北上广深就业的人才数量是流出人数的1.6倍,流入北京的是流出北京的1.6倍,流入上海的是流出上海的1.9倍,流入深圳的是流出深圳的1.7倍。[①]

2016年,猎聘网发布《深圳人才大数据报告》指出,2016年前三季度深圳人才净流入占比为5.33%,广东省平均为1.88%,广州为0.80%。从广东省内比较,深圳对人才仍保持着强劲的吸引力。但与北京、上海相比,深圳在人才吸引力上仍有较大差距,2016年前三季度,北京、上海、深圳、杭州的人才净流入率分别为6.38%、4.97%、1.07%和1.63%。受第三季度应届毕业生入职因素影响,北京、上海、杭州等均占有一定优势。在行业方面,金融业是深圳全行业人才净流入占比[②]最高的行业,达15.89%;其次是互联网行业,人才净流入占比为13.76%;人才净流入占比最低的行业是机械制造业,为-8.04%。

近年来,深圳通过系列人才政策大力引进人才,在人才流入方面取得较大成效。据深圳市人力资源和社会保障局相关数据统计,2013年以来,深圳整合调干和积分入户政策,实行多元评价、量化赋分的统一人才引进评价体系。2013年,深圳共引进人才15.09万人,同比增长12.8%;其中引进接收毕业生56774人,引进在职人

---

① 《深圳人才流入流出比为1.7》,2018年7月12日(http://news.163.com/16/0302/07/BH4TU2FJ00014AED.html)。

② 净流入占比 = 该行业人才净流入人数/该行业人才流动总人数×100%。

才94115人。引进人才中,大专及以上学历占比12.47万人。2015年,深圳市共引进毕业生和在职人才13.71万人,其中毕业生为71013人,在职人才66124人。[①] 2017年,深圳市共引进毕业生和在职人才超过23万人,接收应届毕业生10.11万人,同比增长25.03%,连续4年创历史新高,引进在职人才13.25万人,同比增长45.08%,创历史新高。[②](见图4—4)

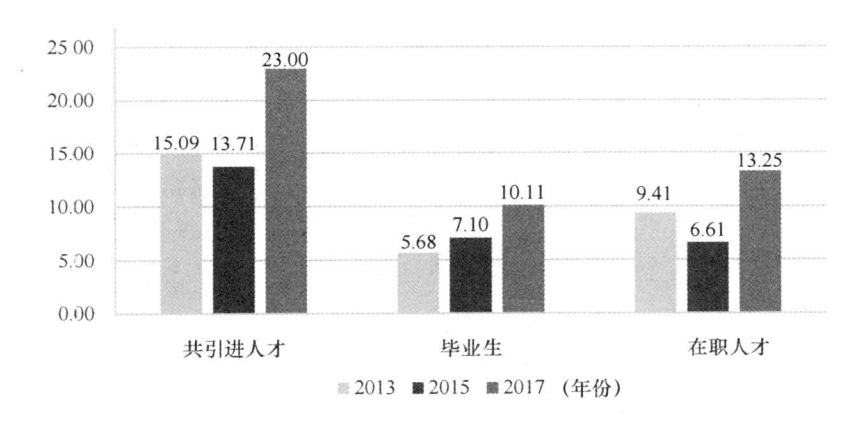

图4—4 近五年深圳人才引进数量（万人）

（三）深圳基础人才情况

深圳是一座典型的人才流入城市,这与深圳本身较为薄弱的职业教育、高等教育基础密切相关。经过近几十年特别是近年来的大力投入和发展,深圳的高等教育学校办学水平整体有所提升,毕业生质量逐渐提高。据深圳市教育局统计,2016年深圳市有高校单位13个,在校学生11.23万人;中等职业学校24所,在校生7.46万人。2017年,深圳市有高校单位13个,在校生12.03万人,在校生数量较上年大幅增长;中等职业学校（含技工学校）25所,在校生7.41万人。

---

① https://city.shenchuang.com/szyw/20160311/319023.shtml.
② 《深圳人才引进数量再创新高,去年引进人才超23万》,2018年7月18日（http://news.dayoo.com/guangdong/201803/21/139996_52118877.htm）。

二 深圳人才质量指标评价

人才质量指标是衡量一个地区或城市在质量方面的优劣、显示相对数量差距的主要指标，其整体体现的是人才素质效应，是对人才评价的综合结果。为此，从业人员的文化素质和知识水平成为重要的评价指标。从业人员中受过高等教育的人员、R&D 人员、拥有专业职称等的人员规模及占比构成了深圳的人才质量。

（一）高层次人才规模

尤瓦尔·赫拉利在《未来简史》一书中说过，"未来，99%的人属于无用阶级，他们的特性和能力是多余的；另外1%的人则成为掌控算法、通过生物技术战胜死亡的神人，他们是未来世界的主宰者，是人类未来进化的新物种"。一语道破了"高精尖"人才在未来发展中的重要地位，甚至能发挥决策作用和引领作用。因此，在限量或潜在的全球高精尖人才争夺中，深圳市大力揽才，为城市下一发展阶段奠定基础。

因此，近年来深圳市的高层次人才引进方面，取得了巨大的成效。2016年底，深圳市累计认定高层次专业人才6249人，确认海外"孔雀计划"人才1996人。全市突出贡献专家47人，百千万人才工程国家级人选25人，国贴专家515人。2017年底，深圳新增全职院士12名，累计29名；中央"千人计划"人才66人；新增国内高层次人才730人，累计6979人；新确认孔雀计划人才958人，累计2954人；招收进站博士后935人，同比增长20%；新引进海外留学人员1.8万人，累计近10万人。截至2018年6月，深圳高层次人才累计达10993人，高层次创新创业团队达143个，全职院士达38人，2018年以来新引进9人。[1]

与此同时，随着诺贝尔奖和"两院院士"在深圳扎根，深圳在其研究服务上也提供了较大支持，推动了相应领域的研究发展。2018年3月，诺贝尔化学奖得主阿龙·切哈诺沃教授领衔的香港中文大学（深圳）切哈诺沃精准和再生医学研究院正式成立，该研究

---

[1] 《深圳半年新增全职院士9名，全市高层次人才突破1万人》，2018年7月18日（https://www.thepaper.cn/newsDetail_forward_2258036）。

院将为深圳发展世界领先的生物制药和健康产业起到积极作用。2018年4月，深圳易特科集团（前海安测）与2014年诺贝尔生理或医学奖得主、挪威科学家爱德华·莫索尔教授团队正式签约合作，建立智慧医疗实验室，共同致力于阿茨海默症的预防和治疗。深圳市的人才质量在全国乃至全球都具有较强竞争力。

（二）专业技术人才规模

高层次专业技术人才在企业发展中的中坚力量作用日益凸显，专业技术人才和技能人才的培育和发展，是城市发展的支撑力量。据统计，2016年深圳市专业技术和技能人才总量达452.4万人，较上年同期增加7.31%，占深圳市同年常住人口比重37.99%。

截至2016年底，全市专业技术人才总量144.1万人，其中高级职称11.5万人、中级32万人、初级66.4万人，高级职称人数占具有职称人数的10.5%。近年来，职称评定申报量均出现较大增长，2016年度增长94%。非公单位申报人员2016年比例约占65%，较2012年提高了10个百分点。

截至2016年底，深圳市技能人才总量发展到308万人，比2015年增长22万人，增长率为7.69%；其中高技能人才81.6万人，增长12.6万人，其中：高技能人才占技能人才比例提升至26.5%（高级技师占1.4%、技师占3.2%、高级工占21.9%、中级工占42.3%、初级工占31.2%）。

研发经费的投入和支出，直接影响创新力量。在深圳创新人才规模总量上，据《2016年度深圳市社会性别统计报告》，2016年，深圳市从事R&D的人员共有202684人，较2015年同比增长了27.2%；2015年，深圳市从事R&D人员为174953人，2014年为176345人。截至目前，深圳市全职院士达38人。

三 深圳人才结构指标评价

人才结构指标反映了人员在年龄、行业、区域等分布上的竞争力体现。其中，人口年龄结构、从业人员产业结构等与经济增长息息相关。

（一）性别结构

在人口结构中，性别因素影响着地区的人口流动、整体社会情况,以及从某种意义上反映地区经济社会发展的产业特色。据深圳市 2016 年社会性别统计,2016 年深圳市常住人口 1190.84 万人,男性常住人口为 633.62 万人,占全市总人口的 53.21%;女性常住人口 557.22 万人,占全市人口的 46.79%,常住人口性别比为 113.71。截至 2016 年末,深圳市规模以上工业企业共有 R&D 人员 202684 人,R&D 从业人员性别比为 463.72。

(二)年龄结构

Bloom and Williamson 使用 78 个国家在 1965—1990 年的面板数据研究了人口年龄结构变化对经济增长的影响,发现,人口红利能够解释三分之一的东亚高速经济增长奇迹。Malmberg 使用瑞典 1950—1989 年的数据,基于技术进步、人力资本及生命周期等相关理论研究了人口年龄结构转变对瑞典经济增长的影响。研究发现,0—19 岁、20—24 岁、25—29 岁及 75 岁及以上年龄段人口比重的增加将会降低经济增长率,而其他年龄段人口的增加将会促进经济增长,并且 50—64 岁年龄段人口比重的增加对经济增长的贡献最大。Lindh and Malmberg 使用 1950—1990 年 OECD 国家的面板数据研究了人口年龄结构变动对经济增长的影响。研究发现,15—29 岁和 65 岁及以上年龄组人口的增加能够降低经济增长率,而 50—64 岁的劳动力队列人口比重上升显著促进了经济增长。Cai and Wang 认为中国享受人口红利开始于 20 世纪 60 年代,人口红利因素是改革开放以来中国经济快速增长的主要原因之一。[①]

深圳是中国年轻化程度最高的一线城市,18—35 岁的人口占比达到 56%,让整个城市充满活力。深圳市第六次全国人口普查主要数据公报显示,2010 年深圳市全市常住人口为 1035.79 万人,其中 0—14 岁人口为 101.88 万人(占比 9.84%),15—64 岁人口为 915.64 万人(占比 88.40%),65 岁及以上人口为 18.28 万人(占比 1.76%),人口抚养比整体处于较低水平。2015 年全国 1% 人口抽样调查数据显示,2015 年深圳市常住人口为 1137.89 万人,0—14 岁人口为 152.53 万人(占比 13.40%),15—64 岁人口为

---

① 张鹏:《中国人口年龄结构转变对经济增长的影响研究》,硕士学位论文,南开大学,2013 年。

946.99万人（占比83.22%），65岁及以上人口为38.37万人（占比3.37%）。人口总量整体呈增长趋势，老年抚养比、少年抚养比和总抚养比均处于相对较低且稳定的状态，人口老龄化水平较低（见表4—4）。截至2017年，深圳市常住人口平均年龄为32.5岁，由此反映出深圳市整体的人才年龄结构较为年轻。

表4—4　　　　　　　深圳市人口抚养比（%）

时间	少儿抚养比	老年抚养比	总抚养比
2015年	13.40	3.37	16.77
2010年	10.35	1.94	12.29

资料来源：深圳市统计局。

（三）学历结构

随着人才政策的放开，近年来深圳市常住人口及从业人口中，大专及以上学历人口比重日渐提升。据《深圳市人才队伍建设报告》提出，2014年，深圳市常住人口中大专及以上学历人口为259.6万人，占常住人口的24.1%，每10万人中受过大专及以上教育程度人口为24082人，常住人口中大专及以上人口比重已接近香港2013年水平（28.7%），常住人口平均受教育年限为11.05年。至2015年中，深圳市全国1%人口抽样调查数据显示，全市常住总人口为1137.89万人，其中6岁以上常住人口中，具有大学（指大专及以上）教育程度的人口为257.93万人，与2010年第六次人口普查时相比，每10万人中具有大学教育程度的人数由17644人上升为22668人。综合《深圳市人口与社会事业发展"十三五"规划》目标，以及深圳市人口普查和人才队伍建设报告数据，深圳市大专及以上学历人员占常住人口比重约在22%—25%之间，大幅低于北京、上海、广州的30%，距2020年大专及以上学历人口占常住人口比重30%的目标仍需要进一步的努力。

（四）从业人员行业结构

美国著名的经济学和统计学家科林·克拉克1910年在《经济进步的条件》一书中，继承了澳大利亚经济学家费希尔的研究成果，提出了经济发展与产业结构变化之间的规律，即，"配第－克拉克定律"，从而使三次产业的划分得到普及。由"配第－克拉克定律"不仅可以看到技术知识的掌握者即人才在社会生产中日益显示出决定性作用，而且可以看出社会全部劳动力资源在不同产业的配置比例也是在发展演化的。总的趋势是：第一产业人力资源所占比重不断降低；第二产业人力资源所占比重不断增加；第三产业人力资源所占比重终将超过第一产业。我国人力资源结构的变化从第一产业同时向第二三产业分别转移。弄清产业结构调整中的产业内部层次划分对我们的意义在于能够使我们人事部门更加清楚地认识到，人事工作为经济建设服务。[①] 从深圳从业人员结构变化，可以看出社会就业主要分布于深圳的第二、三产业，人员主要集中于制造业（见图4—5）。

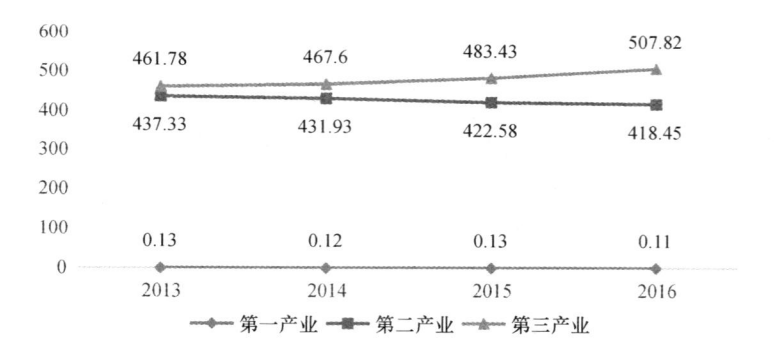

年份	第一产业	第二产业	第三产业
2013	0.13	437.33	461.78
2014	0.12	431.93	467.6
2015	0.13	422.58	483.43
2016	0.11	418.45	507.82

图 4—5　深圳从业人员三次产业分布（万人）

据2016年引进的高层次人才行业分布来看，全市高层次人才分布总体情况与市产业政策导向高度匹配，体制内、体制外人才数量总体均衡，政策覆盖较全面，其中分布在生物、互联网、新能源、新材料、文化创意和信息技术等战略性新兴产业和未来产业的人才占38%；分布在高新技术、金融、文化、物流四大支柱产业的人才占80%（见图4—6）。

---

① 王通讯：《论人才结构调整》，《中国人才》2003年第7期，第12—16页。

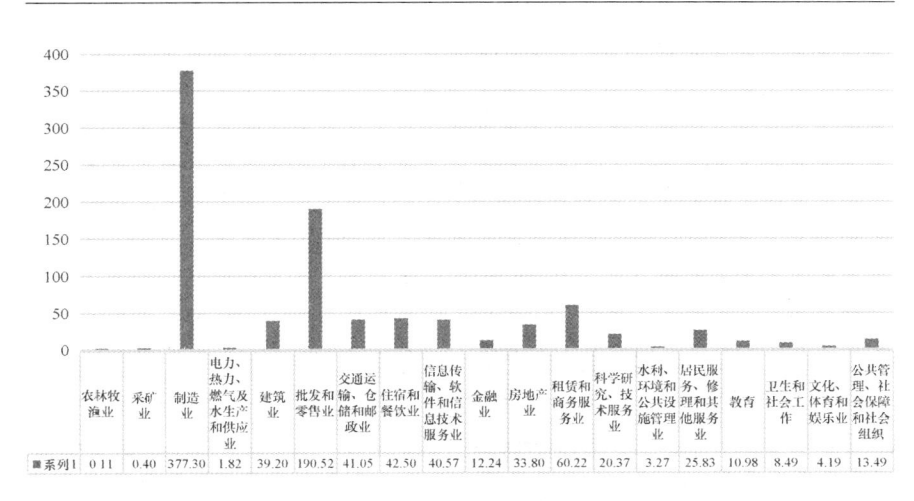

图4—6 2016年从业人员行业结构（万人）

四 深圳人才投入指标评价

公共财政支出是以政府为主体，以政府的事权为依据进行的一种货币资金的支出活动。在我国，公共财政支出涵盖公共工程支出、公共教育支出、行政管理支出、社会保险支出、医疗保健支出、公共科技支出以及公共文化事业支出等范围。公共财政支出的数额和范围反映了政府介入经济生活和社会生活的规模和深度，对实现政府职能和国家宏观调控目标至关重要。对人才财政投入的评价主要从对公共教育、医疗卫生和科学技术发展的投入来分析。

第一，在公共教育投入上，从满足社会公共需要这一公共财政本质出发，可以把公共教育分为两类：一类是社会公共需要性教育（义务性教育），一类是非社会公共需要性教育（非义务性教育）。目前，在我国教育公共财政支出的结构比例中，对基础教育的投入少于对非基础教育的投入，对社会公共需要性教育负担的费用少于对非社会公共需要性教育负担的费用。[1] 据统计，2012年以来，深圳市在公共教育支出方面，除2015年有所下降外，整体呈增长趋

---

[1] 许锐：《经合组织国家高等教育公共财政支出的多维探析》，《科教导刊》2011年第4期，第9—10、17页。

势，2016年深圳教育支出占GDP比重的2.10%，占一般公共预算支出（一般公共预算支出4178亿元）比重为9.9%。

第二，在公共医疗保健支出上，政府医疗卫生支出与政府总支出的比重是衡量公共卫生财政责任实现程度的重要指标，在健康保障问题上，不管是通过财政直接投入，还是通过组织社会保险，政府都承担主要责任。在具体服务组织上，无论是设置公立机构，还是鼓励非营利机构发展，为了确保医疗卫生服务的可及性和安全性，政府在网点规划、标准制定、服务监管等方面的作用是不可替代的。从我国2010—2014年医疗卫生与计划生育支出情况来看，医疗卫生服务的支出，绝对值和相对值都逐年增加，2014年，总收入的7.2%花费在了这个领域。① 据统计，2012年以来深圳市在医疗卫生方面的财政支出除2015年有所下降外，整体呈增长趋势，2016年达201.27亿元，占GDP总量的1.03%，占一般公共预算支出比重为4.8%，整体处于较低水平。

第三，在科学技术发展的投入上，我国传统的公共财政支持体系以高校等研发机构为主体，在高强度的公共财政投入支持下，我国的科技论文数量、专利申请数量以及专利授权数量等有了显著提升，但是，由于缺乏完备的科技成果转化体系的建设，真正形成市场价值的科技创新成果数量有限，进而也导致了公共财政支出的绩效较低。政府财政资金在研究与开发活动中发挥了重要功能。国家科技部的统计数据显示，政府财政资金在研究与开发活动中的比重超过80%，政府应用于研究与开发活动的财政资金年均增长率超过10%，是我国研究开发活动最重要的资金来源。据统计，2012年以来深圳市在科学技术方面的财政支出总额除2014年有所下降外，整体呈增长趋势，2016年增加至403.52亿元，占GDP比重的2.07%，占一般公共预算支出比重为9.7%。

从政府公共财政支出方面来看，深圳市公共财政支出水平相对较低（见图4—7）。与深圳一河之隔的香港，公共财政支出水平一直维持在GDP的20%左右，以2016年各方支出数据来看，香港教

---

① 张婷：《政府干预在医疗卫生市场中的适用性研究——基于福利经济学的理论分析框架》，《陕西行政学院学报》2015年第29卷第2期，第41—45页。

育资助支出为415.84亿港币，卫生支出为530.91亿港币，分别占财政经营开支总额的11.77%、15.02%，总体支出水平占GDP总额的1.67%、2.13%，以此来看香港在公共财政支出方面的总量相对不高，但在教育质量、医疗水平等方面具有较高水平。

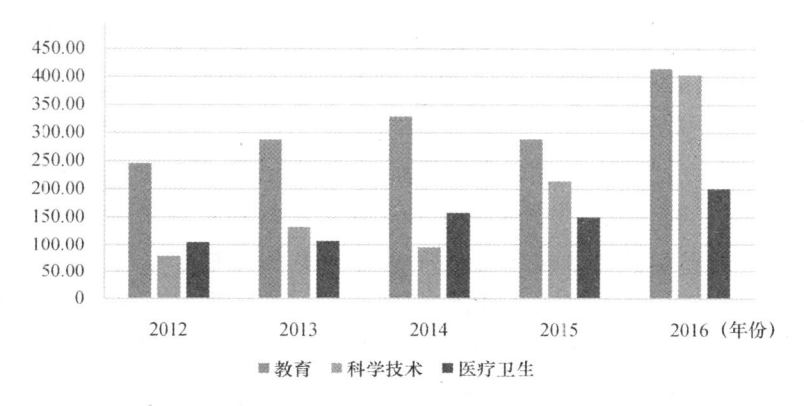

图4—7　2012—2016年深圳公共财政支出（万元）

第三节　深圳人才外部环境竞争力指标评价

对于城市发展来说，城市区位因素、政治经济社会基础等因素直接影响着城市发展进程和质量。而"功以才成，业以才广"，城市因为人才而兴旺。而人才具有趋利性和集聚性特点，使得人才流动存在从不发达国家或发展中国家向发达国家流动、从不发达地区向发达地区流动的趋势。为此，城市为人才在经济收入、财政支持、工作平台、生活保障以及个人发展等方面营造出的优厚基础和良好条件，是城市增强人才竞争力的外部环境体现。特别是在人才全球化流动趋势增强背景下，人才流动和人才集聚的规律显示，人才发展中的经济地位、科技平台、社会环境、人文传统等因素对人才的流动和集聚的影响很大，甚至是决定性因素。因此，本书将宏观经济发展环境、工作创业环境、科技创新环境、人才生活环境等作为城市人才外部环境竞争力的主要指标，以此评价城市人才竞争力的外部竞争实力。

一 深圳宏观经济发展环境指标评价

区域经济环境是指某个地区的整体经济发展水平，它是影响人才流动、形成人才集聚现象的引致性因素。它主要由区域内的经济制度、经济形势、经济发展水平、物价、金融、投资规模及结构、社会总供给与总需求的关系等方面组成。此处以深圳的经济制度、经济发展水平、投资环境和水平作为主要指标进行评价。

（一）深圳社会主义市场经济体制的建立和完善

深圳社会主义市场经济体制的建立和完善大致经历了四个阶段。

一是1980—1986年，改革计划经济体制，探索市场经济体制时期。这一时期，深圳加大对率先来投资建设外资的支持力度，大力推进金融体制改革、价格体制改革、劳动人事管理体制改革、施工建设体制改革、土地使用权制度改革，这一时期深圳新探索的市场经济体制、机制已经初步发挥作用。

二是1987—1993年，市场经济基本框架的搭建时期。这一时期，深圳推进所有制经济体制改革，发展混合所有制经济，发展资本市场，建立了外汇市场，深入探索与社会主义市场经济相适应的政府管理框架，逐步形成了比较完善的市场体系和比较规范的运作机制。

三是1993—1998年，深圳市场经济体制的初步完善时期。经过前两个时期的改革探索，深圳市场经济的框架逐步形成，并进一步深化以市场为导向的改革。这一时期，深圳重点推动产权制度改革，将财产占有社会化作为产权改革总方向，在全国率先进行政府审批制度改革，完善了社会主义市场经济的"五大体系"和"四大机制"。

四是1998年以来，深圳社会主义市场经济体制改革的深化时期。进入这一时期，深圳大力发展高新技术产业，推进特区外农村城市化，基本完成了国有企业、事业单位改革，并完善和推动商事登记、社会组织发展，推动前海开发，以进一步搭建深圳改革开放的高端平台。

在深圳市不断改革和完善的社会主义市场经济体制过程中，深圳逐渐形成了较为自由开放的市场经济环境，完备的产业基础，公有和非公有经济蓬勃发展的市场环境。

(二) 深圳经济发展形势和水平

在经济发展水平上，我们常常以 GDP 指标、国民经济增长率、恩格尔系数以及财政收入等指标来衡量这个国家或地区的经济发展水平。经济发展水平越高的地区越有利于吸引人才，发展人才，留住人才。人才往往也是向着经济发展好的地区流动。人才的主观意识还是希望自己能在薪资待遇高，有充分的自我发展机会，又有完善的保障体系的地区工作和生活。当一个地区具备了足够的经济发展实力，才能为人才提供这些其想要的条件和保障。

纵观 1998 年以来深圳国民经济生产总值的增长总量和增长速度，深圳的 GDP 总量较 1998 年增长了 12 倍，较 2005 年增长了近 4 倍（见图 4—8）。自中国经济进入新常态以来，深圳的国民经济发展水平仍处于较为稳健的增长状态，意味着深圳的经济发展形势较为稳定。

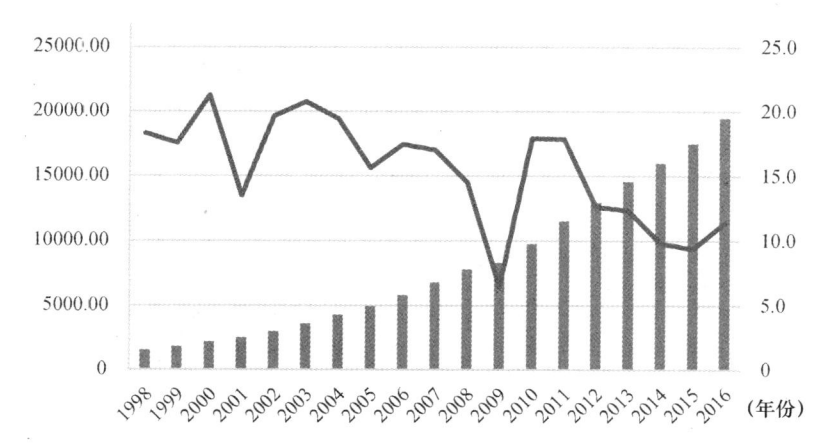

图 4—8 1998—2016 年深圳地区生产总值及增速变化
（万元，%）

对比 2016 年北京、上海、香港等城市的国民经济生产总值水平，深圳在 GDP 总量上暂无法与北京、上海、香港等超大城市的体量相比，但在常住人口人均 GDP 总量上深圳具有较大的优势。据统计，2016 年北京、上海、香港的 GDP 分别为 25669.1 亿元、28178.65 亿元、24910.01 亿元，人均 GDP 分别为 11.8 万元、11.7 万元、33.4 万元，与此同时深圳 GDP 总量为 19492.6 亿元，人均 GDP 为 16.7 万元，由此呈现出深圳的人均产出和效益次于香港，在国内城市中具有较强的优势（见图 4—9、图 4—10）。

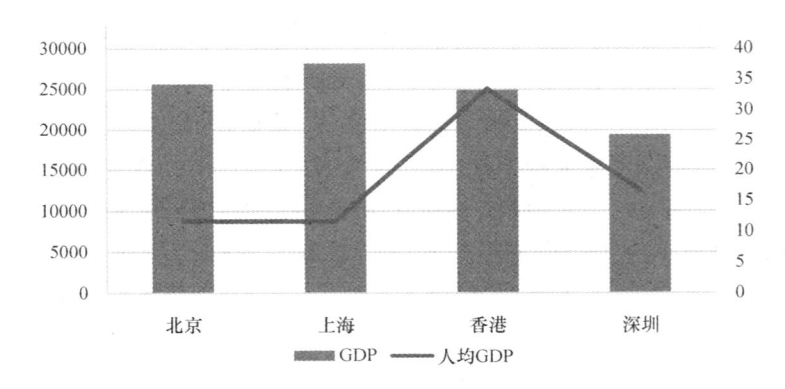

图 4—9 2016 年四大城市 GDP、人均 GDP 对比（亿元，万元）

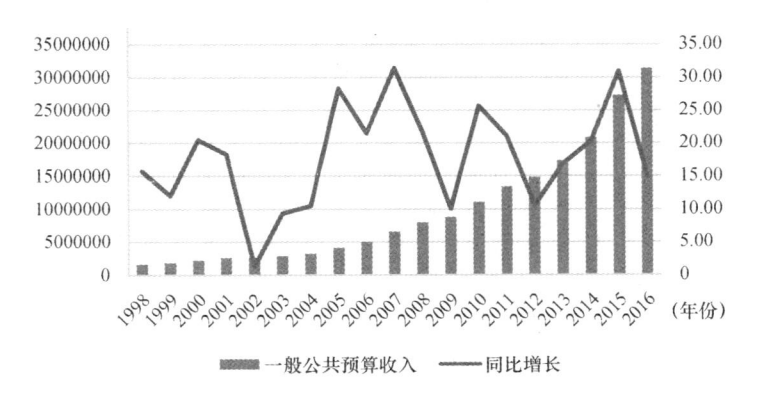

图 4—10 地方一般公共预算收入（万元，%）

此外，在第三产业产值占 GDP 比重上，北京、上海分别为 80.2%、70%，而深圳仅为 60%。深圳市处于经济快速发展的阶段，与北京、上海、广州、香港等城市相比，经济快速发展且较为年轻化，吸引了越来越多的人才进入深圳。据统计，近 20 年来深圳的地方财政预算收入整体处于增长水平。

二 深圳工作创业环境指标评价

政府支持是一个地区在招揽人才方面的重要举措和态度，其核心包括了政府对人才培养、教育和发展方面的公共财政支出，也包括地方政府对人才服务配套方面的系统性人才政策。

（一）创业支持

在城市创新创业公共政策方面，深圳市具有较强的竞争力。首先在人才引进政策上，随着我国逐渐步入全面建设小康社会时期，伴随着国际竞争日趋激烈的趋势，由上海市作为先导，全国很多省市都开始构筑本省市的人才高地。在人才引进的标准上，各省市首要引进的对象为专家学者，国家重点学科、实验室及科研项目带头人，专业技术人才和管理人才以及创新创业人才。如北京市的"北京海外人才聚建工程""凤凰计划"；上海市的"上海千人计划""上海浦江人才计划"；浙江省的"浙江海外高层次人才引进计划""钱江人才计划"；江苏省的"江苏双创引才计划""南京'三创百人计划'"等。广东省具体实施了"组建人才计划""孔雀计划"等。[1]

随着深圳拟构建具有国际竞争力的引才育才用才政策，意在厚植人才优势，深圳将进一步增强人才政策的系统性协同性，进一步发挥政策优势。首先，深圳制定了较为完善的人才政策法规体系总体框架，即《深圳经济特区人才工作条例》，以及以人才培养、激励、服务和体制机制改革为重点的"鹏城英才计划"，以人才引进为重点的"鹏城孔雀计划"，同时还有辅以各项政策配套措施，包括金融人才队伍建设、柔性引才用才、创新型青年企业家培育等，

---

[1] 鞠祎、刘宁：《京沪浙粤苏人才政策比较研究》，《中国人力资源开发》2013 年第 15 期，第 87—92 页。

以及若干项政策实施细则。以此形成了高低有序、层次递进互补、效力统一协调的政策体系。

其次，人才政策与城市发展战略、产业发展规划融合度较高。为充分完善人才发展与产业深度融合，深圳制定了相应的人才引进目录，从人才供给端发力，通过人才认定标准、奖励激励等导向性措施，使人才引进与高科技产业相匹配。与此同时，进一步打破身份、体制等壁垒，促进机构、人才、资金、项目等流动，并覆盖科技产业、哲学社科、文化艺术等领域，促进产业人才队伍高速集聚。

（二）投资环境

在经济发展水平上的城市投资环境和产业基础环境方面，城市的区位、规模、历史、文化是极大的影响因素。深圳是珠三角城市群中的核心引领城市，也是粤港澳大湾区发展中的核心城市，在发展空间和前景上具有较强的基础。此外，深圳从"三来一补"产业发展基础上累计形成的完备的制造业产业链，使得深圳具有独一无二的产业链优势。以国际知名机构、硬件孵化中心 HAXLR8R 的创始人 Cyril Ebersweiler 为代表的大多数创业者，选择在深圳创业或者将总部从其他城市如美国硅谷搬到深圳的理由，主要是"这里能够让我们在1公里之内找到任何想要的原材料，这是美国、欧洲和世界上任何地方都做不到的，因为那里没有深圳的华强北"[1]。目前，深圳在通信、汽车电子、计算机及外围接口、消费类电子、光电、仪器仪表等领域均构成了完整的上下游产业链，并在进一步强化产业链优势，实施新一轮产业链拓展工程。因此，在对国内35个对所在区域经济社会有较大影响力的城市研究中，深圳市位居全国主要城市投资环境竞争力之首。[2]

据统计，近20年来深圳市全社会固定资产投资总额整体处于增

---

[1] 《深圳制造：完整的产业链全球独有》，2018年7月12日（http://sz.people.com.cn/n2/2018/0225/c202846-31281430.html）。

[2] 《中国城市投资环境竞争力暨武汉市投资环境竞争力在全国的比较地位评估报告》，《湖北省区域投资环境竞争力评估报告文集》，2005年。

长水平。从1998年来看,深圳社会固定资产投资总额整体呈增长趋势,其中非房地产开发项目固定资产投资总额自2014年来趋向增长。2016年,北京、上海的固定资产投资总额总量分别为8461.7亿元、6755.88亿元,深圳为4078.16亿元,三大城市对比,深圳在投资总额总量上整体较北京、上海低,但在投资增速潜力上仍具有一定优势,特别是在吸引国有经济投资和民间投资方面(见图4—11)。

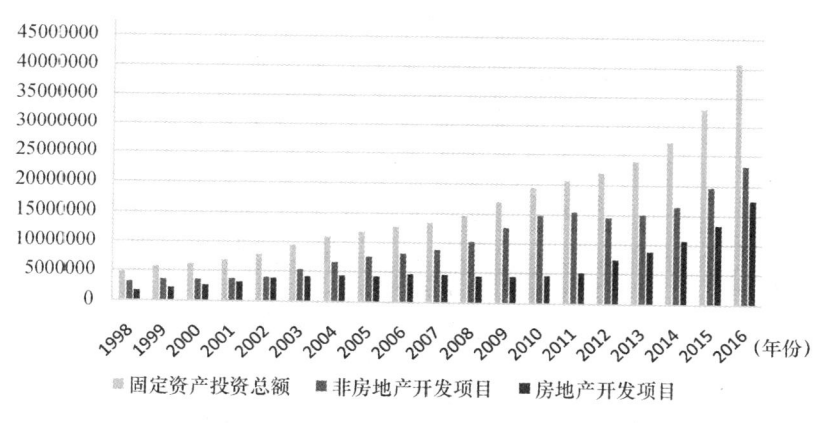

图4—11 1998—2016年深圳固定资产投资总额(万元)

三 深圳科技创新环境指标评价

在高层次人才研究与发展平台环境支撑方面,一方面为高校资源,另一方面为深圳繁荣的创新载体和企业。据统计,深圳市有高等院校13所,虽远低于北京的92所,上海的64所,广州的83所,但在高校硬件设施和配套方面具有一定的优势。与此同时,深圳市拥有各级各类创新载体1617家,其中国家级创新载体仅有110家,而北京超过300家,上海超过146家,广州超过289家。与之相应的是,深圳市承担建设的国家级重点实验室有华为、中兴通讯、华大基因、光启、中广核5个企业类国家重点实验室。从科研发展方面来看,深圳每万人在校大学生数135人,远低于北京的197人,香港的460人,纽约的628人,东京的

568 人。这既是深圳的短板和不足,也是深圳在高等教育和科学技术研究方面亟待发力的重点。

四 深圳人才生活环境指标评价

人才的流入与发展与城市发展的物质和硬件条件息息相关。从人才发展角度来看,可供人才发挥才能的平台、保障人才工作和生活的基础条件等直接影响人才选择,未来的人才竞争不是简单的"金钱游戏",而是要充分考虑是否为人才提供可供发展的研究环境、生活环境和文化环境等。

在生活环境方面,深圳人均可支配收入与消费水平均处于较高水平,生活环境评价位居各城市第一。城市人才环境主要从收入水平、居住环境、医疗卫生水平、生态环境方面进行评价。据《2018 中国城市人才竞争力指数报告》,深圳市人才生活指数这一指标居 20 座城市之首,其得分远高于北京、上海、广州等城市。首先是城市人才生活环境,2016 年在岗职工平均工资北京、上海、广州和深圳分别为 122749 元、120503 元、89096 元、89757 元;其次是城市居住环境,医院、卫生院数量这一指标上,北京、上海、广州分别为 713 个、656 个、273 个,而深圳仅有 136 个;再是在城市生态环境上,深圳市 2016 年城市空气质量达到或好于二级以上天数为 354 天,城市绿化指数为 40.9%,具有良好的生态环境,适宜人居住。综合来看,深圳具有适宜居住、收入水平高的生活环境(见表 4—5)。

表 4—5   深圳城市居民生活质量

年份	职工年平均货币工资(元)	城市居民可支配收入(元)	生活用电量(千瓦时)	每万人拥有 医生(人)	每万人拥有 医院病床(张)	人均公园绿地面积(平方米)
2001	25941	22760	495	11	15	14.7
2002	28218	24941	439	11	16	14.9
2003	30611	25936	537	12	16	15.1
2004	31928	27596	548	13	18	16.0

续表

年份	职工年平均货币工资（元）	城市居民可支配收入（元）	生活用电量（千瓦时）	每万人拥有医生（人）	每万人拥有医院病床（张）	人均公园绿地面积（平方米）
2005	32476	21494	660	14	19	16.1
2006	35107	22567	687	20	19	16.1
2007	38798	24301	805	21	18	16.1
2008	43454	26729	752	21	19	16.2
2009	46723	29245	812	21	20	16.3
2010	50456	32381	814	20	20	16.4
2011	55143	36505	858	22	21	16.5
2012	59010	40742	993	23	25	16.6
2013	62619	44653	982	24	25	16.7
2014	72651	40948	1124	25	27	16.8
2015	81034	44633	1127	25	28	16.9
2016	89757	48695	1154	26	32	16.5

深圳在社会保险和住房保障方面，大力完善多渠道、租购并举的住房供应和保障体系，并完善高层次人才社会保障服务。自《关于完善人才住房制度的若干措施》颁布后，深圳市明确提出人才住房占供应住房总量的约20%，与此同时还向符合条件的人才发放人才安居补贴，通过货币补贴方式改善来深工作人才生活状况。此举亦是针对性地解决深圳住房市场价格过高影响居民购房居住需求而提出。与此同时，深圳还在探索建立人才住房封闭流转制度。在社会保障方面，深圳为吸引和留住高层次人才，不断完善其子女入学、医保等社会保障服务。

综合深圳人才竞争力的核心指标因素和外生影响因素，深圳在人才质量、人才结构等方面优势明显，同时在人才数量方面随着近年人才政策释放的红利整体规模有所增加，特别是在高层次人才引进和发展方面。与此同时，影响人才集聚和流动的经济发展水平和潜力、政府支持和宜居的城市环境等因素，也为深圳吸引人才、发挥人才作用奠定了基础。

第四节 深圳人才产出贡献竞争力指标评价

随着世界经济发展进入知识经济时代，人才已成为新一轮世界竞争的核心资源，人才的作用在全球化竞争中占据了核心地位。在全球化视野下，人才竞争力水平的直接体现是人才对城市、区域乃至国家在某一领域中的创新引领以及重大贡献。因此，衡量深圳人才产出和贡献的评价维度，主要体现为人才生产效率和人才创新质量，在相应的数据体现上则指人才在经济创新发展中对产业发展、企业壮大起到的作用，在创新发展方面取得的进展及所处的定位，以及在深圳重要行业发展、知识产权领域等所起的作用。

一 深圳人才生产效率指标评价

搜狐网上的柏颖讲了这样一句话，"深圳不是深圳人的深圳，是全国年轻人的深圳，深圳的吸引力在于它提供的造富机会而不是提供居住的机会"[①]。由此可以看出，深圳的发展与人才的创富造富能力密切相关。深圳改革开放以来经济发展水平的快速增长与来深下海经商、创业发展的人才是紧密相连的。

（一）劳动生产率

2016 年深圳市地区生产总值达 19492.60 亿元，GDP 总量首次步入两万亿元增长区间，深圳也成为全国内地第三个破两万亿元的城市，经济体量相对较大，经济增长速度也相对稳健。

从产业结构上来看，深圳是以 3∶2∶1 产业结构为发展模式的城市。2016 年，深圳第二、第三产业增加值占全市生产总值的比重分别为 39.5% 和 60.5%，产业结构优势明显。从主要行业来看，深圳前三大行业主要是工业、金融业、营利性服务业。从高端产业

---

① 《深圳吸引人才的原因在于创富机会》，2018 年 7 月 12 日（http://www.sohu.com/a/19662979_187b75）。

来看，深圳先进制造业、现代服务业表现突出，增长超过全市平均水平及产业平均水平。2016年，深圳现代服务业增加值为8278.31亿元，先进制造业增加值为5428.39亿元，高技术制造业增加值为4762.87亿元。

与此同时，深圳不断加强在四大支柱产业和战略性新兴产业方面的布局，使其日渐成为经济增长发展的新亮点，在全球范围内引领着行业发展。2016年，深圳新兴产业增加值达7847.72亿元，占地区GDP比重的40.3%。在这其中，可以看出深圳在新一代信息技术产业、互联网产业、新材料产业、生物产业、新能源产业、节能环保产业、文化创意产业等战略性新兴产业；海洋、航空航天、机器人及可穿戴设备和智能装备产业、生命健康产业等领域的发展潜力和发展前景。

综合来看，深圳在经济发展和产业结构发展方面，工业仍处于支撑地位，对深圳经济增长起主导作用。但同时，随着我国产业结构转型升级加快，互联网经济和现代服务业迅猛发展，尤其是新产业、新业态和新商业模式大量涌现，极大地增加了深圳的产业活力。

（二）全球500强企业

城市经济实力的雄厚与辖区内富有潜力、拥有极强创新活力的企业发展相互促进，而人才则是推动企业和城市共同发展的主要力量。在深圳近1200万常住人口共同贡献下，深圳培育和发展了众多优质企业和品牌企业，在全球竞争中占据了一定优势。

据《财富》公布的世界500强榜单，中国2016年上榜110家，2017年增长至115家。[①] 其中，深圳6家企业上榜，分别是中国平安保险（集团）股份有限公司、华为投资控股有限公司、正威国际集团、招商银行、万科企业股份有限公司、腾讯控股有限公司。其中，在净资产收益率方面，华为、美的、腾讯、吉利和万科排位较高，其中深圳占了3家。

---

① 《2017年财富世界500强排行》，2018年7月12日（http：//www. fortunechina. com/fortune500/c/2017－07/20/content_ 286785. htm）。

与此同时，深圳还有一批具备下一阶段跻身世界500强能力的企业，比如国内最大的新能源汽车生产商（比亚迪）、中国最大的基因测序研究机构（华大基因）、中国最大的特种计算机提供商（研祥智能）、中国最大的ERP软件供应商（金蝶）、全球最大的多媒体音响整机产品提供商（三诺集团）等。正是因为经济基础雄厚和全球著名企业总部扎根深圳，吸引了大量的人才留在深圳，并为深圳的发展添砖加瓦。

二 深圳人才创新指标评价

近年来，深圳不断深入推进创新驱动发展战略，始终坚持将创新作为城市发展的主导战略，加快全面创新改革实验，率先提出并积极构建综合创新生态体系，形成以创新为主要引领和支撑的经济体系和发展模式。2014年成为首个以城市为基本单元的国家自主创新示范区。

（一）知识产权创造数量和质量双提升

深圳知识产权产出保持稳定增长，数量和质量均实现较大幅度的提升，实现全国五个第一。[①]

在专利两方面，2016年，深圳国内专利申请量为145294件（2015年105481件），同比增长37.74%，远高于"十二五"期间的年平均增长率13.52%，在全国居第二位，仅次于北京。其中发明专利申请量达56326件（2015年40028件），同比增长40.7%，申请量居全国副省级城市第一。2016年深圳国内专利授权75043件（2015年72120件），同比增长4.05%。其中国内发明专利授权量达17665件，同比增长4.2%，授权量居全国副省级城市第一；有效发明专利达95379件，发明专利密度达80.1件/万人，高于全国平均水平（7.98件/万人）一个数量级，居全国之首，达欧美日韩发达国家水平。

在国际专利布局方面，根据对国际知识产权组织（WIPO）的PCT专利数据库的分析统计，截至2016年，深圳累计PCT专利

[①] 秦川：《深圳知识产权工作会议召开年专利申请量突破14万》，2017年4月29日，深圳新闻网。

69347 件，位于全球第二。据统计，2016 年深圳市 PCT 国际专利申请达 19648 件（2015 年 13308 件），同比增长 47.64%，占广东省申请总量（23574 件）的 83.3%，占全国申请总量（42173 件）的 46.59%，居全国各大中城市第一，在全球性创新活动活跃的城市当中居于第二位，仅次于日本东京（261308 件），领先美国硅谷（59762 件）。其中，近三年深圳湾园区企业共产生发明专利 903 件、外观设计 785 件、实用新型 362 件、PCT 申请 275 件。

在商标方面，2016 年底，深圳商标注册申请量、注册核准量及累计有效注册商标数量分别为 253275 件、139763 件和 555421 件，分别同比增长 39.76%、18.22% 和 35.43%。新增中国驰名商标 4 件，深圳累计拥有中国驰名商标 166 件；新增广东省著名商标 34 件，累计拥有广东省著名商标 506 件。

在著作权方面，深圳计算机软件著作权登记量 43550 件，同比增长 20.45%，占全国登记总量的 10.68%。在获奖方面，深圳获 4 项专利金奖，其中 2 项发明专利金奖，2 项外观设计金奖，获奖数量居全国副省级城市第一，深圳市知识产权局荣获最佳组织奖。

（二）新兴产业技术创新处于领先地位

科技主体的科技创新成果是推动经济发展的资源和动力，人才、智力和技术等重要的资源是科技创新不可或缺的元素。随着深圳研发人才队伍的发展，深圳市科技创新企业数量日渐增多，部分领域技术创新处于全球领先地位。

知识产权运用水平持续提高，培育了一批积极主动创新的科技示范企业。据统计，目前深圳共培育出国家级知识产权优势企业、示范企业 19 家，[1] 广东省知识产权优势、示范企业 105 家，深圳市知识产权优势企业 100 家。[2]

在新材料产业方面，石墨烯是发展重点产业之一，截至 2016 年

---

[1] 2018 年 7 月 12 日，深圳市市场和质量监督管理委员会网站（http://www.szmqs.gov.cn/zscq/xxtj/zscqysqy/201706/t20170627_7289374.htm）。

[2] 同上。

底，深圳市石墨烯专利总量为1283件，居全国副省级城市第一名。在生物产业方面，深圳基因专利量领先各大城市。在未来产业方面，截至2016年底，深圳无人机专利总量达1419件，居全国副省级城市第一；可穿戴设备的专利量则在全国各大城市中居第一名。由此来看，在城市人才创新能力上，深圳表现出较强的竞争力，且具有较强的科技转换能力。

综合深圳人才竞争力的核心竞争因素、外生影响因素以及人才产出贡献等维度的评价，深圳在国内人才竞争方面处于领先地位，但在全球城市人才竞争力水平上，深圳仍有较大差距。

第五章　全球创新型城市人才竞争力水平比较

据《全球人才竞争力指数2018》数据，全球90个城市中前20名多为欧美发达国家城市，亚太地区的东京、首尔分别为12位、20位。全球城市人才竞争力的比较结果反映了发达城市与发展中城市在人才实力上的巨大差异。近年来，随着全球化对人才需求的进一步提升，全球各国各主要城市纷纷掀起了一场关于"人才"的战争。与此同时，全球各主要城市多出台相应的人才政策，在提升人才赋能、人才吸引、人才培养、人才保留、人才国际化等能力方面多措并举，以进一步在以城市为单位的人才竞争力中获得发展优势。

第一节　美国创新型城市人才竞争力发展现状

一　美国人才竞争力的发展基础

美国的政治、经济、科技、军事，多年来一直受惠于外来人才，全世界没有任何一个国家从全球人才战争中受惠如此之多。美国民主党参议员博赛提出"要确保美国在科技产业的竞争力，就要确保未来的创意工作者能在美国学以致用，而不是在海外与美国竞争"。美国人才战略强调将美国打造成为全球最具吸引力的国家，使得美国能够培养、吸纳、留住全球最具发展潜力的学生、科学家和工程师。

（一）美国人才发展战略及导向

1. 美国的人才发展战略

历史上的美国人才战略具有非常明显的务实倾向和独特的视角。其人才发展战略先后经历了早期移民阶段、西部开发阶段、"二战"阶段和"二战后"阶段、1957年冷战后的竞争阶段、20世纪90年代国家竞争力发展阶段和金融危机后全球创新竞争阶段。[①]

第一阶段，美国认为所有人都是人才。1608年《五月花号公约》制定，1636年美国哈佛大学成立。至1727年为顺应北美产业革命以及新兴工商业对应用科学需求，哈佛学院设立了数学和自然科学职位，并置备了一批科学仪器和设备，逐步培育人才。随着美国的建国发展，其引领了美国的人才发展。

第二阶段，西进运动是美国人才战略第二个里程碑。这一时期以公共政策为基础的国家战略，在人才需求方面有具体的导向，主要集中在农业种植能手、农业技术员和各种修路、筑桥、搞建设的工程师。美国西部大开发政策以配套方式推行，运用法律、产权、补贴和保护收益等方式吸引人、资金、创造制度和容留环境等，以此激励人才发挥才能。

第三阶段是"二战"及"二战后"阶段。在"二战"期间，美国以军方大项目为依托，从全国各地抽调科学家、工程师、工人和相关服务人员，以国家任务方式将人才、资源集中和配套使用，集中科技攻关，并设立人才使用的配套法律，不拘一格使用人才。"二战后"美国人才战略除了关注科技人才的培养外，同样重视退伍军人的培养和国家自然科学研究，并建立了美国国家科学基金会，进一步加强对科学技术人才的支持。

第四阶段是冷战时期的美国人才战略。1957年苏俄卫星Sputnik上天，促使美国高度关注国家对科技的支持，在这种情况下，美国国会对国家科学基金会的经费投入增加了2倍，达到13600万美元。为此1958年美国出台《国防教育法》，明确了国防与教育之间的重要关系，提出要促进教育改革，提升教育质量，培养高质量

[①] 蓝志勇、刘洋：《美国人才战略的回顾与启示》，《国家行政学院学报》2017年第1期，第50—55页。

的、特别是国防方面的顶尖科技人才。

第五阶段是国家竞争力时期,从20世纪90年代初至21世纪。该阶段人才战略主要依托私营部门力量,在电子工业、汽车、科技园等方面与世界竞争者角逐。这一时期,科技园如硅谷、128号公路园区、研究三角园区等快速发展,其依托大学群,形成了创新生产销售的产业链;教育改革也在此背景下提出;2006年布什总统宣布实施《美国竞争力计划》(American Competitiveness Initiative, ACI)强调美国的优势必须通过保持在人才和创造力上处于领先位置,通过加大对科研和教育的投入,以科研促进创新能力的提高。

第六阶段是进入全球创新创业竞争时期,从国家创新战略和教育战略中可以看出,美国对于科学(Science)、技术(Technology)、工程(Engineering)、数学(Mathematics)(STEM)等方面的人才更加重视,并大力吸引和保留STEM外国人才。美国国家科学与技术顾问委员会在2013年提交了《STEM教育战略规划(2013—2018年)》,以加强美国STEM领域的后备人才培养和储备。

美国的发展,离不开重视人才和人才能力发挥,以及人才政策与国家发展战略目标的紧密结合、人才与产业需求的深度融合、人才和使用条件相结合等措施。从西部开发到"二战"结束后,美国在全球范围内集聚了1236名科学家,人才集聚大大推动了美国的发展。在此过程中,美国的移民政策、人才培养投入等极大程度上促进了美国人才方面的发展。

2. 美国有效的人才政策

一是移民政策。《1952年移民法》《1965年移民法》《1990年移民法》的先后出台奠定了美国移民政策为人才战争服务的战略。[①] 1995—2005年间所有在美国开办的工程及科技公司中,有25%的创办人来自美国境外,科学及工程行业的从业者有67%是外来移民,在高科技中心的硅谷,有外国移民参与创办的公司占全部高科技公司的52.4%。同时,美国也建立了新的高层次人才优先移民制度,优先考虑博士和自然科学、工程学领域的高级人才,鼓励海外

---

① 王辉耀:《人才战争:全球最稀缺的争夺战》,中信出版社2009年版,第7页。

高级技术移民。截至 2008 年，美国 300 多名诺贝尔奖得主中，有 70 多名为移民。

二是注重高新技术人才引进。进入 21 世纪以来，美国连续出台和发布了一系列有关国家未来科技人才发展规划的重要法案和政策，其整体反映了美国政府人才战略以未来国家发展安全为出发点的理念和强烈的忧患意识。[1] 美国也在不断改革和完善全球优秀人才的引进机制，如改进国际学生学者的签证手续，为在美国获得自然科学、工程技术、数学等国家所需领域的博士或同等学力的国际学生提供自动延长 1 年期签证以方便其留在美国工作。改革人才交流政策，赋予在美从事基础研究的国际学生和研究人员以"国民待遇"，即在不违反国家安全条令的前提下，鼓励和允许国际学生和研究人员在美国从事基础研究并使用相关信息和研究设施。

三是加大人才培养投入。世界银行的研究表明，劳动力受教育的平均时间每增加一年，国内生产总值就会增加 9%；诺贝尔经济学得主舒尔茨计算认为，教育资本在增加国民收入中所做的贡献比率为 33%。二战以来，美国的科学技术发展迅速并长期保持领先地位，其先进的科学技术和丰富的科技人力资源有力地推动了美国的国家经济增长，这一切都与美国高质量教育密切相关，全球最优秀的大学大约有四分之三在美国，[2] QS World University Rankings 2018 排名中，美国有 13 所高校排名进入前二十，34 所高校位列百强高校。近 40 年来，获得诺贝尔奖的 149 名科学家中，有 118 人拥有美国大学的博士学位，反映了美国高等教育培育人才的骄人业绩。优秀的高等教育是美国的特殊财富，同时自由、竞争、市场机制也是美国教育发展的主要动力。

虽然特朗普上任美国总统之后，美国留学生申请 H1B 工作签证难度加大，但中国作为 H1B 第二大申请群体，从数据上看，受到的影响并没有想象中严重。比如 2016 财年有 35720 名中国人获批，

---

[1] 高峰等：《21 世纪初主要发达国家科技人才政策新动向》，《世界科技研究与发展》2011 年第 33 卷第 1 期，第 168—172 页。

[2] 王家宏：《美国人才政策与人才战略简论》，《中共桂林市委党校学报》2007 年第 7 卷第 2 期，第 45—48 页。

2017 财年至 11 月止获批的已有 36362 人，获批人数不降反升。[①]

(二) 美国人才队伍建设

据美国人口普查局统计，2016 年美国人口估计为 3.25 亿人，是世界人口第三大国。其中，人口最多的州是加利福尼亚州（3900万）和得克萨斯州（2700万），人口最多的城市是纽约市（850万）。从美国的人口集聚程度来看，人口主要集中在东部海岸波士顿—华盛顿城市群、西海岸圣地亚哥—旧金山城市群、五大湖区芝加哥—匹兹堡城市群等区域。人口的集聚一定基础上构成了美国的人才集聚区域，其中纽约、休斯敦、洛杉矶等城市是美国近年人口净增最多的城市。

从人才资源总量来讲，美国劳动力资源比较丰富。据美国劳工部统计，2008 年全美劳动力总数为 1.46 亿人，其中就业人数为 1.38 亿人，总就业率为 94.5%。就业人口主要集中于农业（0.58%）、非农产业（工业占比 16%、服务业占比 84%）。从 2013—2015 年美国劳动力数据来看，美国 24—64 岁的劳动力参与率分别为 77.2%、77.1%、77.1%，至 2015 年美国的劳动力总数为 1.297 亿人，其中就业率为 94.79%，从业人数为 1.229 亿人。

从人才资源学历结构来讲，美国本科以上学历从业人员占比较高。据美国教育统计中心数据，2015 年美国人力资源总量的学历结构来看，高中及以下学历人员占比 9.06%，24.46% 为高中学历人才，21.29% 为大专学历人才，另有 9.47% 为大学预科学历人才，35.72% 为本科以上学历人才。与其他国家相比，2015 年 OECD 公布的 25—64 岁大专及以上学历人才平均占比为 35.0%，美国为 44.6%，仅加拿大（55.2%）、以色列（48.8%）、日本（49.5%）、韩国（45.5%）高于美国。

从人才教育和储备方面来讲，美国高等教育人才质量有所发展。据美国教育统计中心数据，2016 年度秋季学期约有 7600 万人在美国学校和大学就读。其中，2005 年秋美国秋季大学入学人数为 2000 万，2005—2015 年期间全日制学生人数增加了 14%，而非全

[①] 《特朗普上任一年，美国留学政策都发生了哪些变化》，2019 年 1 月 11 日（http://www.sohu.com/a/204091057_380470）。

日制学生人数增加了15%。2014—2015年预科学位数比2004—2005学年高46%、学士学位数高32%、硕士学位数高31%、医生学位数高33%。

从国际高端人才队伍发展来讲，美国拥有全球最雄厚的人才实力。据统计，2004年美国国家科学院共有院士2383人，其中外籍院士349人，荣誉院士90人。以诺贝尔获奖人数和比例来说，截至2017年，全世界诺贝尔奖的获得者共有876人，根据诺贝尔奖得主国人数排名统计，按照获奖时国籍与原国籍，美国共有356名诺贝尔奖获得者，占据了诺贝尔奖获得者总人数的三分之一强；其次是英国，自从设立诺贝尔奖起英国科学家几乎每年榜上有名，达121人；再次是德国，其科学家几乎在所有领域都获得过诺贝尔奖，共有104人，三国的获奖人数均超过了100人。[1]

（三）美国雄厚的科技创新实力

因此针对未来美国维持人才优势，以应对全球人才竞争力的加剧和本土人才减少的威胁，美国在基础教育和高等教育方面出台了一系列举措，尤其注重科技人才的培养。在基础教育投资上：第一，提升基础教育教师素质，设立夏季学院培训与教育项目、硕士项目等，为全美25万从事基础教育工作的教师提供支持；第二，提高数学、自然科学及技术领域教师的待遇，加强教师职业建设，增强基础教育从业的吸引力；第三，扩大重要领域基础教育师资队伍，鼓励自然科学与工程学领域科学家及工程师群体向教育行业流转，鼓励和吸引更多的优秀学生从事重要领域基础教育事业，以每年每人2000美元专项奖学金吸引10000名物理学、生命科学、工程学或数学领域本科优秀毕业生服务于美国基础教育事业。

在高等教育投资上：第一，在高等教育机构及研究机构推行教师储备项目，使其成为自然科学与工程学高等教育的组成部分；第二，提高自然科学与工程科学高等教育的接受度，提供各种形式的奖学金与自主机制，扩大对社区教育机构的资助以及对少数民族和女性大学生的教育资助；第三，保证对研究生和博士后学生的政府

---

[1] 《最新世界诺贝尔奖国家排名：美国356人占总获奖者三分之一》，2018年8月17日（https://www.phb123.com/xinwen/rd/18555.html）。

资助；第四，提升美国公民获得物理学生命科学及数学领域本科学位的人口比例，提升美国公民在国家所需领域研究生学历（特别是博士及工程师）的人口比例，每年新增 500 个研究生学习资助名额（每年每人资助 3000 美元）。

此外，美国对于基础研究领域也十分重视，为此美国政府继续加大对基础研究领域的投入，尤其是物理学、工程学、数学和信息科学等方面的长期基础研究的资助；对基础研究优秀人才的支持力度进一步加大，每年为全国 200 名杰出青年科学家提供为期五年每年 50 万美元的研究资助；每年向先进研究基础设施增加 5 亿美元的资助，以确保重要领域基础研究对于 GDP 增长的贡献率超过一半。

创新是推动经济社会发展的原动力。倡导创新，重点扶持和培养高风险性、高回报性及跨领域研究人才也是美国人才战略的重要内容，有以下举措：第一，确保联邦政府研究机构预算中的 8% 用于机构的自主研发的资助，以促进高风险高回报的创新研究；第二，设立各种奖励机制，在现有的"总统奖"的基础上，特别设立"总统创新奖"，奖励在自然科学与工程学领域中具有独创性贡献的科学家；第三，为增加人才结构的多样性，美国加大在博硕士创新教育方面的投资，增加面向研究生的跨学科研究培训项目，加大对跨学科研究团队的资助。

（四）美国人才国际竞争力比较

根据 INSEAD 的《全球人才竞争力指数报告 2018》中美国人才国际竞争力比较，其评分共 75.34，在全球 119 个国家中位居第三，仅次于瑞士、新加坡，全国总人口为 3.21 亿人，人均 GDP 为 5.58 万美元。

从人才使用方面来看，美国排名第八，得分 83.15。其在监管环境方面排名 21，而在市场规模、劳动力市场方面排名第一，特别是在集聚开发、研发支出、技术利用、人才招聘等方面分别排名第一、第十、第四、第一。

从人才吸引方面来看，美国排名第 18，得分 63.68。从开放度来看，指标涵盖对外资投资吸引、外国人才吸引，以及社会包容、性别平等。基于美国国情,其对女性就业、少数种族的包容度较低,但对高层次人才的吸引力得分高达90.36,排名第五。

从人才增长方面来看,美国排名第二,得分81.17。其主要涵盖了正规教育、终身教育以及继续学习等指标内容。就此来看,美国在正规教育方面排名全球第二,得分69.32,其中大学排名全球第一;终身学习得分82.77,排名全球第10;继续学习机会得分91.42,排名全球第一,特别是使用专业的虚拟网络水平以及组织内部协作上,在全球排名第一和第四。

从人才保留方面来看,美国排名第14,得分80.00。其主要从可持续性和生活方式来看,其在高层次人才留存方面得分90.21,排名第二;在卫生方面排名第一。

从人才的职业技术水平方面来看,美国排名第二,得分80.92。其主要从中等技能和就业角度来看,在美国中等教育水平的劳动力占比排名第一,每人的劳动生产率得分为71.10,排名第九(见图5—1)。

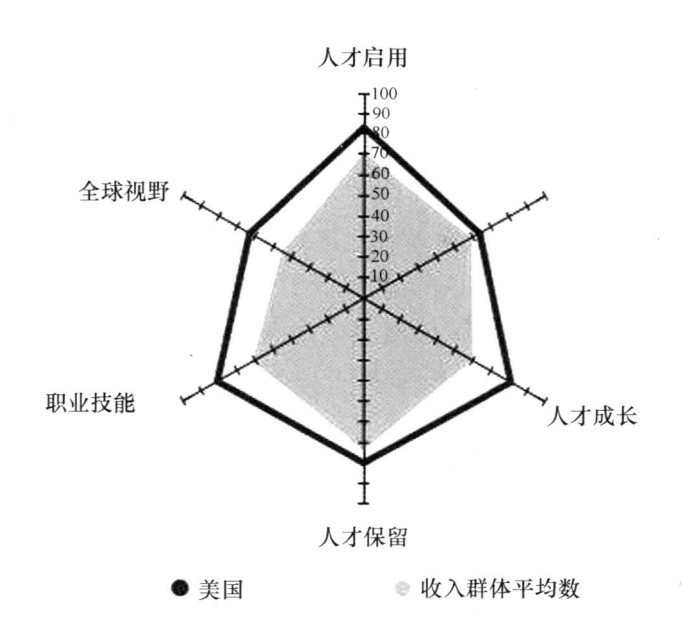

图5—1 2018年美国人才国际竞争力评价

资料来源:欧洲工商管理学院,https://gtcistudy.com/。

从人才的全球化知识技能方面来看，美国排名第二，得分63.14。其主要衡量的是高新科技技能以及人才影响力。在拥有高等教育以上学历的劳动力占比方面，美国排名全球第一；在高级管理人才方面美国排名第二，得分97.50；在科学家和工程师的可用性方面美国排名第二，得分84.71。在创新产出方面美国排名第五，得分79.09。

二　美国部分科技创新城市人才竞争力现状

（一）美国城市人才竞争力比较

根据 INSEAD 的《全球人才竞争力指数报告 2018》中城市人才竞争力指数分析，美国入选的六个城市华盛顿、旧金山、纽约、洛杉矶、芝加哥、波士顿在分析的 90 个城市中分别排名第 6 名、第 8 名、第 26 名、第 13 名、第 21 名、第 17 名（见表 5—1）。

其中，华盛顿作为美国首都城市，整体排名最高，特别是在人均 GDP 方面。同时，从受教育程度及从业人员来看，旧金山、洛杉矶、纽约等拥有受高等教育比例最高的劳动力占比，旧金山、纽约等地区拥有最多的受过高等教育的人口。

（二）旧金山人才竞争力现状

旧金山[1]成立于 1776 年 6 月 29 日，是由来自西班牙的殖民者在金门设立的旧金山要塞。随着美国的历史发展，旧金山经历了 1849 年时期的加利福尼亚淘金热，是二战时期的重要港口以及 1945 年联合国的诞生地，逐渐成为美国西海岸的重要城市。目前，旧金山是加州第 4 大人口城市，也是美国第 13 大人口城市，是加州北部的商业和金融中心，占地面积约为 46.89 平方英里（121.4 平方公里），美国人口普查局（U.S. Census Bureau）估计 2016 年 7 月人口规模为约 87.08 万人，人口密度为 18573 人/平方英里。[2] 截至 2016 年，旧金山市人均收入为 11.04 万美元。

---

[1] https://en.wikipedia.org/wiki/San_Francisco#Cityscape.

[2] U.S. Census Bureau Quick Fact: San Francisco County, California; UNITED STATES. www.census.gov. Retrieved March 23, 2018.

表5—1 《全球人才竞争力指数报告2018》美国入围的6个城市人才竞争力表现

排名	城市	城市竞争力总分	1 人才使用 1.1 研发支出	1.2 ICT接入（有网络家庭）	1.3 在福布斯全球2000强企业工作	2 人才吸引 2.1 人均GDP	2.2 生活质量	2.3 环境质量	3 人才增长 3.1 重点大学	3.2 高等教育	3.3 社交网络应用率	4 人才保留 4.1 人身安全	4.2 医生密度	4.3 月度月支出	4.4 月度租金	5 全球化水平 5.1 高等教育劳动力	5.2 受过高等教育的人口	5.3 国际机场	5.4 政府间组织
6	华盛顿	66.5	52.5	70.4	8.4	100	69.6	97.7	40	60.6	61.2	84.3	97.7	68.2	54.6	59.7	96.4	26.4	95.5
8	旧金山	63.4	74.9	78.2	29.5	34.2	87.3	97.7	100	60.6	61.2	83.7	22.8	68.7	17.4	100	100	43	0
13	洛杉矶	59.8	74.9	67.8	2.2	34.2	72.5	95.9	100	60.6	61.2	83.4	22.8	83.3	61.6	100	56.9	29.6	0
17	波士顿	58.6	89.2	70.5	21.2	38.7	78.9	99.5	100	60.6	61.2	72.2	44.4	77.9	47.4	59.7	6.6	38.4	0
21	芝加哥	56.8	38.8	62.8	14.8	32.6	86.7	95	100	60.6	61.2	82.8	24.1	85.2	64.3	59.7	63.3	20.2	0
26	纽约	55	24.5	70.7	19.4	39.3	62.3	97.7	100	60.6	61.2	81	34.2	64.1	23.5	100	64.9	10.1	8.2

1. 人口规模与人才资源

截至 2017 年,旧金山在全球宜居城市排行榜上为美国排名最高城市。特别是近 20 年来,随着互联网行业的繁荣,旧金山的城市建设和经济迅速发展。一是 20 世纪 90 年代末的互联网浪潮,初创企业的发展为旧金山的经济发展注入了活力,大量的企业家和计算机应用程序员搬到了旧金山,随后是营销、设计和销售相关专业人才,到 2000 年旧金山人口创历史新高,超过 1950 年创下的最高纪录。自 2008 年美国金融危机后,其采取了创新战略,为此 2010 年间社交媒体的繁荣再次使旧金山成为创新创业的沃土,苹果、谷歌、Facebook 等一批企业在此扎根。

从人口素质结构层面来讲,在美国所有主要城市中,旧金山有大学学位的居民比例位居第二,仅次于西雅图,超过 44% 的成年人拥有学士或更高学位。[1] 此外,旧金山的毕业生比例最高,达每平方英里 7031 人,在该市 46.7 平方英里地区,毕业生总数超过 344 万人。[2] 旧金山为全美最智慧城市,城市人口平均年龄为 38 岁。也是世界著名高校的所在地,有旧金山大学(USF)、加州大学旧金山分校(UCSF)、旧金山州立大学(SFSU)等。

从城市人口就业来讲,就业人口主要分布于政府(25000+,5.3%)、加州大学旧金山分校(22000)、加利福尼亚太平洋医疗中心(8500+,1.8%)。此外,从业人员少于 10 人的小企业和个体精英企业占城市机构的 85%。随着城市初创公司的发展,其雇用了大量受过良好教育的人才在科技行业工作,创造了一个教育水平高度集中的城市人口结构。超过 50% 的旧金山人拥有 4 年的大学学位,这使得旧金山成为美国和世界上教育水平最高的城市之一。

2. 城市经济发展水平

从城市经济发展水平来讲,旧金山是美国西部重要的科技创新城市,辖区拥有全球著名的高新科技企业和世界著名金融企业所在

---

[1] The Brainpower of America's largest Cities. Bizjournals. com (Data Interpreted from U. S. Census), 2006. Archived from the Original on July 1, 2006. Retrieved August 5, 2010.

[2] Winter, Michael (June 9, 2010). New Measure Ranks San Francisco the Smartest U. S. City. USA Today. Retrieved August 5, 2010.

地，是一个以多元化服务经济为主的城市，城市人口就业主要集中在专业服务领域，如金融服务、旅游以及越来越多的高新科技服务行业。据统计，2016 年旧金山五县城区的 GDP 达 4705 亿美元，增长 5.4%。[①] 此外，2016 年由 12 个县组成的圣何塞—旧金山—奥克兰综合统计区（San Jose-San Francisco-Oakland）的 GDP 为 8209 亿美元，在 CSAs 中排名第三。与此同时，截至 2016 年，旧金山约 27% 的工人从事专业商业服务，14% 从事休闲和旅游服务，13% 为政府服务，12% 从事教育和医疗相关工作，11% 从事贸易、运输和公共事业，8% 从事金融服务活动。[②]

3. 城市高新科技产业发展

从城市产业结构来讲，旧金山自 20 世纪 90 年代以来，经济结构已从金融和旅游业转向高科技、生物技术和医学研究等领域。[③] 从 1999 年到 2000 年，就业增长率为 4.9%，在科技公司和互联网内容生产领域创造了超过 50000 个工作岗位，其中 1990 年科技岗位仅占旧金山经济的 1%，2010 年增长到 4%。[④] 自经历过 20 世纪 90 年代互联网泡沫和随后 10 年的社交媒体繁荣时期，旧金山成为全球互联网初创企业中心。自 2010 年以来，与邻近的硅谷相比，旧金山成为苹果（Apple）、谷歌、Facebook 和 Twitter 等公司的热门地点，这些公司在这里设立了自己的科技办公室，并让员工生活在这里。此后，科技行业的就业人数持续增加。旧金山的科技就业人数在 2010 年至 2014 年间增长了近 90%，超过了硅谷同期 30% 的增长率。科技行业在旧金山湾区的主导地位得到国际认可，并继续吸引来自全球各地的新企业和年轻企业家。旧金山现在被广泛认为是世界上新技术初创企业最重要的城市，旧金山本身吸引了越来越多

[①] Gross Domestic Product by Metropolitan Area, 2016 (PDF). U. S. Bureau of Labor Statistics. September 30, 2017. Retrieved December 8, 2017.

[②] Industry Employment & Labor Force-by Annual Average for San Francisco County. California Employment Development Department, 2016.

[③] Waters, Rob (May 15, 2009). Biotech Jobs Germinate as San Francisco Diversifies Economy. Bloomberg Archived from the Original on October 23, 2015.

[④] Warburg, Jennifer (February 27, 2014). Forecasting San Francisco's Economic Fortunes. SPUR. Retrieved April 6, 2014.

的风险资本投资，2013年吸引了423笔融资，总价值45.8亿美元——最近在该地区的风险投资高达70亿美元。此外，加利福尼亚淘金热的遗产使旧金山在20世纪初成为西海岸主要的银行和金融中心。目前，旧金山拥有6家《财富》500强企业和30多家国际金融机构，2017年全球金融中心指数将旧金山列为全球竞争最激烈的金融中心第六名。此外，如Mission Bay拥有UCSF医疗中心、加州再生医学研究所、加州定量生物科学研究所和格莱斯顿研究所以及40多家私营生命科学公司。

4. 城市全球化水平

从城市全球化方面来讲，旧金山是一个全球性城市，具有民族集聚、国际互联互通、技术创新融合等特点。从1990年到2000年，在国外出生的居民从33%增加到近40%，同一时期，旧金山大都会区接收了85万移民，在美国排名第三，仅次于洛杉矶和纽约。在全球经济中，旧金山多样化的人口据称是其最强大的资产之一。就像全球其他城市一样，旧金山的经济依赖于两极分化的劳动力结构。这种结构包括在高端职业领域工作的受过高等教育的移民，如网络部门，以及在低薪服务领域工作的低教育水平、低技能的移民。旧金山不同的种族社区使该市与世界各地的重要市场建立了联系，并提高了它的全球声誉。然而，诸如飞涨的房价等问题已经导致包括移民在内的许多工薪阶层和中产阶级被驱逐出该市。

(三) 波士顿人才竞争力现状

美国波士顿位于美国东北部，是马萨诸塞州的首府和人口最多的自治市，城市面积为48平方英里（124平方公里），2017年城市人口约为68.51万人，是新英格兰地区人口最多的城市。波士顿是波士顿大都市区的经济和文化基地。

1. 波士顿的历史发展

波士顿是美国最古老的城市之一，美国历史上许多重要的历史事件均在波士顿发生，波士顿也形成了悠久的航海传统，并成为世界上最富有的国际港口之一。但受1807年禁运法和1812年战争影响，波士顿海运受到很大限制，促使波士顿商人寻找资本投资的替代品，自此制造业成为波士顿城市经济的重要组成部分。到 20 世纪初，波士顿仍然是美国最大的制造业中心之一，并以其服装生产和皮革制品业而闻名。

20 世纪早期到中期因工厂陈旧和过时，波士顿走向衰落。直到 20 世纪 70 年代后，波士顿经济开始复苏，在金融区和波士顿后湾建造了大量的高层建筑，波士顿的繁荣持续到 20 世纪 80 年代中期。进入 21 世纪以来，波士顿逐渐发展成为一个以知识分子为主的技术和政治中心。

2. 波士顿的人口资源

据统计，2016 年波士顿约有 67.31 万名居民，较 2010 年人口增长 9%。辖区人口密度为 5344 人/平方公里，共有 272481 个居住单元，该城市是美国人口第三密集的城市。工作时间内，约有 120 万人在波士顿境内，其中有相当一部分是居住在波士顿周边郊区的居民。

从人口年龄结构来看，波士顿人口年龄在 19 岁以下的占比 21.9%；20—24 岁的占比 14.3%；25—44 岁的占比 33.2%；45—64 岁的占比 20.4%；65 岁及以上的占比 10.1%。[1] 全市年龄中位数为 30.8 岁，属于人口年龄结构非常年轻的城市。

从人口家庭收入来看，波士顿家庭收入中位数为 51739 美元，家庭平均收入为 61035 美元。辖区人口以非西班牙裔白人为主，爱尔兰是最大的种族群体。

3. 波士顿的经济产业水平

作为一个全球性城市，波士顿是世界上经济实力最强的 30 个城市之一。波士顿大都会区，是该国第六大经济体，也是全球第 12 大经济体。[2]

波士顿的大学是影响该市和整个区域经济的主要因素。它们不

---

[1] Boston city, Massachusetts—DP02, Selected Social Characteristics in the United States 2007 – 2011 American Community Surver 5 – Year Estimates. United States Census Bureau. 2011. Archived from the Original on August 15, 2014. Retrieved February 13, 2013.

[2] Global City GDP Rankings 2008 – 2025. Price Water House Coopers. Archived from the Original on May 13, 2011. Retrieved November 20, 2009.

仅是主要的雇主，而且将高技术产业吸引到该市及附近地区，包括计算机硬件与软件公司，以及生物工程公司（如千禧年医药），使得该市被认为是创新和创业的世界领导者，拥有近2000家创业公司。波士顿每年从国家健康协会得到的资助是所有美国城市中最多的。其他重要产业有金融业（特别是共同基金）保险业，专业和商业服务，生物技术，信息技术和政府活动。该市的家庭拥有美国最高的慈善平均率，企业和机构在环境可持续性和投资方面位居全国前列，是美国生活成本最高的城市之一，因为它经历了高档化，尽管它在世界宜居性城市排名中仍然很靠前。

以波士顿为基地的富达投资（Fidelity）在20世纪80年代帮助普及共同基金，使得波士顿成为美国的顶级金融城市之一。该市还拥有主要银行的地区总部如桑坦德银行、美洲银行和王者银行（Sovereign），风险资本的中心波士顿还是一个印刷与出版业中心。在2017年全球金融中心指数中，波士顿被评为全球第九大竞争力金融中心，在美国排名第四。

4. 波士顿的教育和人才

作为全美人口受教育程度最高的城市，波士顿素来享有"美国雅典"的美誉。据统计，波士顿大都会区（包括萨福克县的全部和剑桥、昆西、牛顿和切尔西等小镇）拥有100多所大学，超过25万名大学生在此接受教育。而在这些大学中，最著名的莫过于与波士顿隔河相望的哈佛大学和麻省理工学院。其吸引了来自世界各地的35万多名大学生，其每年为波士顿经济贡献超过48亿美元。[①]学校成为当地主要的用人主体，吸引并带动了周边地区的工业发展。

美国大学协会的四名成员在波士顿大都会区（比任何其他大都会区更多）：哈佛大学，麻省理工学院，波士顿大学和布兰迪斯大学。此外，根据卡内基分类，波士顿大都会区包含七所最高研究活动（R1）大学。除了前面提到的四个，还包括波士顿学院、东北大学和塔夫斯大学。2013年，波士顿大都会区的医院、大学和研究机

---

① McSweeney, Denis M., *The Prominence of Boston Area Colleges and Universities* (*PDF*). Retrieved April 25, 2014.

构获得了超过 17.7 亿美元的国立卫生研究院拨款，比任何其他美国大都会区都多。并且，波士顿的大学雇用了超过 42600 名员工，占该市劳动力的近 7%。

据统计，波士顿是美国最大的医疗研究中心和基金管理中心，美国第二大生物科学技术中心。这里集聚了许多从事高新技术研究和开发的机构和公司，如软件公司 EMC、生物技术厂商 Biogen、共同基金公司 Fidelity Investment、制药界巨头 Pfizer 在此设立了研究机构。世界一流的研究机构和公司集聚于波士顿，对于人才而言无疑是巨大的吸引力。自 2010 年起，波士顿的高新科技从业人员每年都在增加。2010—2014 年间，在波士顿从事高新科技的雇员以 4.6%—6% 的趋势逐年增加。2014 年，电脑系统设计公司增加了 6145 个职位，其雇员比起 2010 年多了 2 倍有余。软件发行公司增加了 1527 个雇员，与过去四年相比规模扩大了 158%。[①] 波士顿有大量的高新技术研究和开发机构及公司，这就需要有大量的人才，因此产业的集聚吸引和促进了人才的集聚。

第二节　亚洲创新型城市人才竞争力发展现状

一　日本东京人才竞争力现状

（一）日本人才竞争力发展战略

1. 日本人才发展历程

从明治维新开始，日本为了改变自身的落后状况，派出大量留学生去西方学习，喊出"脱亚入欧"的口号，日本逐渐发展成为东西方文化与制度的结合体，确立在亚洲的绝对竞争优势。但是日本也曾发生过两次人才外流潮。第一次人才外流发生在"二战"结束后到 20 世纪 50—60 年代，大批日本人才流向美国。以东京奥运会为标志，日本开始进行产业升级，摆脱廉价的"日本制造"形象，

[①] ALVAROL, *High Tech Industries in Boston 2015*, Boston: BRA Research Division, pp. 4 – 5.

逐步打造日本品牌，推动海外人才回流，建立"筑波科学城"，以吸引海外高科技人才回归。预计花费20年时间，超过100亿美元打造日本本土与美国硅谷、剑桥科技园齐名的科学城，并且在1963年成立了"集中科研机构评审委员会"；第二次人才外流发生在90年代，经济的停滞导致了科研、教育经费的锐减，开始出现人才外流的趋势，一流的金融界精英向中国香港和新加坡流动。

2. 日本科学技术基本计划

21世纪伊始，为解决人才流失的困境，日本政府制订并实施了第二期《科学技术基本计划（2001—2005）》，确立了"科学技术创造立国"战略目标，并提出培养优秀科技人才的基本方针，2002年又推出一系列科技人才培养、吸引、使用的重要举措，形成了日本人才战略的框架。[①]

2003年《科学技术白皮书》提出了日本科技人才"概念图"。明确指出，为实现"科学技术创造立国"，今后要培养和吸引5方面的科技人才：专业技术人才、经营管理人才、科技成果社会化人才、科技普及人才、技能型人才。以企业、大学、政府、研究机构为中心，充分发挥人才的创造精神，从事知识创新和发明创造。日本将"知识创造"作为国家科技进步和人才战略的基本方向。加强"产、学、官"合作，以民间企业为主体，大学科技教育发展为骨干，官方起促进作用，开通重要渠道促进三方合作，为知识创新、科技成果转化和人才成长铺平了道路。2002年，日本政府制订了"240万科技人才开发综合推进计划""21世纪卓越研究基地计划""科学技术人才综合培养计划"等一系列人才发展计划，每年选择50所大学的100多项重点科研项目进行资助。[②] 官方在促进科技成果转化方面也有较多措施，如文部科学省等政府职能部门构筑科技信息系统；通过因特网等提供人才开发及科技成果转化信息；国立大学、政府研究机构的先进研发设施，实行对外开放共同利用；鼓励大学教员及研究机构人员到企业从事研究指导活动，即实施兼业

[①] 杨书臣：《近代日本人才战略浅析》，《现代日本经济》2004年第6期，第39—43页。

[②] 王辉耀：《人才战争：全球最稀缺的争夺战》，中信出版社2009年版，第7页。

许可制；以及设立"技术转让机构（TLO）"。

截至2008年，已有16位日本科学家先后获得诺贝尔奖。日本是一个国际化的国度，但其自身却并不欢迎外来移民。但是日本本土人才和回流的日裔人才并不足以支撑日本人才竞争力的持续发展，因此对于日本来说，吸引外来顶尖人才是保持持续竞争力优势的重要途径。因此，近年来，日本人才战略的突出特点包括：确立科技人才观，突出知识创造，加强"产学官"合作；建立人才成长机制，加强创新人才培养，推进人才结构调整，优化人才成长环境等。

3. 建立人才成长机制，吸引外来人才

在人才培养方面，日本的人才战略将建立人才成长机制作为首要机制，相继实施了一系列重要的改革措施。如广泛普及任期制，加强人才流动；引入竞争机制，改善研发环境；提高青年研究人员的自主性；改革科研成果评价体系；开拓人才灵活运用和多样化发展的途径等。其中任期制的实施，对培养研究人员的创造性、积累多种研究经验、推动人才流动具有重大意义。此外，在创新人才培养机制的改革中，采取了诸多举措：第一，改革教育制度，推进大学尤其是研究生院的建设。2001年6月文部科学省颁布《大学结构改革方针》（亦称"远山计划"），旨在改革国立大学管理体制，全面引进竞争机制，并改善科研教学基础设施。从2002年起，作为推进"远山计划"的主要措施之一，开始实施《21世纪COE计划》（即建立"卓越基地"计划），目的是要建立若干个具有世界水平的教育科研基地，培养高科技创新人才。到2002年为止，在日本全国公私立686所大学中，有508所设立了研究生院，研究生人数达22万人。第二，培养经济社会急需的科技人才。近年来培养急需的科技人才日益受到重视。其中，培养MOT（技术经营）人才、知识产权相关人才就很突出。培养MOT人才，主要是以经济产业省为中心，依靠产业界、大学、民间教育机构形成的技术经营财团，通过从事技术经营的普及和促进活动来进行。近年来在大学设立MOT专业也在急剧增加。2002年东北大学设立技术社会系统专业；2003年早稻田大学设立国际经营学专业；名古屋工业大学设立产业战略工学专业等。为培养知识产权相关人才，日本法学研究生院正在增设知识产权专业并加强知识产权法制教育。①

4. 重视外来移民

日本面向世界吸引国外优秀科技人才，文部科学省设立了"特别研究员"制度，积极招收国外青年优秀科技人才。1996—2001年日本招收的特别研究员人数，从420人增至925人。这些特别研究员经过1—2年的严格培训，其专业理论与研发能力大为提升，毕业后，许多人成为日本大学、研究机构及民营企业中科技开发与知识创新的骨干人才。为吸引国外优秀科技人才，日本政府还实施了关于科技人员资格的国际相互认证制度、国际养老金相互补充制度、改善外国人子弟的教育环境以及创造外国科技人员家属在日本安心工作的环境等。这些制度和措施，深受外国科技人员的欢迎。此外，日本也十分注重吸引外国优秀的留学生，2008年日本前首相福田康夫提出"接收30万外国留学生计划"，并且在日本国内创造有利就业环境，让毕业的外国留学生的五成以上都能在日本就业。日本所要吸引海外的优秀人才，主要是那些地下资源丰富的发展中国家的留学生。为达到上述目标，日本政府指定东京、早稻田、庆应大学等约30所学校为接收留学生的基地，同时予以必要的财政支持，扩大和完善留学生的住宿、医疗、福利、就业等条件。据日本法务省统计，2007年外国留学生毕业后在日本就业者首次超过了1万人。其中中国留学生7539人，韩国1109人，孟加拉国138人，越南131人等，亚洲学校的毕业生占到96.7%。目前，日本国内各大学的在校外国留学生约11.8万人，其中毕业后留在日本就职的留学生约占毕业生的三成。②

5. 调整人才结构，构建人才发展有利环境

推进人才结构调整已成为抓人才问题的一个关键。第一，积极充实研究人员队伍。1990—2002年日本科研在职人员从88.2万人

---

① 杨书臣：《近代日本人才战略浅析》，《现代日本经济》2004年第6期，第39—43页。

② 王英斌：《日韩两国着力实施吸引海外人才战略》，《世界文化》2008年第9期，第19页。

增至97.2万人,其中研究人员所占比率从65.7%增至77.8%。2000—2002年日本科研在职人员虽减少近5万人,但研究人员却增加了3.3个百分点。第二,扩大女性研究人员比率。1980—2001年日本女性研究人员从近6万人增至近10万人,所占比率由5%增至近16%。从不同研究主体看,大学女性研究人员比率高,且有继续增加之势;企业女性研究人员比率从20世纪80年代后半期以来有较大增长,近年处于稳定状态;企业女经理人数,1999—2003年已由6.06万人增至6.72万人,5年增加6600余人。第三,重视老年人才的开发。近年日本实施人才战略时,越发重视发挥老年研究人员的积极性、创造性。日本大学教员的平均年龄,1995—2001年从46.7岁增至47.6岁。企业研究人员平均年龄,1997—2002年也从38.5岁增至39.6岁。日本企业为发挥老年科技人才的余热,为42.5%的高龄研究人员设立了专门的研究或技术职务,为29%的已达退休年龄的优秀科研人员延长录用年限。

在构建人才发展环境方面,以往日本公民尤其是青少年,有"脱离科技""脱离理科"的倾向。构筑对科技高度关心和理解的社会,优化人才成长环境尤为重要。第一,鼓励青少年科技学习。2002年4月日本中小学实施新的《学习指导要领》,对青少年进行"生存能力"的教育,以提高对科学知识的好奇心和进取心。文部科学省还实施《爱好科学技术、爱好理科计划》,促进青少年对科学技术和理科的关心和理解。第二,构筑科技与社会沟通的渠道。对全体公民提供亲身感受科学技术的机会。如灵活运用多种手段提供科技情报;举办各种科技活动;大学及研究机构的研究设施向一般市民开放;出版儿童《科学技术白皮书》等。第三,实施科技表彰制度。文部科学省2002年对近期在科技事业上取得显著成就的20名有功人员给予表彰,对取得优秀科研成果的38名研究人员、23名在振兴科技上取得优异成绩的干部、4名优秀科普工作者予以表彰。在2002年还对各行业在科技开发上有创新意识并做出贡献的963名职工,以"创新有功人员"的名义予以表彰。对培养中小学生创新意识取得显著成效的31所学校,以"培养创新意识有功学校"的名义予以表彰。

(二) 东京人才竞争力现状

东京是日本的经济中心，也是日本主要公司的集中地，同时也是世界经济发展与富裕程度最高的都市之一。另外，东京还拥有世界上最大的铁道交通枢纽，地下铁道几乎能到达所有的重要地区，其铁路、公路、航空和海运组成了一张四通八达的交通网，通向全国及世界各地。据《全球人才竞争力指数报告2018》城市部分来看，东京排名第12，得分60.2，其中在生活质量、环境质量、重点大学、受高等教育的人口数量等方面具有较大优势，分别得分99.7、92.2、100、82.2。

1. 东京人口现状

据统计，2016年的人口普查资料显示，东京都共有居民1361.74万人，其中23区共有居民896.77万人，东京都市圈总人口达3700万（2016年），居日本各行政区之首，是全球人口最多的城市。由于大量人员在东京都区部和邻近地区之间通勤移动，东京都区部在日间和夜间的人口差距较大。2017年东京都区部人口数达946万人，首都圈的人口数达3700万人，是全球规模最大的都会区，同样为亚洲最重要的世界级城市。东京是传统意义上的全球四大世界级城市之一，2016年东京GDP达9472.7亿美元，超越纽约9006.8亿美元，成为全球第一，同时全球城市指数排名第三。

从国际通用的25岁及以上劳动力人口受教育程度来看，2005年纽约拥有学士及以上学位人口比例为34%；东京和伦敦的这一指标值在2000年时分别为27.1%、31%。从25岁及以上劳动力人口的平均受教育水平来看，2000年时纽约平均受教育水平为13.6年，伦敦和东京都超过了12年。[①]

2. 东京经济产业发展水平

东京是日本的经济中心，其企业大多分布在千代田区、中央区和港区等地。东京主要工业有钢铁、造船、机器制造、化工、电子、皮革、电机、纤维、石油、出版印刷和精密仪器等。东京金融业和商业发达，对内对外商务活动频繁。素有"东京心脏"之称的

[①] 左学金、王红霞：《大都市创新与人口发展的国际比较——以纽约、东京、伦敦、上海为案例的研究》，《社会科学》2009年第2期，第44—52页。

银座,是当地最繁华的商业区。

2016年,东京的农业产值约占全市总产值的2%。东京的工业和制造业极其发达,主要工业部门有电子、家用电器、汽车、精密机械、造船、钢铁、化工和医药等,工业产品在国际市场上具有很强的竞争力。主要工业区大都集中在东京市区的东南沿岸,2016年,工商业和制造业为东京带来的经济总量约占全市经济总量的80%。旅游业和服务业也是东京经济的重要支柱,服务业产值占了全市约10%的经济产值(2016年)。2016年福布斯全球2000家大企业排行榜上,东京有236家企业上榜,占到16.3%,其中如全日空公司等,均在本行业内居于全球龙头地位。

二 韩国首尔人才竞争力现状

(一)韩国人才竞争力发展战略

1962年韩国第一个经济发展五年计划的启动标志着韩国科技兴国战略的全面实施,也意味着其人才发展进入新轨道。其中,韩国三星集团产业升级的过程正是整个韩国产业结构转型的缩影,其蜕变的核心关键就是人才。1938年3月22日,三星商会在韩国大邱成立,当时的主要业务是出口干鱼、蔬菜等到中国,1953年,其进入制糖工业。20世纪90年代初期,三星开始产业升级,大力发展电子业。早期的三星更多的是被当作代工企业、组装商,缺乏核心技术,虽然这段时间三星创造了一定的经济奇迹,但是并未成为享誉国际的"韩国品牌",当时三星集团集中了韩国最好的人才,还从美国雇用了200名拥有美国博士学位的韩裔科学家,开始自主研发的转型之路。韩国政府大力支持发展新经济、高科技产业和创新产业,推动海外韩裔高级人才回国服务。韩国也曾面临大量留学生学成不归的现象,1968年,在工程技术、自然科学和社会科学等领域的韩国留学生中,学成不归的比例均高达85%以上。美籍韩国人的数量也从1970年的7.1万激增到1980年的35.7万人。海外丰富的高层次人才资源的流失使韩国政府开始意识到人才回流的重要性,李明博政府将建设"人才大国"作为新政府五大国家发展目标之一,出台了各种人才战略和人才引进计划。始于20世纪60年代的韩国经济社会科技改革带动了韩国经济的迅速腾飞和科技的快速发展，使韩国一跃成为世界第13大经济体（2010年），并在汽车制造、电子通信、机器人制造等科技领域居于世界前列，其卓有成效的人才战略主要如下：

1. 建设吸引海外人才回流的平台与网络

20世纪70年代，韩国建立了韩国科学园和大德研究城，以吸引海外归来的高层次科技人才，仅大德研究城吸引的海归博士就有2000多人，随后还在大田、广州、釜山、大邱等地兴建多个综合性科技园区，在发挥科技辐射带动作用的同时，也成为韩国吸引海外人才的重要手段。此外，从20世纪80年代起，韩国还不断加强科技外交，促进国际合作，与外国联合建立研究机构、主动在国外设立研究机构以及吸引外国政府以及企业在韩国建立研究机构等。1989年韩国与美国建立"研究共同体"，1992年又与美国签订新的科技协定和"保护专利秘密协定""韩美科技财团"等，支持双方的科技合作。1990年与苏联建交后，签订了协定，规定在今后3年内同苏联进行48项尖端技术的共同研究，还邀请了400名苏联高级科技人员参与韩国"G-7"工程，邀请苏联科技人员到韩国大学和研究机构讲学。将跨国企业作为吸引海外高端人才的重要平台，韩国十分重视通过本国企业跨国投资来吸引高级研发人员，将本国企业设立的海外研发机构作为凝聚人才的重要渠道。[①] 此外，韩国积极推动海外人才信息库的构建与完善，依托海外人员信息库建立国际高级人才网络，在全球范围内成立韩国科学家及工程师专业组织协会、联络站等，通过这些组织和网络，实现对人才的国际通联和调用。

韩国政府吸引高层次人才回归的方式十分灵活，回国人员在国内工作的时间可长可短，且承认双重国籍，动员留在海外的高端人才回国从事短期科研项目，开展各种学术合作，先后出台了"长期回国计划""临时回归计划""外国学者访问计划"等。

汉城奥运会后韩国迎来了明显的人才回流，人才回流也推动了

[①] 王辉耀：《人才战争：全球最稀缺的争夺战》，中信出版社2009年版，第7页。

20世纪90年代后韩国的产业升级,品牌经济和文化创意产业都日渐发达。韩国逐渐从"亚洲四小龙"榜尾跃居"四小龙"之首,产业升级使得韩国成为一个新兴发达国家。

为应对新一轮的国际经济和科技竞争、培养一大批世界一流尖端人才,韩国政府把人才战略置于国家社会经济发展的核心地位。2005年制定《大力培养科技人才,实现创新人才强国战略(2005—2010年)》,以协调政府各部门的人才培养计划。2009年启动"韩国全球奖学金计划",目的是借鉴美国"福布莱特计划"和日本"文部科学省奖学金计划",加强与国际著名学术机构的人才交流与合作,提高韩国在国际社会的地位和竞争力。同年启动的"世界一流研究中心计划",旨在支持国立科研机构引进国外优秀学者,构建开放研究体系,建设世界一流研究中心。截至2010年5月,已聘请美国杜克大学、哈佛大学和加州大学圣地亚哥分校知名教授为主任,组建了"激酶组学癌症研究中心""功能性神经连接组学中心"和"核聚变理论中心"3个"世界一流研究中心"。[①]

2. 体制机制改革与科技规划计划

从体制机制改革入手奠定人才发展的基础。韩国面向国家科技人才队伍建设的改革发展体现在两大方面:一是完善与之相配套的立法体系,为人才队伍建设提供法律保障。先后颁布并实施《科学技术进步法》(1967)、《技术开发促进法》(1973)、《基础科学研究振兴法》(1989)、《科学技术创新特别法》(1997)、《科学技术基本法》(2001)等一系列法律,并形成了以这些重要法律为支撑的韩国科技创新体系与人才培养机制,从立法层面推动了科技人才队伍的建设。二是以国立研究机构为核心构建支撑科技发展与人才储备的科研体系。1966年韩国科学技术研究所(现为韩国科学技术院)的建立,是韩国人才战略发展方面的里程碑事件。随后,韩国政府按照统一部署,在各重要战略领域建立了众多国立科研机构和技术研究所,成为韩国科技创新体系的重要组成部分,为人才培养和遏制人才外流提供了关键保障。

[①] 孔娜:《韩国、新加坡引进高层次人才战略现状分析及对我国的启示》,《科技信息》2012年第14期,第83—84页。

不断完善科研管理制度。为创造鼓励创新的良好科研环境，韩国政府始终注意在完善科研管理机制方面下功夫，如引入以研究课题为中心的科研经费管理模式，将科研组织权下放给课题负责人，通过合同制灵活聘用外部研究人员，充分调动了科研人员的积极性。政府先后颁布实施了《国家研究开发事业成果评价及成果管理法》《研究经费管理认证制度》等法律法规，在从制度上明确政府及研发主体在成果管理过程中所应承担的责任的同时，为研究成果管理及评价提供了资助和支持保障。[①]

（二）首尔人才竞争力现状

首尔是韩国的政治、经济、科技、教育、文化中心，首尔全市下辖25区，面积约605.25平方公里，是世界上人口密度极高的城市之一。虽然首尔仅占韩国面积的0.6%，但其GDP却占全国GDP的21%。首尔是世界十大金融中心之一，世界重要的经济中心，消费者物价指数居世界第五。同时也是高度数字化的城市，网速和数字机会指数均居世界首位。据《全球人才竞争力指数》报告指出，首尔在119个城市中排名第18，得分57.8，整体在研发支出、家庭网络、环境质量、社交网络使用、个人安全、受高等教育的人口占比方面具有一定优势。

首尔2000多万的人口规模，更是几乎占到了5000万人口级别的韩国人口的一半。虽然在规模上不及东京，但首尔产业类型与城市发展模式以及城市风貌等都比较接近东京。

以首尔国立大学为首的SKY为代表的大学群及研究所，还有三星这样的高科技企业支撑着这里的科教。首尔国立大学原本是日本殖民时期的9所帝国大学之一，研究水平和日本大阪大学、名古屋大学这样的中流前帝大较接近，离东大、京大有距离但已经非常优秀。

韩国人对国际化相对包容。无论是面向亚洲观众的韩剧，还是韩国人当下对留学的持续热衷，都使得韩国与全球化更加融合，并由此带来了多元化人才。

[①] 张树良等：《主要新兴经济体国家人才战略浅析》，《科技管理研究》2012年第7期，第118—123页。

三 新加坡人才竞争力现状

《全球人才竞争力指数报告》指出，2018年新加坡仅次于瑞士位居全球各国第二，在全球119个城市中新加坡排名第33，得分52.7。通过对全球排名靠前的国家和地区的优势比较，其在弹性就业政策、良好的教育体系及技术能力方面具有关键优势。目前，新加坡政府正着眼于打造区域性高科技中心，帮助小企业采用新技术，为员工再培训提供支撑。在实施限制移民政策的同时，新加坡正推动清洁工等一些低技能岗位的自动化。

宽松的移民政策提高人才吸引力。数据表明，新加坡自身在吸引和留住人才，吸引的不仅仅是国内人才，也吸引国外的人才，譬如留学生或移民人群；而新加坡想要留住的人才绝大部分都是优秀留学生和精英移民人群。新加坡对精英移民人群的定义是"有才""有财"。如今新加坡精英移民政策相当宽松，即便没有在新加坡开设或经营任何业务，只要拥有专业技术技能或拥有资产，均可申请移民。此外，一人申请全家移民，投资者及其配偶和21周岁以下的子女均可一步到位获得新加坡永久居民身份，成为永久居民后任意的2年内在新加坡累计住满1年即可申请公民，这是移民国家中移民政策最为宽松的。

高质量的高等教育提升人才实力。新加坡拥有亚洲顶级的教育系统，从幼儿园到大学，为学生提供全套完整的先进的教育体系，因材施教，在孩子成长的路上起到了非常关键的引导和助力作用。在高等教育领域，新加坡虽然只有区区几所公立学府，但"校不在多，贵在精"，新加坡国立大学、南洋理工大学、新加坡管理大学等都是亚洲最优秀的大学。

完备的法制化环境提升营商环境。新加坡以稳定的政局、廉洁高效的政府而著称，堪称全球最国际化的国家之一。新加坡宪法、行政法律、刑事法律方面非常完备，特别是制定了专门惩治腐败犯罪的《防止贪污法》，对各级公职人员形成一套严格管理、"步步设防"的约束机制。

较低的税率。新加坡税率低，其甚至远远低于美国。新加坡企业所得税17%，个人所得税最高20%，再加上"在国外的收入不须报税"，从而极大地减轻了人才负担。

第三节 国内城市人才竞争力发展现状

一 国内人才竞争力总体现状

探究中国的人力资源开发实践活动，可以发现较为突出的问题是人力资源向人力资本转化过程中的转化率过低，人力资本在经济活动中的收益率不高，这是中国同主要发达国家有差距的主要原因，人力资本的相对匮乏和利用率低下是中国经济发展的瓶颈。对中国社会而言，政府一直是社会发展的主导者和指引者；对于人力资源开发活动而言，政府无疑是不容忽视的重要参与者，影响着人力资源开发的实施、方向和效果。[①]

2007年，在瑞士洛桑管理学院对55个主要国家和地区的全球竞争力评比当中，中国的研发人员总量是世界第一，研发经费总额世界第六，企业的研发经费总额世界第六，无论科研投入还是科研人员总量都名列世界前茅，但是中国专利产出率却排在第23名，"基础研究是否增强长期经济发展"的排名则是17名，"中国并没有获得创新投入增加的收益"。

2013年，世界经济论坛（WEF）和欧洲工商管理学院（INSEAD）意识到人才的重要性以及其对国家竞争力的重要影响，共同发表了国际人才竞争力指数报告（GTCI）。INSEAD提出，人才竞争力不再仅仅是企业之间竞争力的重要决定因素，它也日渐成为国家之间竞争的重要因素。

WEF发布2016—2017国家竞争力报告，从组织、基础建设、宏观经济环境、健康、基础教育、高等教育和职业培训、商品市场、市场效率、劳动力市场效率、金融市场发展、科技、市场规模、商业复杂程度和创新13个维度出发，对各国家和地区的国家竞

---

① 傅强：《人力资源开发与中国经济长期发展趋势研究》，博士学位论文，青岛大学，2016年。

争力进行评价,中国位列全球第 28 位。2017 年,GTCI 从科技因素出发对各国的国际竞争力做出评价,中国的国际人才竞争力仅位列全球第 54 位,在亚太地区位列第 8 位,次于新加坡、澳大利亚、新西兰、日本、马来西亚、韩国、菲律宾等国。[1] 目前我国人才竞争力存在以下问题,首先是人才存量的优势明显,但是流失严重;国民整体素质不高,高素质人才较少,从事研发的研究和技术人才数量所占比例较低;在人才培养上投入较少,教育支出占 GDP 比重较低,高等教育重数量轻质量;人才流动和激励受到桎梏,劳动力市场的规制指数表现一般;人才产出虽然总量巨大,但是人才产出质量不高。[2]

二 北京、上海、香港人才竞争力比较

(一) 北京人才资源现状

北京作为中国的首都,是中国的政治、文化中心,随着中国经济的高速发展,作为首都的北京经济实力也在不断增强,到 2009 年底,北京 GDP 达到 11865.9 亿元,经济结构进一步优化,第三产业比重达 75.8%。截至 2011 年底,北京地区人才资源总量为 532 万人,其中具有专业知识的人才为 417 万人,具有专门技能的人才为 115 万人。其中在第一产业中共有人才 19.7 万人,企业经营管理人才和专业技术人才分别有 7.65 万人、6.17 万人,农村实用人才 3.8 万人;在第二产业中共有人才 110.07 万人,企业经营管理人才、专业技术人才、高技能人才分别为 50.97 万人、42.73 万人、14.37 万人;在第三产业中共有人才 402.25 万人,党政人才、企业经营管理人才、专业技术人才、高技能人才、社会工作人才分别有 20.97 万人、182.37 万人、147.1 万人、49.46 万人、2.35 万人。北京市共分为 16 个区县,其中 6 个中心城区(东城区、西城区、朝阳区、海淀区、丰台区和石景山区)人才资源总量为 405 万人,占全市人才资源总量比重为 76.13%;10 个郊区县人才资源总量为

---

[1] INSEAD, The Global Talent Competitiveness Index 2013, Singapore, 2013.
[2] 刘尚超、倪鹏飞:《国家人才竞争力评价及提升建议》,《中国国情国力》2014 年第 10 期,第 58—60 页。

127万人，占全市比重为23.87%，人才主要分布在中心城区。[①]

(二) 上海人才资源现状

由上海市2011年人才要素竞争力一级指标雷达图可见，在全国省域中，上海市在人才贡献竞争力、人才质量竞争力诸方面具有绝对优势；在人才创新竞争力、人才结构竞争力、人才投入竞争力、人才生活及环境竞争力、人才平台竞争力方面具有相对优势，但在人才数量上显示了相对弱势。[②] 目前，上海人才资源的优势主要体现在：第一，人才队伍规模稳步壮大，截至2015年底，上海党政人才、经营管理人才和专业技术人才总量为476.39万人，比2010年底增加85.31万人。其中，具有大专及以上学历或者中级及以上职称的343.22万人，比2010年底增加95.18万人。高技能人才占技能劳动者比例从2010年的25.01%提高到30.17%。第二，集聚培育了一批高层次人才。截至2015年底，上海有中国科学院院士、中国工程院院士172人（其中1人为两院院士）；中央"千人计划"人才894人；中国科学院"百人计划"支持的杰出科学家347人，教育部"长江学者奖励计划"支持的特聘教授254人，国家自然科学基金委员会杰出青年基金资助436人，新世纪百千万人才工程国家级人选371人；文化名家暨"四个一批"人才43人；国务院特殊津贴获得者近1万人。上海领军人才1186人，上海"千人计划"人才676人，首席技师1021人。第三，不断提升人才国际竞争力，上海已成为海外留学人员回国工作和创业的首选城市之一。截至2015年底，上海有国家级海外高层次人才创新创业基地12家，市级海外高层次人才创新创业基地20家，留学生创业园11个。留学人员13万余人，比2010年底增加4万余人；常年在沪外国专家8.8万人，比2010年底增加约1万人。持有效外国人就业证、实际在沪就业的外国人8.6万人，其中90%以上具有大学本科以上学历，比2010年底增加约1.6万人。同时，不断加大本土人才国际化

[①] 《提升首都人才竞争优势 打造创新驱动发展格局：2011—2012年北京人才发展报告》，皮书数据库2013年。

[②] 桂昭明、王辉耀：《中国区域人才竞争力报告 No.1》，社会科学文献出版社2013年版。

培训力度，形成若干特色培训项目。①

（三）香港人才资源现状

香港是经济高度发达的地区，被誉为"亚洲四小龙"之一。香港是一个典型的国际化城市，根据联合国的一项统计，2005年人口仅700万的香港，其中有300万是外来移民（外来移民包括1997年以前从中国内地和中国台湾地区迁来的移民），在全世界移民总量上排名第14位。1840年之前，香港只是一个有5000人口的小渔村。100多年来，香港人充分利用历史赋予的特殊地位及自身有限的资源，紧紧抓住世界经济发展和调整的机遇，成功实施了一系列引进人才政策，有力地促进了经济和社会的发展，成为全球公认的金融、贸易、航运及旅游中心。正是移民城市的特性成就了香港包容、多元的城市精神，香港这座城市正是全世界人才流动的最大受惠者之一。

根据国际经济论坛的CGI指标体系，2016—2017年香港的国际竞争力位居全球第九，近十年来，香港国际竞争力一直处于全球前十的位置，展现了其极具竞争力的国际地位。香港的内部市场具有很强的竞争力，是世界上市场最为开放的地区之一，香港的劳动力市场十分灵活、高效，其劳动力市场竞争力位居全球第三。此外，香港在科技信息产业方面也具有很强的竞争力，互联网和移动通信发展十分迅速。但是，香港在创新竞争力上存在较大的不足，其创新竞争力的全球排名仅位列第27位，是12项竞争力指标中表现最差的一项。还有香港的市场规模对于香港的创新力发展也具有一定的负面影响（香港市场规模竞争力为全球第33位），创新能力的不足对香港成为全球前沿金融中心城市有一定的阻碍作用。②

根据香港政府统计处估计，随着生育率下降和平均寿命延长，香港人口年龄的中位数将从2006年的39.6岁延长至2036年的46.1岁，到2036年高龄人口将占总人口的26%，人口老龄化日益严重，在人才供给方面香港面临的挑战逐渐加剧，劳动力供给面临

---

① 《上海市人才发展"十三五"规划》，2018年7月12日（http：//www.shanghai.gov.cn/nw2/nw2314/nw2319/nw12344/u26aw50149.html）。

② World Economic Forum, The Global Competitiveness Report 2016 – 2017.

更大不足；此外，在人才结构方面也存在较大的不平衡，香港的专业人才主要集中在金融、法律、工商管理、会计和贸易等方面，科技工程类人才短缺，科技创新与科技开发等发展潜力不足，据《香港创新科技业概况》，2013 年香港只有 0.9% 的就业人口从事科技相关工作，根据世界经济论坛 2015—2016 全球竞争力报告，香港在"创新能力"一项中排名第 29，而"科技人员和工程师供应充裕度"更是低至 41 名。这直接掣肘了香港的技术创新和产业升级。[①] 为应对日益激烈的国际人才竞争，香港政府主要从人才培养和人才引进两个方面来提升香港人才竞争力。

三 北京、上海、香港人才竞争力发展战略

（一）北京建设世界城市的人才战略

1. 城市发展人才战略

2009 年 12 月，北京市委市政府确定了首都工作的新方向：建设世界城市。德国作家歌德在 18 世纪后叶将罗马和巴黎称为"世界城市"，歌德首先提出世界城市的概念，世界城市是国际城市的高端形态，是城市国际化水平的高端标志，具有世界影响力，是聚集了世界高端企业总部和人才的城市，是国际活动召集地、国际会议之城、国际旅游之地。世界城市的基本特征可以概括为三个方面：一是具有雄厚的经济实力，表现为经济总量大，人均 GDP 程度高，以现代化产业体系为核心的后工业化经济结构明显，国际总部聚集度强；二是具有巨大的国际高端资源流量和交易，表现为高端人才的集聚，信息化水平、科技创新能力、金融国际竞争力和现代化、立体化的综合交通体系；三是全球影响力，影响力是软实力的外在表现，世界城市的影响力既有文化和舆论的力量，也有组织和制度的力量，表现为城市综合创新体系、国际交往能力、文化软实力和全球化的治理结构。伦敦、纽约和东京是公认的三大世界城市，从它们的崛起历程看出，世界城市的形成往往与新科技革命的发生有关，世界城市发展的内在本质和规律在于科技革命催生产业

---

① 熊德义：《香港引进人才的若干问题》，《国际人才交流》2016 年第 3 期，第 50—52 页。

革命，产业革命形成区域贸易中心、经济中心和金融中心，进而通过经济集聚和辐射效应，形成国际性贸易中心、经济中心和金融中心，进而发展成为具有全球经济控制能力的世界城市。其中人才在经济增长中具有重要地位，三次科技革命的发展历程说明，人才的主观能动性和创造性带来的对科技知识的掌握以及运用，对全球经济以及人类经济系统带来了深刻的变革，人才是科技革命和产业革命的主体，引领科技进步和产业发展方向，推动经济发展方式的转变，是一个国家或地区经济中心形成的重要源泉和内在动因。①

按照"全球经济与世界城市"网络研究小组提出的标准，北京已属于 A＋类的世界城市，但是跃居世界 A＋＋级城市还需要付出巨大努力。②根据《全球城市竞争力报告（2005—2006）》提供的统计数据，每百万人口世界城市国际专利数量，伦敦、东京、纽约、巴黎均在 1300 件以上，我国上海为 118 件，北京为 107 件。在人才创造力方面，北京与发达国家世界城市相比还有较大差距。其次，在每千名居民中高科技从业人数中，东京为 52.7 人，巴黎为 35.6 人，伦敦为 29.7 人，北京为 29.4 人，可以看出北京在科技人才竞争力方面与发达国家世界城市可以相提并论。

为建设成为世界城市，提升北京综合竞争实力，主要应加快提升北京全球经济控制力。为此，北京高瞻远瞩，全盘谋划，大力实施"人文北京、科技北京、绿色北京"战略：一是实施"人文北京"战略，加强公共服务型政府建设，创新发展的制度环境，建立多元、开放、活泼的经济环境，改善人文环境，形成一个兼容并包、百花齐放的文化聚集地，发展文化创意产业，打造国际文化中心；二是实施"科技北京"战略，抢抓世界新科技革命带来的机遇，增强自主创新能力，注重在信息和网络技术、新能源和新材料技术、生物医药技术等领域取得重大突破，以科技革命引领产业革命，发展一批战略性支柱产业和新兴产业，研发和转化一批国际领先的科技成果，做强、做大一批具有全球影响力的创新型企业，培

---

① 刘志颐：《北京建设世界城市的经济控制力与人才战略研究》，《首都经济论坛》2011 年第 26 卷第 1 期，第 17—20 页。

② 王通讯：《人才战略：凝思与瞻望》，党建读物出版社 2014 年版。

育一批国际知名品牌,努力打造全球科技创新中心;三是实施"绿色北京"战略,加快发展绿色生产体系,全力建设低碳城市,着力发展金融业、高新技术产业在内的现代服务业,吸引跨国公司总部、国际金融机构等国际高端要素进一步聚集,实现北京现代服务业的高端化和集约化,打造国际金融中心。通过国际文化中心、全球科技创新中心、国际金融中心的建设,增强北京的经济总量和经济势能,使北京到21世纪中叶发展成为具有全球经济控制力的世界城市。

2. 提升人才竞争力具体措施

第一,丰富城市人才结构,完善人才发展机制。北京市人才工作着眼行业和区域经济社会发展需求,针对不同类型人才成长的特点规律,设计和实施了各自的人才培养工程、计划、项目,据不完全统计,市级部门组织实施的有20项,区县组织实施的有126项,全市形成了以重点工程为牵引、以部门计划为骨干、以区域项目为支撑,覆盖不同层次、重点行业、各个领域,立体化、多样化的人才培养项目体系。为支持优秀中青年人才成长,加强高层次人才队伍建设,实施了优秀人才培养资助计划;推行了专业技术人才知识更新工程,建设了一批继续教育基地,已在重点领域开展大规模知识更新继续教育,培训专业技术人才;开展"十百千"政法人才建设工程,培养政府系统专家、学科带头人业务骨干和专门人才;推进万名社区工作者培训计划,每年培训万名社区工作者,3年轮训一遍,推进队伍规范化建设;开展传统技艺人才队伍建设工程,传承发扬行业传统技艺技能,培养商业服务人才等。

建立健全有利于人才发展的体制机制,是充分激发人才创新创业活力的关键因素,是形成创新驱动发展格局的重要前提。《首都人才规划》把创新机制作为加快首都人才发展的一项基本指导方针,提出了明确的努力方向和工作任务。在中央有关部门指导下,北京市以建设中关村人才特区为契机,积极探索实践,加快构建与国际接轨、符合国情市情和人才发展规律的体制机制。

第二,完善城市人才发展环境。其一,打造高端事业平台。以高等院校、科研机构为主体的知识创新体系和以企业为主体的技术创新体系,既是实现创新驱动的骨干力量,也是承载和培养创新创业人才的主要平台。作为国家首都,北京具有独特的区位优势,形成了高水平大专院校和科研机构、跨国公司总部或地区分部、高新技术企业大量聚集的态势。其二,积极建设创新创业平台。全市相关部门加强协调配合,以建设未来科技城、中关村科学城为重点,努力打造创新驱动的战略高地,不断拓展人才创新创业空间。位于北京市昌平区的未来科技城是由中央和北京市单位共同建设的央企人才创新创业基地,将组建一批低碳能源、航空技术、新材料等前沿领域的高水平研发机构,成为引领我国应用科技发展方向的创新平台和人才高地。其三,创建独特地方品质。《首都人才规划》借鉴了这一观点,将"优化引才聚才的地方品质"作为优化北京人才发展环境的重大任务之一,并从提高城市环境对人才的吸引能力、探索跨文化的人才交流机制、营建丰富多彩的活动环境、构建广泛参与的社会环境等方面提出了一些具体任务和要求。近年来,特别是筹备和举办奥运会以来,通过大力实施"人文北京、科技北京、绿色北京"发展战略,首都的地方品质得到了大幅提升。中国社科院每年发布的中国城市竞争力指数、全球城市竞争力指数显示,北京的城市竞争力不仅在国内位居前茅,多项指标在国际上也处于领先地位。

第三,鼓励城市人才创新。在支持鼓励人才创新方面:大力推动人才自主创新和成果转化,每年统筹100亿元用于支持重大科技项目转化和产业化,两年来先后支持546个项目。改进科技经费使用管理。探索建立股权激励制度,明确了股权奖励、股票期权、科技成果入股等7种科技创新人才激励方式,在494家单位实施了股权和分红激励,初步形成了相互配套的股权激励政策体系,探索建立适应创新型经济和人才发展的长效激励机制。在扶持人才创业方面:推动新型创业孵化载体建设,对创投机构提供资金补贴,培育和扶持创新工场、车库咖啡、联想之星、创客空间等创新型孵化器。扶持产业技术联盟发展,成立了中关村产业技术联盟联席会,支持人才领军产业技术联盟建设,先后组建了物联网联盟等产业技术联盟。探索建立科技金融合作机制,加快构建和完善跨系统、跨部门的科技金融合作体系,开展担保融资、信用贷款、知识产权质押等创新试点,缓解中小企业融资难问题。实行相关税收优惠政策,加大政府采购支持力度。

(二) 上海推进全球科创金融中心建设人才发展战略

1. 城市发展定位

推进科技创新中心建设。2014年5月,习近平总书记在上海视察工作时提出,上海要在推进科技创新、实施创新驱动发展战略方面走在全国前头、走到世界前列,加快向具有全球影响力的科技创新中心进军。到2050年,上海要全面建成具有全球影响力的科技创新中心,成为与我国经济科技实力和综合国力相匹配的全球创新城市,为实现"两个一百年"奋斗目标和中华民族伟大复兴的中国梦,提供科技创新的强劲动力,打造创新发展的重要引擎。要努力把上海建设成为世界创新人才、科技要素和高新科技企业集聚度高,创新创造创意成果多,科技创新基础设施和服务体系完善的综合性开放型科技创新中心,成为全球创新网络的重要枢纽和国际性重大科学发展、原创技术和高新科技产业的重要策源地之一,跻身全球重要的创新城市行列。因此,未来30年,上海要在顺应经济全球化和人才国际流动的发展趋势的同时,抓住全球城市建设的发展机遇,把上海建设成为全球人才网络中立足亚太、面向全球的具有重要影响力、吸引力、配置力的全球人才枢纽,成为全球各类优秀人才自由流动和集聚、全面发展和成长的逐梦之地,为转变经济发展方式,实施创新驱动发展战略,保障改善民生提供强大的人才智力支撑。[①]

打造国际金融中心。金融人才是全球金融市场、金融机构、创新机制和风险管理等的国际金融中心形成的最核心要素,也是国际金融中心的"第一资源"和"第一动力"。是否拥有一大批符合现代金融产业发展需要的优秀专业人才,是一个国际金融中心能否建成并取得竞争优势的关键要素。虽然当前上海国际金融中心建设和经济的快速增长,为各类金融人才的成长提供了广阔舞台,吸引了

---

① 肖林:《未来30年上海全球科技创新中心与人才战略》,《科学发展》2015年第7期,第14—19页。

大量优秀金融人才，但是上海金融人才现状仍存在一定不足：第一，金融人才总量较少，国际金融中心城市从事金融业的人口一般占总人口的10%，如伦敦和纽约的占比均为11.5%，中国香港为14%，而上海金融业从业人口仅2%左右，随着上海自贸区业务的不断发展，对外向型金融人才的需求也不断增加，金融人才的储备将在相当长一段时间内存在巨大缺口。第二，高端人才紧缺。一方面缺乏金融企业家，由于我国金融业市场化程度不高，上海金融行业真正经过市场竞争历练的高层次经营管理人才较为缺乏，另一方面也缺乏通晓国际金融游戏规则的复合型金融人才和洞悉互联网金融前沿发展趋势的专业金融人才。第三，缺乏培养人才、留住人才的机制，很多金融机构忽视了对现有人才的培养塑造，更多地追求业绩，同时一些金融机构行政管理色彩较浓，缺乏对业务骨干和中层管理人才的职业生涯规划，缺乏人文关怀，分配和激励机制不完善，难以激发专门金融人才的潜力。[①]

2. 提升人才竞争力具体战略

第一，完善人才结构。

（1）实施上海领军人才计划。以提高自主创新能力为核心，大力实施科学与工程领军人才计划、优秀学科带头人计划，支持和培养一批具有国际影响力的原始创新领军人才。"十三五"期间，新增一批创新型科技领军人才及创新团队。争取若干人才入选两院院士、全国杰出专业技术人才和新世纪百千万人才工程等领军人才国家队。健全服务联系制度，加强对领军人才的服务保障；加大宣传力度，明确宣传导向，强化上海领军人才工作品牌。推进各地区、各系统领军人才后备队伍建设，形成领军人才培养梯队。

（2）实施青年英才开发计划。着眼于人才基础性培养和战略性开发，持续保持和提升本市人才竞争力，每年遴选一批管理、专业技术、创业等领域的优秀青年人才进行重点培养。在高校、科研院所及领军型科技企业建设一批青年英才培养基地。加大对杰出青年科技人才资助力度，培养一大批具有国际视野、创新活力、成长潜

---

① 肖志富：《国际金融中心人才特征及上海金融人才战略》，《福建金融》2015年第4期，第70—72页。

力的优秀青年科研人才。不断完善优秀大学生选调项目，吸引优秀应届大学毕业生从事公共管理工作。

（3）实施企业经营管理人才素质提升工程。深入开展"专精特新"中小企业家培训工程，支持非公领域企业管理人才参加海外研修、挂职实训，着力提升资本运作、品牌运作、团队管理和资源掌控能力，造就一大批职业化、市场化、专业化、国际化的经营管理人才队伍。着力引进培育一批具有国际视野、敢于创新、熟谙经营的企业家。重点扶持培育一批领军型企业家及具有一定社会影响力的知名企业家和具有高成长潜力的青年职业经理人。

（4）实施"四新"经济人才开发工程。落实"中国制造2025"和"互联网＋"战略，聚焦新技术、新产业、新模式、新业态"四新"经济的发展态势，探索"产业基地＋产业基金＋产业人才＋产业联盟"四位一体的推进模式。建立集成电路、车联网、机器人、卫星导航"四新"经济人才培养实训基地，探索政产学研新型管理机制，打造"四新"经济人才跨界成长生态系统。探索设立产业和信息化人才创新创业基金、产业和信息化创新创业成就奖，构建促进"四新"经济人才脱颖而出的平台。

（5）实施社会工作人才发展计划。适应社会结构变化和价值取向多元化等社会发展新趋势，加大社会工作人才政策扶持和资金投入力度，为创新社会治理体制机制、提升社会治理能力提供支撑。

（6）实施社会组织人才的"百千万"工程，重点培育百名社会组织带头人、千名社会组织专门人才、万名社会组织人才，进一步加强社会福利、社会救助、劳动就业、社区管理、社区调解、残障康复、养老护理和家庭生活服务等领域的社会工作人才队伍建设。建设一批基层社会服务人才培训基地，构建知识普及培训、职业资格培训、继续教育培训等相结合的培训体系。结合政府职能转变，拓展社会工作服务领域和岗位，完善政府购买社会工作服务制度，推进社会工作人才专业化、职业化发展。

第二，加大人才投入，提升人才发展环境竞争力。

（1）完善人才引进、培养、开发的政府投入机制，加大支持力度，落实保障人才投入的财政资金。统筹运用地方教育附加专项资金，重点用于支持和促进以职工职业培训为主要内容的人力资源建设。探索研究人才发展投入税收减免政策，落实国家有关鼓励和吸引高层次人才的税收优惠政策。发挥人才发展专项资金、创业投资引导基金、中小企业发展基金、产业投资基金等政府投入的引导和撬动作用，建立政府、企业、社会多元投入机制。探索鼓励企业、社会组织加大人才投入的政策措施。完善分级分类人才资助体系，有效整合人才资金，加大对人才发展重点区域的投入，保障人才发展重大项目的实施。建立健全人才投入效果评估机制，优化人才投入结构和扶持政策。

（2）大力发展众创空间。引导鼓励低成本、便利化、全要素、开放式的众创空间发展。鼓励行业领军企业、创业投资机构、社会组织等社会力量参与众创空间建设。吸引国际孵化器入驻上海。鼓励国有孵化器引入专业团队管理运营。调整财政投入方式，加强对众创空间基础设施建设、项目和企业的资助，加大政府购买创新创业服务力度。

（3）加强人才创新创业服务体系建设。培育市场化、专业化的研究开发、技术转移、检验检测认证、知识产权、科技咨询、科技金融、科学技术普及等专业科技服务和综合科技服务中介服务机构。完善政府购买科技服务政策，加强技术经纪人培育，促进技术经纪人队伍发展。鼓励各行业协会和社会组织帮助人才获取信息、提升能力、实现价值。打造一站式、全流程、专业化的人才发展政策和生活服务信息综合门户网站，建立健全市场化机构运营、政府机构监管的运作模式。提升大数据在人才开发中的深度应用，拓展社会化的人才工作移动端服务。

（4）健全创新创业法治环境。重点围绕人才市场管理、知识产权保护和人才培养、使用、引进、评价、激励、保障等环节，研究制定专业技术人才继续教育、人力资源市场管理、外国专家来沪工作管理等地方性法规，把人才资源开发工作纳入规范化、程序化、法治化轨道，依法维护各类人才的合法权益。

（5）优化人才生活环境。鼓励人才集聚的大型企事业单位和产业园区平台利用自用存量工业用地建设人才公寓（单位租赁住房）

等配套服务设施，鼓励用人单位实施人才住房资助计划。注重发挥市场和社会作用，扩大医疗开放领域，鼓励支持具备条件的医院进一步改善就医环境，提高人才医疗服务的能级和水平。积极创造条件，为优秀人才子女就读提供便利。积极发展公共交通，建设适应人才生活需求的购物、就学、就医、文化及娱乐休闲场所等配套设施。

（6）优化人才文化环境。提升城市开放度和包容性，积极举办国际顶级文化赛事，大力吸引国际文化组织进驻上海，不断增强城市文化魅力。提升上海国际电影节、中国上海国际艺术节等文化节庆品牌影响力，延续城市文脉、彰显城市个性、提升海派文化对人才的吸引力。大力弘扬海纳百川、追求卓越、开明睿智、大气谦和的城市精神，培育鼓励创新、宽容失败的社会氛围。

第三，完善人才激励政策，推动人才创新成果转化。

（1）创新成果转化政策。将财政资金支持形成的，不涉及国防、国家安全、国家利益和重大社会公共利益的科技成果的使用权、处置权、收益权，下放给高校、科研院所，单位主管部门和财政部门对科技成果在境内的使用、处置不再审批或者备案。提高科研人员成果转化收益比例，研发团队所得不低于70%。科技成果转化所得收益用于人员激励部分，可一次性计入高校、科研院所当年工资总额，但不纳入绩效工资总额基数。依法妥善处置科研人员在创新创业中的争议和矛盾，维护科研人员创新创业合法权益。

（2）创新人才激励政策。加大创新人才激励力度，鼓励企业通过股权、期权、分红等激励方式，调动科研人员创新积极性。积极落实高新技术企业科研人员通过科技成果转移转化取得股权奖励收入时，可在5年内分期缴纳个人所得税的税收优惠政策。进一步研究实施股权奖励递延纳税试点政策。完善事业单位绩效工资制度，健全鼓励创新创造的分配激励机制。开展高校经费使用自主权改革试点。探索提高科研项目人员经费比例。探索实施委托社会机构开展上海杰出人才遴选工作，大力表彰创新创业的杰出人才。加强创新成果知识产权保护。

（三）香港的人才发展战略

第一，完善人才培养体系的建立。香港在其经济社会发展进程中，实施有效的人才发展战略，优先发展高等教育，积极推行国际化教育，大力发展职业教育，积极开展公务员培训，培养了大批的优秀人才，促进了经济的高速增长。[①] 在人才发展战略上，主要有以下几个方面。

（1）优先发展高等教育，大力培养专业技术人才。特区政府高度重视发展教育事业，一直将教育和人才培训列为最重要的长期社会投资，财政教育支出由1996年的336亿港币增至2008年的750亿港币，占公共支出的24%，占GDP的4.6%，其中用于小学教育支出占21.8%，中学教育支出占37.8%，高等教育支出占26.1%，其他教育项目支出占14.3%。且香港政府一直以来都十分鼓励社会各界办学，鼓励社团或个人出资创办教育事业，办私立的社区大学，鼓励各院校寻求社会资源和募款来增加收入。如香港树仁大学等许多私立高等院校都是由社会各界的私人、团体和企业提供资金而开办，香港中文大学每年约16亿港币办学经费，有50%来自于社会募集。在政府和社会各界的努力下，香港高等教育事业蓬勃发展，已形成一个比较完整的、多元化的、发达的高等教育体系。此外，香港的高等教育紧密结合社会需求，根据经济发展需要设置专业。20世纪90年代以来，香港服务行业及知识经济兴起，香港从以工业为主转变为以金融服务业为主的经济体系；香港积极推动资讯科技教育，成立了香港科技大学，并陆续开设了电子计算机系、电子学等相关专业，大力培养电子信息专业人才。香港高质量的高等教育体系为香港产业升级和经济发展提供了大量的人才保证。

（2）积极推行国际化教育，培养国际型人才。香港是世界著名的国际化城市之一，是国际金融中心、国际贸易与商业中心、航运中心、信息及旅游中心，因此在教育中，香港各高校都致力于国际化教育，致力于培养国际通用型人才。一方面，香港各大学的外籍教师基本已超过40%，制订多项计划来扩展香港境外留学生的招收和本校学生海外的交换工作，积极开展国际合作与国

---

① 曾建权：《略论香港人才发展战略》，《特区经济》2011年第7期，第44—45页。

际交流。香港的高等教育具有浓厚的国际色彩，以吸收来自全球各地不同的教育教学和管理模式的优点，提高教育教学质量和管理水平。

（3）大力发展职业教育，培养高技能人才。香港政府于1982年成立香港职业训练局，统筹香港职业教育和技能培训。职业训练局下辖高峰进修学院、才晋高等教育学院、专业教育学院、知专设计学院、工商资讯学院等13个机构，它们大致相当于内地的大专、中专和职业高中、技校三个层次，所开设专业内容广泛涉及香港社会经济发展的各行各业。具体开设专业及学习形式政府不进行干预，由职业训练局及所设各学院与训练中心根据社会需求来确定。职业训练局及其所设各学院和训练中心的经费主要由政府提供。香港职业技术教育为香港各行各业培养了大批的技能人才。职业训练局每年培养19万人。毕业生受到广泛的欢迎，成为香港经济建设最雄厚的资本，对推动香港产业结构的技术升级，促进经济腾飞和现代化的发展发挥了重要作用。

（4）积极开展公务员培训，大力培养公共管理人才。香港公务员培训处是香港政府布政司公务员事务局下辖的职能部门，是港府对公务员实施培训的中央统筹机构，在香港公务员培训中居于中枢地位。公务员培训处专注跨部门的共同需要，负责制定培训政策，提供有关领导才能、一般管理、人力资源管理、语文运用、沟通技巧、资讯科技、顾客服务、国家事务研习及基本法等培训课程，支援各决策局和部门开展公务员培训。积极开展高级公务员培训和专业技能培训，以配合员工在工作岗位上的需要，定期举办国家事务研习课程及活动，与中山大学、北京大学深圳研究生院合作举办"中级管理人员国家事务研习课程"等，香港的公务员以其廉洁、高效、稳定著称世界，这与香港政府的公务员培训取得的巨大成功关系紧密。[1]

第二，吸引全球各类高质量人才。香港在努力培养、培训、使用本地人才的同时，能够以海纳百川的胸怀广泛积聚、兼收包容海

---

[1] 曾建权：《略论香港人才发展战略》，《特区经济》2011年第7期，第44—45页。

内外的各类人才是它得以成功的根本原因。① 面对人口老龄化和经济发展的严峻挑战，以及全球人才竞争力的激烈态势，在积极培育和开发本地人才的同时，采取措施吸引全球各类人才，特别是科技人才来港发展是提升香港人才竞争力的有效措施。

20世纪80年代末之前，香港周边地区发生社会大变革大动荡，多次发生大规模的资金、流民流入香港，这一方面虽然为香港增加了社会压力，但是另一方面又为香港的经济发展带来了资金、廉价的劳动力和人才。虽然港英政府并没有颁布任何专门吸引海外人才的政策法规，但是其不干预的政策对工商企业和社会经济的发展实际上具有一定的正向保护和推动作用。到了20世纪90年代，香港社会主要通过市场机制招聘本地及海外人才，主要有两个途径，一是通过海外报纸杂志刊登招聘广告，二是委托猎头引进人才。香港公司往往会提供具有吸引力的薪金及租房补贴，还会对高层次人才的家属和子女提供在港就业就学的条件。

香港回归后，特区政府启动了从内地引进人才的"输入内地优才计划"，这个计划是为了应对香港有关行业对高层次人才的需求，规定申请人必须持有内地著名院校相关学科的博士学位，且具备在著名公司经证实的工作经历等条件，同时规定获准来港工作的"优才"可以携带配偶及21岁以下未婚子女。该计划执行了两年时间，共有154名内地"优才"获准来港工作。

由于香港若干行业对内地人才的需求转旺，2001年香港政府又有针对性地推出了引进内地专业人才的"新计划"。该计划规定：在资讯科技和金融服务两大领域可不限名额地输入内地人才，但他们必须具备相关的学士学位（即大学本科毕业），如不具备学士学位，必须拥有必要的技术资格证书，香港雇主公司只需证明所输入的内地专业人才"能配合公司的运作需要，以促进公司的竞争力"即可。2003年7月，香港启动新的输入内地人才计划，简称"专才计划"，旨在吸引内地具有相关资历的优秀人才和专业人才来港工作。至2009年底，该计划共引进33488名内地专业人才来港工作。

---

① 吴学范：《人才因素决定香港的未来发展——简析香港政府的引进人才政策》，《国际人才交流》2008年第2期，第54—56页。

除了对内地人才的引进力度逐渐加大外,香港政府在引进海外资金和招揽世界一流人才等方面的作为也在逐渐增强。首先是2003年10月推出投资移民计划,该计划适用于所有外国国民,规定申请获准的人士必须将不少于650万港币投资于香港房地产或金融业,截至2007年底,有1400余人通过投资移民政策进入香港工作,引进投资达100亿港币。其次是2006年6月推出的"优秀人才入境计划",这项计划旨在吸纳世界各地(包括中国内地)最优秀的人才来港定居,规定吸纳对象是已有所成就,并具有继续发展潜力的各类高层次人才,且获准人士可以同时申请其配偶及18岁以下子女一同赴港。

2008年5月,香港特区政府实施"非本地毕业生留港/回港就业安排计划"。非本地应届毕业生据此安排提出留港申请,只需提交在港毕业证明便可获准延期逗留12个月而不受逗留条件限制。此外,对紧缺的海外人才香港仍一如既往敞开大门。规定为:海外专业人士如具备香港所需而又缺乏的特别技能、知识或经验,或能够对本港经济做出重大贡献,便可根据一般就业政策申请来港工作。申请人须已确实获得聘用,而薪酬福利须与当前本港的市值工资大致相当。资料显示,2009年共有20988名海外专业人才根据一般就业政策获准来港工作。[1]

随着"专才计划""优才计划"和"非本地毕业生留港/回港就业安排计划"的提出,港府引进专业人才的相关管理日趋系统化、法制化和人性化,并逐步形成了新的人才引进管理体系。香港发展需要是特区政府引进人才最重要的考量标准,无论是面向全球的"优才计划",还是面向内地的"专才计划",最终获得批准的都是香港急需和紧缺的人才,主要集中在金融会计、科技、电信、教育和商业贸易等行业。2009年的签证数据显示,"一般就业政策"引进人员占当年总引进人数的87%,其中管理及相关专业技术人员占57%,运动员及演员占20%,教师、教授占10%。上述引进人才比较集中的行业,也正是香港经济最具活力和发展潜力的支柱产业

---

[1] 黄立金:《引进人才:香港的政策与实践(上)》,《国际人才交流》2011年第1期,第42—43页。

或新兴产业。①

第四节　全球创新型城市提升人才竞争力的若干启示

一　人才工作立法

从国际人才发展趋势来看，以美国、德国等为代表的发达国家人才制度以立法为主，倾向于刚性治理，除包含大量刚性立法之外，还有一整套协调统一的政策体系，各类政策之间强调互相补充，整合形成有利于人才引进、培育和发展的有机系统。例如，通过移民立法确立美国所需的高层次人才的优先地位，进而制定与之相应的配套政策措施，如涉及科研基金激励、亲属移民等，解决优秀人才引进后的经济、生活及家属等后续问题，为引进人才提供良好的科研平台、经济资助和生活保障。兼顾刚性与灵活性，真正从人才角度出发，构建了体系完整、服务完善的制度体系。

与美国类似，以色列的创新文化全球瞩目，正得益于其丰富、完善的立法，创新成为全民共享的权利，同时也是义务。以色列以立法形式对学校教育从宏观到微观，例如教学内容、学校管理，甚至学时、课时都做出具体规定，同时将鼓励创新的措施写入法规，极大促进了以色列各类大学在各行业领域技术创新和科技成果方面的成就，对推动创新人才培养与成长发挥了重要作用。

从国内来看，我国从中央到地方逐渐开启人才治理法治化进程。人才立法着眼于破除束缚人才发展的思想观念和体制机制障碍，用好国际国内两类人才，希望以更创新的优惠措施和培养机制，解放和增强人才活力。2016年，人力资源部出台《人力资源和社会保障法治建设实施纲要（2016—2020年)》，强调加强立法工作，建立健全涵盖国家人才安全保障、人才权益保护、人才市场管理和人才培养、吸引、使用等人才资源开发管理各个环节的人才法律法规。

---

① 黄立金：《引进人才：香港的政策与实践（下）》，《国际人才交流》2011年第2期，第38—39页。

可见，国家层面的人才立法目标已定。

在地方人才立法层面，深圳再次率先破冰。2017年深圳出台的《人才工作条例》在原有基础上进一步整合政策资源，围绕"保护""放权""激励""破墙"四个方面精准发力，聚焦改革发展中心任务，激发人才创新创造创业活力。这一系列创新性的举措，积极回应社会关切，遵循市场经济规律和人才成长规律，以地方立法的方式对相关工作予以明确并加以规范，构筑起人才优先发展的法治保障。起到了政策"兜底"、制度"撑腰"和改革"壮胆"的作用，有利于破除制约创新发展特别是人才发展的体制机制障碍，激活人才资源"一池春水"。

二 重视国际人才引进

发达国家的国际人才引进具有前瞻性，即脱离了仅仅对于成型人才引进的固化模式，而是将目光瞄准广大海外留学生，将他们视为最宝贵的潜在人才资源，在奖学金、签证、就业机会等方面给予广泛支持。美国以强大的文化感召力面向世界广泛引才，打破国籍桎梏，人才争夺火力强劲。从20世纪50年代起，美国就多次修改移民法，规定只要是专业精英，可不考虑国籍、资历和年龄，一律允许优先进入美国。20世纪90年代起，美国政府又实施了有效期为6年的临时工作签证，即H1-B签证计划，到21世纪初，这个签证计划从每年6.5万人增至20万人。这一计划不仅有效解决了美国社会高新技术人才短缺问题，而且更激励了美国社会的创新文化与绩效。设立大学科研奖学金、提供充足的科研经费和良好的工作环境、对从事高科技开发的技术人员提供高薪等，助力美国保持全球最大的留学生接收国的地位。与此同时，美国也积极鼓励本国大学生到海外学习。英国、德国、法国、澳大利亚等也是如此，均拥有外国留学生数十万人。日本、韩国、新加坡等在21世纪以来也都制订实施吸纳外国留学生的具体计划。留学生毕业后从情感上更倾向于留在这些国家，无形中减少了面向国际直接引进海外人才的成本。

三 人才培养机制健全

纵观世界人才工作的先进国家，不难看出，其人才培育立足于教育，且与本国的国家发展战略紧密结合，颇具前瞻性。美国是全球公认的科技创新强国，美国重视人才的多元培养，除了高科技人才外，对于基础学科、人文学科人才培育也十分重视，为科技创新夯实根基。美国向具有特殊专业才能的人才提供合法便利的移民通道，吸引或留住发展所需的高层次和紧缺人才。回归教育本质，对于技能教育、基础学科、人文社会学科和高科技相关学科并重，无所偏废。经过多年深耕，已打造出颇具美国特色的高等教育体系。联邦政府要求学校教育要从"生活适应的教育"转向"基础科学知识的教育"，要培养未来尖端科技人才，将基础教育上升为"国家安全"战略，根据移民法规定，基础学科研究领域的优秀人才，与紧缺行业人才一样同等享受移民优待；美国教育对人文社会科学的重视，对美国价值观和文化的输出也起到了巨大推动作用。

日本、德国重视技能人才培育，关注其成长性，出台系列政策加以鼓励，创建平台，为本国高端制造业发展做好人才储备。英国率先在全球提出"创意国家"的口号，十分重视创意人才的培育；同时英国非常重视基础科学研究，排名位居世界前列的牛津大学、剑桥大学、帝国理工大学、伦敦经济学院等名校，不断造就世界一流基础科研人才，保持其在基础科学研究领域的世界一流水平，不浮躁，不盲从，不短视，关注最基础的"人类学问"，成为人类思想和科学成就的高地。

以色列重视基础教育，实现人才全链条培育，全社会营造出崇尚创新、珍惜人才的良好氛围。以色列政府坚持基础教育的公益性，义务教育时长12年，是世界上为数不多的将学前教育纳入义务教育的国家，已成为全亚洲平均受教育年限最高的国家之一。政府为国民提供良好的受教育条件，将人人受教育、掌握技能作为个人安身立命、民族生死存亡的必要条件，注重从学前教育开始培育"创新"意识，学前学科设置、课程体系和中小学、高等教育融为有机整体，充分尊重教育规律，为创新奠定基础。以色列在关注本国高等教育质量发展的同时，以开放的心态不断寻求国际合作，狭小的国土面积上，已吸引30余所外国大学设立分校。多年深耕教育让以色列人均教授拥有量居世界第一，每4500人中就有一名教授。这成为以色列打造创新之国的基础。

国家的崛起，经济发达、收入提高、国际化程度提升、知识产业发展、逐渐完善并具有国际化标准的人才机制，使得新兴发达经济体的吸引力逐渐提升。人才战略对于国家的发展至关重要，是新兴经济体国家和地区崛起的主要因素，人才是支撑经济和社会发展的重要能动资源，也是决定国家科技竞争力和综合国力的关键资源。纵观美国、以色列、日本和韩国的人才竞争战略，无一例外地将人才战略作为提升综合国力的关键制胜点。在经济全球化的今天，各个政府都纷纷加大对人才的引进和培养的投入，推出了一系列系统性的人才计划和规划，出台了重要的人才政策和制度，采取多种多样的措施加强对科技人才的培养和引进。在空前激烈的人才竞争中，包括我国在内的经济发展中国家的人才流失严重，国内人才发展环境也存在许多不利因素，因此在国际人才战中，我国更应掌握主动，增加科技研究和教育的投入，吸引海外高层次人才回流、吸引国际优秀高端人才、打造国内人才培养高地，不断提升我国人才竞争力。

四 区域人才协同发展

近年来，长三角经济带、粤港澳大湾区战略、京津冀协同创新发展等区域一体化新战略出台，与此相适应，各地均出台新政，将区域一体化发展战略延伸至人才领域。尤其是京津冀三地从人才合作到建立一体化发展体制机制，成为区域人才协同发展的样本。

京津冀地区是我国人才资源集聚力最强的地区之一，截至2015年底，京津冀三地人才总量1940万人，占全国的12.3%，拥有全国1/2的"两院"院士、1/4的国家"千人计划"入选者、1/3的国家"万人计划"入选者。人才集聚为区域创新与发展带来潜力，而区域协同发展也客观需要人才资源的自由流通。10年前，京津冀三地就开展了人才合作。2010年，北京将区域人才一体化发展思路写进首都中长期人才发展规划纲要；2011年，京津冀三地组织部门签署了人才合作框架协议，建立了人才合作联席会议制度，发布了京津冀人才一体化发展宣言。

随着京津城市规模的不断发展，资源环境约束趋紧、大气污染、交通拥堵等"城市病"日渐严重，并且京津两地已经很难通过自身解决这些问题，此时，环抱京津的河北，资源优势开始显现，众多创新改革试验区、高新区、开发区，为京津创新成果外溢、转化、试验、合作提供了承接平台和发展空间，京津冀协同发展的客观需求，使打破人才流动、使用、发挥作用的体制机制障碍，切实加强人才工作合作成为三地面临的共同任务，人才协同发展开始加速运转。

2017年6月底，三地联合发布了《京津冀人才一体化发展规划（2017—2030年）》，这是我国人才发展史上第一个区域性人才发展规划。目前三地相关部门除了就专业技术人员职称资格互认的系列、范围和方式等签订协议外，河北教育、科技、文化、卫生等部门也与北京、天津相关部门签订了人才流动资质互认手续合作、协同创新发展战略研究和基础研究合作、京津冀三地文化人才交流与合作等协议，为三地人才自由流动提供了更多便利。京津冀协同发展科技成果转化促进平台、科技成果转化项目推介会、京石现代农业领域科技合作平台等区域创新创业平台不断涌现，拓展了人才发展空间；三地共同开发的京津冀高级专家数据库平台，为人才资源融合共享打下了基础；三地签署的90余项加强人才合作的框架协议，为京津冀各类人才流动互通、信息共享、成果落地等起到了推动作用。

第六章 深圳提升人才竞争力的路径选择

作为中国改革开放的前沿和发展中的一线城市，深圳的人才竞争战略应立足国家参与全球人才竞争的发展定位和竞争格局，主动参与全球人才竞争，积极借鉴国际国内城市人才发展的先进经验，谋划自身提升人才竞争力的对策和路径。二流的人才无法支撑一流的城市，这里所说的一流人才并非一定要是院士，而是指那些年龄段处于创新思维最活跃状态的人才。他们或许还默默无闻，而一旦成功，则价值巨大。深圳要以海纳百川的胸怀，用风险投资、创新预期等方法千方百计去吸纳各类一流人才。

第一节 深圳人才竞争面临的形势

一 人才流入与人才流失现象并存

深圳是典型的人才流入型城市。深圳凭借发达的经济条件、完善的基础设施、优质的公共服务与广阔的发展空间，吸引着人才持续流入，并直接带动了深圳经济社会的崛起，城市发展又吸引着更大体量外来人口的流入，以此形成了一个人才流入的良性闭环。

近年来，在建设现代化国际化创新型城市的战略指导下，深圳对海外高层次人才的吸引和集聚成为深圳人才流入的主要内容之一。据深圳市人社局的数据显示，[①] 至2016年深圳市引进海外留学生已突破7万人，2016年引进留学人员达10509人，主要集中在金

[①] 《深圳迎来最大"海归潮" 16年吸引7万归国留学生》，2018年7月18日（http://sz.people.com.cn/n2/2016/1206/c202846-29421803.html）。

融、计算机信息技术、制造业、教育等行业。其中来深就业的占比近八成，来深创业的占比近两成。① 近年来，深圳引进留学人员的数量一直保持较快的增长速度，连续3年增幅超过40%，尤其2017年增幅达74.2%，几乎呈直线上升趋势，留学人员来深创业就业已成新常态。

与此同时，由于国内许多二三线城市经济发展较快且人才竞争意识觉醒，而深圳的高额房价又成为未来人才和城市发展的"痛点"，这直接导致了人才从北上广深这些一线大城市向二三线城市回流的现象，造成了大城市的人才流失。据相关数据报道，2017年深圳市上半年全国主要城市人才净流入率为5.65%，低于杭州11.21%，同时成都、苏州、南京、重庆等城市的人才流入率也处于正增长的较高水平。② 而且，深圳俨然成为了国内某些行业发展的"黄埔军校"。比如说，深圳市持有社会工作者职业证书人数共8304人，从2008年开始深圳社工流失率逐年上升，2014年达22.20%，超过行业20%流失率的警戒线，在2016年深圳社工队伍流失率降为18.8%。③ 据2017年深圳市社科院对深圳市高层次人才做的一项问卷调查显示，在受访的2000名高层次人才中，仅46.32%的人才在深圳购房，53.68%的人才未在深圳购房，表明人才购房比例相对较低。从购房时间来看，2010年前购房者约有166人，占购房的人才比例为10.72%；2011年以来人才购房数量呈先增后降趋势，整体反映人才购房比重较低。据腾讯内部论坛的一项调查显示，深圳"房价收入比"全球最高，有75%的科技人才出于房价考虑离开深圳。

二 人才发展的整体环境仍需进一步提升

人才发展的良好环境包括完备的政策体系、发达的产业链条、

---

① 《7张图！揭示2018深圳发展大趋势！》，2018年7月12日（https://www.sohu.com/a/225615114_355781）。
② 《二线城市人才争夺战，究竟在争什么？》，2018年7月12日（https://baijiahao.baidu.com/s?id=15948819056538361486wfr=spider&for=pc）。
③ 《深圳社工流失率八年来首次下降》，2018年7月12日，中国经济网（http://district.ce.cn/newarea/roll/201602/22/t20160222_9001472.shtml）。

广阔的发展空间、优质的公共服务、完善的基础设施建设、良好的人文环境和自然生态等,这些因素是汇聚人才的"聚宝盆",对人才产生"虹吸效应"。

当其他城市都已经按照市场经济的规律来使用人才时,深圳在人才竞争中的优势也就自然递减,而竞争的弱点同时暴露出来。特别是真正的一流人才或有可能成为一流的人才,当他在本地已经引人注目时,就很难将其引入到深圳来。当下,吸引人才特别是高端人才的首要因素,不是薪酬待遇,而是发展空间。哪里可以更好地干事创业,哪里才是人才的主场。可见,人才发展的环境决定着人才是否引得进、留得住、用得好。据2017年深圳社科院对深圳市高层次人才做的问卷调查显示,94.34%的调查对象认为人才政策对城市吸引和留住人才重要。其中,个人发展机会(20.8%)、政府项目支持(18.11%)、解决住房(14.21%)、双创氛围(14.2%)和薪酬待遇(10.72%)是深圳吸引和留住高层次人才的主要因素;而安排子女入学(8.95%)和安排配偶就业(7.00%)等其他保障因素对吸引和留住高层次人才有一定作用。此外,人才政策环境(21.6%)、社会人文环境(18.1%)、产业发展环境(17.00%)是人才认为最需要改善的前三种环境。而创新创业环境(12%)、政府公共服务(11.6%)、城市生活环境(10.6%)和自然生态环境(6.7%)改善的迫切程度相对较低。

为了解2017年全国应届大学毕业生来深圳就业的意愿及其影响因素,2017年深圳市社会科学院谢志岿博士主持开展了一个"全国大学生深圳就业意愿问卷调查",分别在北京、上海、广州、成都、西安、武汉6个城市的大型综合性招聘会上,向2017年毕业的不同类型(如学校、专业、学历层次等)的近3000名毕业生随机发放调查问卷。调查结果显示,外地大学毕业生来深就业意愿总体上不如想象高。有近1/3的受访者不愿意选择来深工作,仅有7.1%的受访者倾向于将深圳作为其就业首选城市。在调查中选择将深圳作为就业首选地的受访者仅有201人,只占整个样本量的7.1%,将深圳作为第二、第三、第四选择的受访者的比例分别为22.2%、25.3%、12.2%。有意来深工作的比例合计为66.8%。无意来深就业的受访者有935人，占33.2%。除此之外，谢志岿博士的调查发现，大学毕业生对于深圳的就业意愿还呈现以下特征：一是应用科学类专业的毕业生更倾向于来深就业，这也与深圳产业和职业特点相符。二是"经济活跃发达、工作机会多""创业氛围好""公共服务好""空气较优良"是深圳吸引人才的加分项。三是"高昂的房价和生活成本""城市文化吸引力不足"成为深圳吸引人才的主要劣势。高学历者更不倾向于来深就业，特别是博士更不倾向于把深圳作为就业首选城市。四是对深圳的了解程度越深，更倾向于来深就业。

大学毕业生对于就业地点的选择，是一座城市综合实力和吸引力的重要体现，也是一座城市发展潜力的一种影射。由此可见，未来深圳在人才发展的整体环境方面仍需进一步提升。

三 人才培养和开发力度仍需进一步加大

早期深圳存在的"洼地"效应和"高地"效应掩盖了一个年轻城市在吸引人才中的一个根本弱点，这就是深圳缺乏人才的蓄水池和人才发展的必要平台——一流的大学和国家级的研究机构。这是一流人才不愿到深圳来，或者来了之后难以扎根的一个重要原因。时至今日，这一问题仍然困扰着深圳。

首先，深圳本土人才培养能力不足，人才对外依存度较高。相对于一线和部分二线城市丰富的高校资源，深圳在高等教育资源上的劣势比较显著，因此在硕士及以上学历人才的占比上，深圳的占比低于全国水平。深圳硕博士的占比低于北上广及部分省会城市，如南京、武汉、西安、成都；我国主要城市的普通高等院校数量北京最多，其次是武汉、西安、上海、南京，而深圳只有4所，高等教育资源稀缺可见一斑。

其次，深圳吸引国际化人才的能力有限。根据美国全球智库科尔尼管理咨询公司的调查统计报告，[①] 2016年，香港国际化程度连续9年稳居全球第5位，并且是中国高居榜首的地区；北京第9位；

---

① 这个报告从五个维度（商业活动、人力资源、信息交换、文化经验、政治参与）来评价一个国家或地区的国际化水平。

上海第 20 位；深圳第 83 位。可见，深圳的开放程度较高，但是国际化水平却与同处大湾区的香港相去甚远，也无法与同属第一梯队城市的北京、上海相提并论。这个排名指标说明了深圳在吸引涉外要素，包括国际化人才方面的能力有待提升。

其次，深圳人才培养开发政策实施效果不尽如人意。据 2017 年深圳社科院对高层次人才政策满意度的调查数据显示，深圳市人才培养开发政策实施效果总体满意度相比于其他人才政策偏低（比例为 61.43%），人才培养开发计划与深圳市人才需求和产业发展需求契合度高（比例达 80.30%）。各类人才培养开发政策实施效果中，人才培养载体和国际化人才培养相关政策实施效果满意度最高，分别达 65.18% 和 64.39%，紧缺专业人才培养政策实施效果满意度一般，比例为 60.64%，技能型人才培养开发政策实施效果最低，所占比例仅为 55.52%。可见，深圳在人才培养、开发、潜能发掘方面仍需努力。

十年树木，百年树人，按照育人的一般规律，只有不到 40 年建市历史的深圳自然无法在人才队伍的培养上与北上广等城市比高低。但一个高素质的城市不可能把培育人才的任务都交给别的城市去完成，也不可能完全依靠人才的引进来解决人才短缺问题。人才的"拿来主义"在今天已有明显的局限性，深圳必须下定决心加强自身人才的培养和开发，加快建设和完善深圳各类人才孵化器。

四　人才政策体系有待完善、深化和多元化转换

一是人才立法的配套政策措施需要进一步完善。深圳人才立法起步较晚，尚处于探索起步阶段。虽然《深圳经济特区人才工作条例》出台再次引领全国人才立法之先河，但是在实际适用中，人才立法的广度和深度与世界先进地区的人才立法相比仍有不小的差距。要建立适应国际竞争的人才制度体系，与深圳本地"人才基本法"相配套的政策措施应该统筹考虑、全盘规划。在市级层面，应该尽快出台《条例》的实施细则，使人才工作的各个方面各个环节有法可依、有据可循。各区也应结合实际情况，尽快出台相关配套措施，与市级政策法规互相补充。同时，与人才立法密切相关的其

他领域，如知识产权保护、创新机制建立、科研成果转化、产业结构调整等，也应逐步完善立法，从而为人才的发展建立起完备的法规体系。

二是人才引进、认定、服务等机制需要进一步完善。目前，深圳在人才服务方面存在外籍人才引进有较大限制，人才流动受身份限制影响因素较大，人才服务机制不够健全等问题。如除符合国家认定的外籍高层次人才和急需紧缺专门人才，可适用公安部新修订《出境入境管理法》中的R字（人才）签证外，其他外籍人才的出入境签证仍然限制非常严格，这在一定程度上影响了外籍人才的引进；机关事业单位不同身份的人员之间，机关事业单位与其他性质用人单位的人员之间，在职级认定、管理方式、工资福利、晋升渠道等方面都存在着各种差异，这些差异往往形成"玻璃门"，阻碍了人才的自由流动和发挥活力；目前深圳民营企业不论规模大小，其人才档案均在人才服务机构统一管理，这对于民营企业的人事管理造成极大不便。

三是人才政策的比较优势有所弱化，需要进行多元化转换。与国内先进城市相比，深圳的人才政策总体处于领先水平，但随着国内城市人才竞争日趋激烈，其他城市密集出台颇具竞争力的政策措施，相比之下深圳由于房价持续高企、生活成本高昂、教育医疗配套不足等因素，人才政策的比较优势逐渐弱化。深圳的人才发展战略更多着眼于高科技人才、创新创业人才、高层次人才，而较少关注其他领域（例如人文社科）人才、高层次党政人才、基础学科人才、广大中初级人才，这在一定程度上影响了城市综合实力的全面发展，在城市经济发展到一定水平时，容易成为发展后劲不足的掣肘因素。

第二节 深圳提升人才竞争力的目标及思路

城市定位决定人才战略。当前，深圳正奋力向竞争力影响力卓著的创新引领型全球城市迈进，也就是说，深圳已经在彼岸找到了自己的位置,关键是现在如何过河。得人才者得天下,城市的国际化首先是人才的国际化,建设全球城市的定位决定深圳必须以全球视野全面提升人才竞争力,立足创新发展,面向全球招才引智。为此,深圳提出要建设"更具吸引力的人才特区",坚定不移将人才优先发展作为核心战略,使人才引得进、留得住、再提升,城市综合竞争力因人才竞争力的提升而增强。

一 目标:建设人才特区

深圳市委六届九次全会确定了深圳率先建设社会主义现代化先行区的"九大战略任务",其中,将建设更具吸引力的人才特区的战略任务作为核心战略,体现了深圳市委市政府对人才的渴求和高度重视。从取得巨大成功的经济特区到成为人才特区,实现这一华丽转身,深圳需要配套实施"四大战略":

战略之一是完善政策体系。继续发挥政策对汇聚人才的助推作用,特别是要注重做好人才政策的宣传和配套衔接,全面落实既有政策,制定金融人才队伍建设、柔性引才用才、创新型青年企业家培育等制度,构建更加积极、更加开放、更加有效的人才政策体系,并加大宣传力度。其重点是对标世界一流,全面梳理和优化重构全市人才政策服务体系,推出新一轮符合国际惯例、体现深圳特色、更具突破性的人才政策,规模化、制度化引进全球专家人才,批量吸引全球优秀青年人才,特别是尖端科技人才、创意人才。

战略之二是加速高端集聚。优化拓展"孔雀计划",坚持"量身定制、一人一策",聚集一批前沿科技领军人才,吸引一批诺贝尔奖获得者、国际一流战略科学家和院士,培育引进一大批优秀大学生、研究生和博士后。支持建设海外创新研发中心,在人才聚集的国家和地区打造"人才飞地"。

战略之三是纵深推进"放权松绑"。着力打破地域、身份、体制等壁垒,让人才活力充分迸发。进一步向高校、科研机构下放岗位设置、人才招聘、薪酬分配等权限。优化人才评价制度,完善高层次人才市场化认定、任期管理、退出等机制,扩大企业自主认定高层次人才范围。深化职称制度改革,完善职称社会化评审机制。

战略之四是优化服务保障。提高新引进人才生活补贴标准，推进人才住房先租后买和以租抵购，扩大产业发展与创新人才奖受惠面，优化外国人来深工作许可服务，实施外国人才签证制度，落实人才就医、子女入学、配偶就业等便利措施，营造尊重知识、尊重人才的浓厚氛围。

二 思路：实施"三个更加"，推进"五大转变"

实施更加积极、更加开放、更加有效的人才政策，此"三个更加"，是党的十九大根据新时代人才工作特征提出的新要求。"更加积极"，关键在于向用人主体放权、为人才松绑上更加积极，最大限度激发和释放人才创新创造活力。"更加开放"，重点在于树立国际视野走出去，紧紧抓住"中国引力"黄金期，主动参与全球人才争夺战。"更加有效"，最直接是要发挥市场在人才资源配置中的决定性作用和更好发挥政府作用，构建"党委政府＋社会组织＋市场主体"的协同推进机制。提升人才竞争力，建好人才特区，必须紧紧围绕"三个更加"下功夫，加快推进人才发展体制机制改革，具体来说，要全面推进深圳人才治理"五大转变"，着力构建起与国际接轨、更具全球竞争力的人才制度体系。

（一）人才发展从"单兵作战"向"深度融合"转变，依托前海树立深港澳区域人才协同发展深圳样本

随着《深化粤港澳合作　推进大湾区建设框架协议》的签署，粤港澳大湾区从过去的概念和设想升级为国家战略，与此相适应，三地的合作应逐步向深度融合转变，人才的协同发展是题中应有之义。深圳应以打造人才管理示范区为契机，积极推动编制适应粤港澳大湾区战略的深港澳人才一体化发展规划，将区域人才协同发展作为战略目标正式提出。前海作为海外高层次人才创新创业基地、全国人才管理改革试验区和深港人才特区，理应在建立健全有利于现代服务业人才集聚的机制，营造便利的工作和生活环境方面继续走在全国前列。深圳应抓住机遇，依托前海，深化深港人才合作，加快前海人才管理改革试验，增创内地与香港人才紧密合作优势，促进国际化人才来深聚集发展，为大湾区战略下的人才协同发展探索可资借鉴复制的经验。依托前海，借鉴上海的成功经验，打造前海国际人才服务中心。一方面发挥前海在出入境便利、税收优惠等方面的政策优势，降低外籍人才引进成本，通过限定引进人才层级和选派单位范围，控制风险，为需要引进外籍专业人才的用人单位提供便利，解除外籍人才对来华工作的后顾之忧；另一方面突出毗邻港澳特色，提升外籍人才服务保障水平，争取政策允许港澳人士和获得在华永久居留权的外籍高层次人才在创办科技型企业方面，享受和内地居民同等待遇，从而增强港澳人士国民身份认同及吸引外籍人才来华创新创业。

（二）人才工作从主要依靠"政策治理"向依法治理为主、政策治理为辅转变，打造统筹兼顾、符合市情、具有国际竞争力的人才法规体系

首先，从思想认识层面，人才工作应树立统筹兼顾、全面发展的人才观，正确处理人才的广度与精度、高度与厚度之间的关系。人才政策制定应统筹兼顾各类型、各专业人才，既要注重产业创新型人才、高新科技型人才的引进培养，也要注重基础研发型、理论研究型、经营管理型、技能技工型等各类型人才的培育成长，增强城市活力，夯实城市发展根基；应统筹兼顾各层次各级别人才，既要注重海外高层次人才、国内高层次专业技术人才的引进，也要注重广大中初级人才的培育和提升，切实处理好增量人才和存量人才的关系，保护和调动各层次人才的积极性，使近者悦、远者来，聚合人才向心力，形成人才"一盘棋"。

其次，在实际操作层面，一方面，深圳人才工作应积极适应国际人才发展趋势，充分利用特区立法权优势，以《深圳经济特区人才工作条例》出台为契机，推动深圳人才工作走法治化、科学化、规范化道路。发挥深圳经济特区的引领地位和政策优势，积极推动国家层面出台综合性人才工作法律法规。配合《深圳经济特区人才工作条例》出台实施，加强人才工作法制化建设，在知识产权保护、专利申请、人才治理相关领域简政放权等方面积极作为，制定完善法律法规，推进人才管理工作科学化、制度化、规范化，形成有利于人才发展的法治环境。探索在全国率先建立更加科学、务

实、完善的知识型外籍人才引进机制和技术移民制度体系，让国际人才真正成为促进经济增长和社会创新的要素。

此外，人才政策出台之前应审慎评估。一旦出台，不宜短期内大修大改，否则有"朝令夕改"之嫌，造成政策的极大不稳定性，对政策的实施不利，也大大降低人才对于政策的可预期性。同时要注重加强人才政策宣传，对所有政策均举办说明会，让申请人了解熟悉政策；政策发文、公告后，系统及时进行信息推送。

另一方面，深圳人才工作应结合经济特区实际情况，全方位锻造"人无我有、人有我优、人优我精"的政策环境，用政策组合工具营造更具温度、更具人文关怀的人才发展环境。人才政策设计应具有全局思维，人才政策应与全市经济发展政策及社会民生政策统筹考虑、通盘计划，发挥各类型政策互为补充、互相促进的最佳效能，打好关联政策工具"组合拳"。人才政策应统筹兼顾人才引进、使用、培育、激励、评价等各环节需求，创新完善人才工作体制机制，不仅着眼于破解人才发展的现实难题，而且着眼于人才发展的愿景与未来趋势，形成人才发展良性生态系统。人才政策应突破单纯依靠补贴、优惠等单向度扶持方式，致力于通过政策工具组合运用全面优化创新创业、城市文化、自然生态、社会民生整体环境，种好梧桐树，引来金凤凰，打造国际人才高地。

（三）人才评价从人才主管部门认定为主向市场化评价与人才主管部门认定相结合方式转变，打造多元化、灵活管用的人才评价指标体系

进一步探索科学有效的人才评价标准，建立分类分级、灵活管用的人才管理机制。开展深圳人才调查，全面了解改革开放以来深圳各时期人才结构、人才规模、人才流动的发展变化，系统把握和预测各领域人才需求及人才发展趋势。在此基础上，对深圳人才进行分类。如针对国内创新创业人才，可细分为创业人才及其核心团队、创新创业投资管理人才、高新科技研发人才及其核心团队、创新创业中介服务人才及其核心团队等，其他领域人才可照此细分。

紧密结合深圳经济社会发展需求和趋势，按照人才分类，分别制定市场化评价与人才主管部门认定相结合的多元化人才评价标

准。坚持以能力业绩评价人才，依效益成果奖励人才。对从事基础和前沿技术研究、应用研究、成果转化等不同活动的人员建立分类评价制度，即对基础研究人才，突出尖端前沿引领，实行同行评价，增加国际同行评价比例，突出中长期目标导向，坚持以理论研究成果及影响度为重要的评价指标，评价重点从研究成果数量转向研究质量、原始创新价值和实际贡献。对应用开发人才，注重创新创造业绩，强化产学研融合，破除不适当的论文要求。对成果转化人才，注重转化后形成的产值、利润等经济效益和吸纳就业等社会效益，进一步强化实践能力评价。关注人才评价标准的国内外衔接，推动评价标准的国际化，例如在对来华工作的外籍人才认定上，可以采取工资收入、综合积分作为评价标准。

提升人才评价标准的社会认可度和市场认可程度，改变目前人才认定主要依靠人才主管部门审批认定的单一手段，充分发挥政府、市场、专业组织、用人单位等多元评价主体作用，加快建立科学化、社会化、市场化、多元化的人才评价指标体系。要引入第三方评价，对于从事应用研究、社会服务和技术转移的科技人才，由用户、市场和专家等相关第三方参与评价。注重引入国际同行评价，让处在国际前沿的专家进入评估委员会，加大国际匿名评审的范围，一方面，确保用国际前沿的视角来测度人才的成果，另一方面，确保人才评价的客观公正。遴选国内外各学科领域的优秀学者、专家等，逐步建立和完善科技人才评价专家数据库，建立健全评价责任和信誉制度，让内行的专家来评判优秀的人才。

（四）人才流动从单向度、闭合式流动向多渠道、开放式流动转变，建立大数据时代多通道的人才自由流动模式

深圳应发挥作为全国人才管理改革试验区的先行先试作用，率先探索突破人才身份、职级等人为限制，以市场配置、众筹共享、合法规范、互联互通、简易便捷的理念，建立多渠道、开放式的人才自由流动模式。修订《深圳市户籍迁入若干规定》，对用人单位急需紧缺又未被人才主管部门认定为高层次人才的，根据实际需要适当放宽年龄条件限制。根据深圳市实行聘任制公务员制度的特点，探索实行党政机关与企事业单位"旋转门"机制，鼓励党政机

关与企事业单位人才双向挂职、定期轮岗等，推动政府决策需求与智库资源对接，打通各种身份人才的职业通道。落实执行《关于促进人才优先发展的若干措施》关于在专业性较强的政府机构和国有企事业单位设置高端特聘职位并实施聘期管理、协议工资，吸引这些行业的高端专业人才等政策措施，充实党政人才队伍，提升党政机关和国有企事业单位的创新活力。制定科研人员双向流动政策，支持科研人员双向兼职，鼓励科研人员离岗创业。鼓励行业人员到高校兼职，推动创新创业人才培养及科技成果转化，推动产学研深度融合。

继续探索实行柔性引才机制，对天下英才不求所有，但求所用。一方面采取"季节型""假日型""候鸟型""契约性"等柔性灵活方式引进外地优秀人才，充分利用"外脑"，定期或不定期为深圳发展服务；另一方面鼓励本地人才以访问交流、兼职等形式走出去，积极吸纳各地优秀思想理念及先进技术文化。在人员自由流动过程中，实现智力资源的有效引进和利用，消除束缚人才自由流动发展的机制障碍。

大力引进国际知名人力资源服务机构，打造国际化、市场化的高端人才服务平台。大力发展"政府猎头"，创建市一级人力资源服务产业园区，作为政府与市场对接的最前沿平台，打造人力资源服务产业新业态。入驻园区的企业要与深圳的企业、产业、经济发展深度契合，做全产业链。依托园区建立全球人才大数据展示中心，整合入园企业大数据，动态展示全球人才变化状况，分析人才需求发展趋势、求职热点、薪酬情况、人才分布流动变化等。引进和培育高端人才服务机构，通过市场手段解决企业人力资源难题，实现更大限度、更有效地引才、留才、用才。拓展海外人才联络点设置，充分发挥人才联络点面向全球吸纳引进优秀人才和联通服务人才方面的积极作用。

（五）人才政策评估从不定期静态评估向持续动态跟踪评估转变，建立具有科学性、动态性、时效性的人才政策评估机制

通过设置人才政策观测点，建立人才政策动态观测机制，开展人才政策实施情况跟踪督查。可由市级组织人事部门牵头，选取若干有

代表性的企事业单位及创新创业团队作为全市人才政策观测点，与市级组织人事部门保持稳定联系沟通，及时收集反馈人才政策落实情况及落实过程中遇到的问题。畅通人才政策信息沟通渠道，人才主管部门定期走访调研用人单位，了解人才政策实施情况，及时掌握用人单位及人才的诉求，为政策制定和完善提供更多的依据。

探索设立专门的人才研究机构，从事全球人才发展状况及深圳人才发展状况持续跟踪和动态研究。利用人力资源管理相关理论及大数据技术手段观测研判全球人才发展趋势，分析人才流动走向，为深圳人才政策的制定、修订、完善提供具有科学性、专业性的理论依据和对策建议。

探索采用购买服务方式，建立人才政策常态化评估机制，定期委托独立第三方机构进行人才政策评估。建立科学有效的人才政策效果评价指标体系，从主要由人才主管部门组织评估转变为由第三方机构独立开展评估，从根据需要不定期开展评估转变为定期开展评估，保证科学、客观反映人才政策的实施效能和政策缺失。

第三节 深圳提升人才竞争力的对策措施

综合影响人才竞争力的指标及影响因素，结合人才特区建设的目标和思路，全面提升深圳人才竞争力，宜重点做好以下几方面的工作。

一 创新完善人才工作机制

综合国力的竞争，关键是人才的竞争，人才竞争根本上又是制度的竞争。习近平总书记指出，"要着力破除体制机制障碍，向用人主体放权，为人才松绑，让人才创新创造活力充分迸发，使各方面人才各得其所、尽展其长"。总书记的论述为深化人才发展体制机制改革、激发人才创新创造活力、进一步提高人才工作治理能力和水平，明确了目标和方向。

（一）坚持党管人才，构建有效的党管人才格局

按照习近平总书记关于"坚持党管人才原则，遵循社会主义市

场经济规律和人才成长规律"重要讲话精神，围绕实现"三个定位、两个率先"目标和加快建设国际科技、产业创新中心，努力建成现代化国际化创新型城市需要，新时期深圳发挥改革开放排头兵角色，加强党管人才工作创新，应以解决党管人才面对的现实问题为基础，以中央和省关于党管人才的政策要求为目标，从体制机制着手、从团结引领着力，推进党管人才科学化水平，调动各方面的积极性和创造性，形成全社会共同推进人才发展的整体合力。

完善党管人才工作格局的重点是坚持把党管人才、发挥市场对人才资源配置的决定性作用和更好发挥政府作用结合起来，构建"党委政府＋社会组织＋市场主体"的协同推进机制，推动人才工作从点上突破向整体运筹转变、从单兵作战向协同发力转变，增强市场主体对人才的预见性、前瞻性和与城市发展战略的协同性，逐渐形成领导体制健全、基础政策完备、运行机制顺畅的党管人才工作体系，党委统一领导、组织部门牵头抓总、有关部门协同联动、社会力量积极参与的党管人才工作体系健全，人才工作政策、信息和资源有效对接、相互补充。

具体举措是加强基础制度设计，推进党管人才工作规范化。其一是定政策，建立"1＋N"党管人才政策体系，梳理现有人才政策，规范深圳党管人才工作领导体制、工作格局和运行机制，制定政策汇编。其二是定体制，全面强化人才工作领导小组及其工作部门建设，即结合粤港澳大湾区建设和深圳市建设现代化国际化创新型城市和国际科技、产业创新中心的契机与需求，综合评估本市人才发展趋势与人才工作管理投入的匹配度，配齐配强市区两级人才工作力量，做到编制、职责、人员、工作四个到位。其三是完善人才工作机制，将人才工作项目纳入市区经济工作统筹，各部门各区根据全市经济社会发展大局和本单位人才工作发展实际需要确定人才需要，同时制定人才工作考核办法，设定人才发展水平指标并赋予分值，建立市与区之间、各区之间人才合作开发机制。

（二）坚持与时俱进，构建具有全球竞争力的人才工作体系

人才工作是一项立足于当下，着眼于未来的事业和工作。为此，深圳的人才工作体系要与时代发展相适应，顺应全球化背景下的人

才流动、人才使用、人才观念等各方面的变化，逐步完善具有全球竞争力的人才工作体系。当前人才制度改革，首先要推进人才管理体制改革。急需在四个方面力求大的突破：在发挥市场配置人才的决定性作用方面力求大的突破；在加快转变政府人才管理职能方面力求大的突破；在保障落实用人单位自主权方面力求大的突破；在加强人才管理法制建设方面力求大的突破。其次，要改革人才工作机制。

一是促进部门有效协同，有效推进人才管理。其一是落实市区、各部门的人才工作责任制，健全市人才工作网络，加强人才工作队伍力量，根据实际需要建立健全相关行业、领域的人才工作议事协调机构。其二是加强人才队伍能力建设，发挥好用人单位用好用活人才的主体作用，建立党委政府听取用人单位意见机制，同时出台政策推动群团组织和社会力量参与人才管理，鼓励和支持各类人才培训机构等为人才提供个性化和多样化服务。

二是完善人才服务方式，促进党管人才服务精准化。其一是建立全市人才管理数据库，从征信、认定、引进、任用、培养等多方面实施统一平台式服务监管，跟踪跟进人才结构调整和人才需求变化等情况；拓展高层次人才线下综合服务中心功能；建立人才服务工作站，建立"双向反馈"制度。其二是推进党管人才方式多元化，建立决策咨询专家库，完善人才进入"两代表一委员"机制，推进人才参政咨政作用发挥，健全人才政策评估监测制度。其三是完善党管人才资金保障，建立人才发展资金和财政性人力资本投入；加强人才工作宣传等。

三是改进和完善人才匹配机制。其一是创新人才教育培养模式，以经济社会发展需求为导向，建立高校学科专业、类型、层次和区域布局动态调整机制。其二是充分发挥市场在人才资源配置中的决定性作用。转变政府人才管理职能，推动人才管理部门简政放权，消除对用人主体的过度干预。保障和落实用人主体自主权，充分发挥人才主体在人才培养、吸引和使用中的主导作用。比如，改革事业单位人才管理体制，事业单位根据需要可以设立特设岗位、流动岗位、创新岗位，不受岗位总量、结构比例和最高岗位等级限制。

其三是完善引导人才有序流动的机制。破除影响人才流动的因素，打破各种制约障碍，促进人才资源合理流动、有效配置。

二 建立健全人才培养体系

（一）树立人才资源开发优先投入的理念，加大对人才培养的投入

人才资源是第一资源，人才资源开发的投入，是最具有经济和社会综合效益的生产性投入，是受益最大的投入，要把人才资本的提升看作是整体性人才资源开发中的关键环节，始终把对人才资源开发的投入放在优先位置。其关键在于创新人才的培养机制，建立多渠道、多层次、开放式的人才培养体系，建立学习型组织、学习型城市、学习型社会，提升区域人才竞争力。

第一，在人才培养上加大政府投入，同时努力建立以政府投入为导向、用人单位为投资主体，社会各界自主参与的多元化人才培养机制。一方面，提高财政支出中用于人才资源开发的比例，使人才开发投资的增长率与财政收入的增长率相协调并适度超前。设立人才开发专项基金，专门用于各类人才特别是高层次人才和急需紧缺人才的培养和引进。另一方面，充分利用民间资金实力雄厚的优势，发挥民间办学的积极性，以扩大办学规模。提高教育投资，不应仅靠加大政府投入这一条途径，还应通过深化教育体制改革，使教育由原来的计划调节转变为市场调节，降低政府财力不足对教育投入制约的影响，理顺教育投资的成本—收益关系，努力调动社会各方面的办学积极性，鼓励教育供给多元化和竞争化，使教育供给数量、结构与经济发展对人力资本的需求相适应。

第二，在人才培养重点方面，大力发展高等教育与职业技术教育，积极推进继续教育，加快建设社会化的终身教育体系，坚持自主培养和实践锻炼相结合的多层次开放式人才培养内容，切实提高人才队伍的整体素质。适度扩展高校办学规模，进一步优化高等教育布局，加大对高等教育的投入，重组高教资源，鼓励发展民办教育，合理扩大招生规模，构建普通高校、高等职业学校、开放式大学组成的高等教育体系，积极兴办地方性的大学或职业技术学院，

特别是在产业集聚的地方,为产业发展和升级培养更多适用的人才。

(二) 构建现代化人才培养体系

《国家中长期教育改革和发展规划纲要(2010—2020年)》提出,高等教育要牢固确立人才培养在高校工作中的中心地位,着力培养信念执着、品德优良、知识丰富、本领过硬的高素质专门人才和拔尖创新人才。《纲要》从观念更新、培养体系创新以及评价制度改革等各个层面,构成了整个人才培养体制改革的完整框架。要实现这一目标,就必须完善现代高等教育的体系,使高等教育呈现分类发展和协调发展的新型模式,实现人才培养的多元化目标。

第一,加强顶层设计,坚持内涵提升,制定科学的现代化人才培养目标。社会形势发生变化,与之相对应的人才培养目标也应及时变化与调整,必须坚持内涵提升,做好顶层设计。在层次结构上,可以从目标层、准则层及方案层三个层次来构建人才培养目标。目标层即为学校总体层面上的一级人才培养目标,需要结合学校定位、社会实际需求而确立;准则层则为更加细化的学科专业层面的二级人才培养目标,需要根据学科特点、生源质量、师资队伍等因素来确定;而方案层则为人才培养目标的实施层次,包括具体实施方案和实施者。

第二,根据人才培养目标,优化知识结构,建立重基础、宽口径的多元化理论教学体系。合理编制招生计划,实现大类招生,构建大类人才培养体系,打通专业壁垒,在制定理论教学体系时采用柔性培养方案,跨学科复合交叉培养,将一些相近学科进行交叉、融合,构建若干个学科群(组),按学科群(组)进行大类培养。建立基于通识教育的宽口径专业人才培养体系,在制定课程培养体系时,应在充分了解、调研的基础上,结合学校内部学科的特点及分布的实际情况,制定适应当前本学科发展、适应社会对人才要求的培养方案,融传授知识、培养能力和提高素质为一体。在课程安排上应做到整体优化,层次分明,课程共享,合理配置教学资源。

第三,根据社会发展需要,强化双创教育,搭建突出个性培养的开放性实践教学体系。创新创业教育在现代人才培养体系中已经占有越来越大的比例，发挥着越来越重要的作用，它要求学生在学制上有较大的自由度和空间，根据不同学科学生自身的需求设立实验教学、实习教学、学科竞赛、课内外实践、课程设计、科创活动、创新创业项目等多个自选模块，注重培养学生创新精神、实践能力和综合素质。在培养内容上，应加强实践及创新创业理论课程的系统建设，加大相关理论知识的学分比重，在重视专业知识教学的基础上，重点开发学生的创造性思维，培养学生的创新创业精神。

（三）注重能力培养，充分发挥人才作用

第一，坚持以能力培养为目标，推行"双元制"职业教育和建立以"就业"为导向的现代"学徒制"培训机制。"双元制"是德国推行职业教育成功的关键之处，其是在企业和职业学校中进行交叉教学，且企业培训起着主导的作用，职业学校只起配合和服务作用。政府要推动企业、行业主管部门和生产单位组织实施培训制度。"现代学徒制"培训以就业为明确导向，培训内容由社会合伙人共同制定，适应企业发展需要，突出了对学徒工实践操作能力的培养，学生在企业培训期间不用缴纳学费，同时以技术工人工资的50%为学徒工工资，并按比例逐年增长。

第二，树立全民皆才的观念，重视专业型的人力资源培育，不断培育、开发企业家资源，完善人才就业信息机制，进一步鼓励人才国际合作培训。首先，在人才培养中，树立人人皆才的观念，发现教育对象优点，因材施教，通过有效的发掘和针对性的教育，把全民皆才的理念深入贯彻到具体工作中去。其次，倡导政府、企业、社会共同合作发展教育，确保教育、培训政策和相关的辅助行动计划有效实施，建立产学研三位一体的办学模式，培养理论基础扎实、实践能力强的专业人才。再次，重视企业家培育工作，将企业家作为人才中的高级生产要素，通过组织企业家培训、帮助企业家转变观念、提高企业家的整体素质，提高他们的管理水平。又次，完善劳动力市场的信息互通机制，使得人才供给与人才需求相吻合，并对小型企业予以引导和扶持。最后，鼓励国际人才培训企业与教育培训机构合作计划，以发展新的职业类型。

第三，充分发挥存量人才和增量人才的优势。创新人才投资机制，实现投资主体多元化，由政府主导型向社会各方力量共同参与转变。民间资本、企业资本等各方社会资本要与货币资本结合，才能真正形成现实的生产力。为此要强化人才风险投资机制，建立人才、知识价值实现的货币资本支持基础，用现实的经营机会诱导人才创新的形成，以实现"知识资本化"或"知识对资本的雇用"。

三 构建全球化人才引进体系

面向全球招才引智，不断完善人才引进政策体系，形成面向国内外的立体化揽才政策，促进人才回流，促进增量人才的发展。

（一）多措并举，引进高层次人才

一是聚焦发达国家实施"靶向引才工程"。抢抓一些发达国家科技、人才政策调整的契机，精准实施"靶向引才工程"，作为市"孔雀计划"的子项目，每年从专项资金中单列资金用于"靶向"引进使用人才。制定外籍科学家领衔深圳科技项目办法，支持他们深度参与重大计划项目、开展科研攻关，在表彰奖励上一视同仁。借助和发挥各级各类驻外机构优势开展引才用才活动，符合条件的市财政提供工作项目经费。

二是建立在海外就地吸引使用当地高层次人才奖励制度。鼓励和支持深圳各类机构在国（境）外设立研发中心、分支机构、孵化载体等，吸引使用当地优秀科技产业人才，符合条件的市财政给予资助。鼓励和支持深圳高校、科研院所在国（境）外设立办学机构开展人才、教育教学、技术和项目合作交流，符合条件的市财政给予资助。鼓励开展以人才为核心的海外并购。

三是积极扩大人才国际交流与合作。支持企业在境外举办符合重点产业发展方向，助推企业参与全球竞争，能有效提升国际影响力的国际性会议，符合条件的市财政给予资助。支持企业在海外投资设厂、并购、建立研发中心和高端孵化基地。支持跨国公司在深建立地区总部或研发中心，争取有影响力的国际组织在深设立分支机构。鼓励有条件的高校、科研院所和企业参与国际组织活动，培养更多人才进入国际组织工作，对进入国际组织工作的，给予一定

财政资助。

四是全面深化深港人才合作。鼓励香港高校、科研机构通过其在深机构申请基础研究、技术攻关项目，并给予更加灵活的经费支持。积极推动落马洲河套地区深港人才合作，在港深创新及科技园内工作的高层次人才，符合深圳产业政策及相关条件的，可申请享受高层次人才相关待遇。允许具有香港职业资格的金融、规划、设计、建筑、会计、教育、医疗、社会工作等专业人才，经市相关主管部门备案后，在深提供专业服务。大力推动粤港澳人才合作，对港澳机构与深圳合作设立的重大创新平台、科研医疗机构、社会服务合作机构或项目等，符合条件的，市财政给予资助。在前海设立国际人才服务中心（公司），允许其为市内企业、科研机构等用人主体提供人才寻聘、劳务派遣等人力资源服务。在前海国际人才服务中心（公司）注册的人才，符合境外高端人才和紧缺人才认定标准的，可以在个税、出入境便利等方面享受优惠政策。

五是加大柔性引才用才力度。加快建设诺贝尔奖科学家实验室、国家重点实验室、国家工程研究中心等重大创新平台，专项经费中用于柔性引才用才经费不设比例限制。设立公办高校、中外合作办学院校、公立医院校长（院长）基金，支持用于柔性引才用才，市财政给予稳定保障。鼓励采取顾问指导、短期兼职、技术联姻、服务外包、退休返聘、人才租赁等形式引进人才，实行弹性管理、提供个性服务。鼓励高校、科研院所建立学术休假制度，学术休假期间薪酬待遇不变。支持利用学术休假开展科研、创新、学术交流等活动，并获取相应报酬。建立高层次、常态化的专家咨询制度，制定政府向市内外智库购买决策咨询服务的指导意见。加大博士后创新创业资助，建立创业项目评估奖励制度，扩大博士和博士后创客驿站等创业平台建设，提高外籍在站博士后科研人员资助标准。

（二）组合拳出台，完善人才引进机制

重视创新工作体制机制和优化招才引智工作环境，一是建立权责统一、运转高效、法治保障的外国专家工作管理体制。要遵循职能有机统一的原则，借鉴国外、省外有益的管理经验，强化部门间协调配合，打造分工合理、错位发展、有序引智、合理用才的管理体制新格局。

二是探索市场化招才引智新路子。要转变主要依靠行政手段提供招才引智服务、开展招才引智管理的发展方式，更加注重发挥市场在人才资源配置中的决定性作用，善于运用市场的办法激发人才和引智主体的创造活力，引导猎头公司、中介机构等加大招才引智工作力度，注重发挥企业在人才引进、使用中的主体地位，鼓励企业采取高薪聘用、股权激励、特聘顾问等方式引进国外高层次人才、创新团队和职业经理人，实现人才、资本、技术等创新要素的高效聚集，形成以项目带引智、以引智促项目、以基地聚人才的良性招才引智机制。健全政府、用人主体和社会多元化投入机制，引导企业、用人主体和社会有关方面加大招才引智的投入，政府的投入应主要用于基础前沿研究、共性关键技术等领域。

三是积极创新招才引智政策。要主动适应经济发展新常态，注重发挥政策的引领和推动作用，认真筛选、整合现有政策，及时清理、改革过时的政策，深入总结各类好经验、好做法，并尽快把一些好经验、好做法上升为制度规范。要坚持以政策创新推动招才引智工作体制机制创新，学习借鉴兄弟省市的先进经验，结合深圳市工作实际，研究制定更加灵活有效的新政策、新制度。

四 完善人才使用体系

人才以用为本，"学以致用"是人才的重要价值体现，深圳应加强和完善人才使用体系，改变用人观念，充分发挥市场作用，为人才提供用武之地。

（一）推动人才市场化建设

坚持人才"以用为本"，用当其长、用当其时、用当其位，建立健全充分体现"能力导向"和"业绩导向"的人才使用机制。为此，要完善和推动人才的市场化配置。首先，要进一步加强政府对于人才市场宏观调控的力度，做好人才市场体系建设的整体规划，发挥政府服务和市场监管职能，打破和消除人才市场壁垒，引导人才市场健康可持续发展和全国性人才市场的最终形成。其次，建立健全人才市场发展与管理的法律法规体系，制定与完善包括人事代理、人员流动、人事争议仲裁等政策法规，实现人才市场运作的规范化和制度化。最后，进一步加快与人才市场相配套的服务体系的建立与完善，以市场需求为导向，引导人才中介服务机构的市场化转型和发展，提高和强化核心竞争力，创新人才市场服务，为人才提供更具个性化和全面的服务，实现服务领域的多元化、服务手段的现代化、服务质量的高效化，为人才的激活和流动提供更具体更专业化的服务。

（二）建立健全人才发展政策体系

一是完善人才的激励和保障政策。进一步健全各类各行人才表彰奖励制度，并最终形成政府、社会与用人单位"三位一体"的人才奖励体系，最大限度地调动起人才的积极性和主动性，提高人才的责任感与荣誉感，实现长期激励与短期激励的有机结合。二是在人才引进和培养政策方面，要敢于创新、勇于突破，结合当地经济社会发展需求，加大引进力度，为人才创业提供条件和搭建平台，尤其是针对高层次、高技能人才的引进，实行资金资助政策和相关费用减免政策。

（三）优化人才市场环境和法制环境

人才流动需要健全的人才市场体系来保障，人才的集聚关键就在于市场体系的完善。深圳应当加强对人才市场的协调和规范化管理，建立健全人才市场供需、价格、竞争和信息四个机制，转变政府职能，引导市场主体的真正体现，打破人才的地区限制和特殊单位拥有以及行业垄断等体制，进一步优化和完善全国人才信息网络，提高人才市场社会化服务水平，努力将深圳建设成有特色的中国人才市场，优化深圳市人才市场环境。

完善的法制环境建设对人才发展起着重要保障作用。深圳应在已有的人才政策基础上完善人才引进、培养、使用等一整套法律法规，使人才的科研成果、专利、技术、知识产权受到保护，接受社会、媒体、公众和舆论监督，提高政策环境的公平和透明度，为各类人才提供良好的制度环境。

五 建立科学人才评价体系

人才评价是人才发展体制机制的重要组成部分，是人才资源开发管理和使用的前提，关系到能否最大限度激发人才活力、充分发挥人才作用。建立科学的人才分类评价机制，对于树立正确用人导向、激励引导人才职业发展、调动人才创新创业积极性、加快建设人才强国具有重要作用。科学人才评价要围绕人才强国战略和创新驱动发展战略，以科学分类为基础，以激发人才创新创业活力为目的，加快形成导向明确、精准科学、规范有序、竞争择优的科学化社会化市场化人才评价机制，建立与中国特色社会主义制度相适应的人才评价制度，努力形成人人渴望成才、人人努力成才、人人皆可成才、人人尽展其才的良好局面，使优秀人才脱颖而出。其中，要坚持服务发展、科学公正、改革创新的人才评价原则。

（一）分类健全人才评价标准

实行分类评价。以职业属性和岗位要求为基础，健全科学的人才分类评价体系。根据不同职业、不同岗位、不同层次人才特点和职责，坚持共通性与特殊性、水平业绩与发展潜力、定性与定量评价相结合，分类建立健全涵盖品德、知识、能力、业绩和贡献等要素，科学合理、各有侧重的人才评价标准。加快新兴职业领域人才评价标准开发工作。建立评价标准动态更新调整机制。

突出品德评价。坚持德才兼备，把品德作为人才评价的首要内容，加强对人才科学精神、职业道德、从业操守等评价考核，倡导诚实守信，强化社会责任，抵制心浮气躁、急功近利等不良风气，从严治理弄虚作假和学术不端行为。完善人才评价诚信体系，建立诚信守诺、失信行为记录和惩戒制度。探索建立基于道德操守和诚信情况的评价退出机制。

科学设置评价标准。坚持凭能力、实绩、贡献评价人才，克服唯学历、唯资历、唯论文等倾向，注重考察各类人才的专业性、创新性和履责绩效、创新成果、实际贡献。着力解决评价标准"一刀切"问题，合理设置和使用论文、专著、影响因子等评价指标，实行差别化评价，鼓励人才在不同领域、不同岗位做出贡献、追求卓越。

坚持正确的激励导向。大力倡导热爱事业、淡泊名利、埋头苦干的良好风尚，努力克服急于求成、急功近利、求全责备的浮躁心态，坚决制止投机取巧、弄虚作假、抄袭剽窃等违反学术道德的行为，要认真贯彻落实尊重劳动、尊重知识、尊重人才、尊重创造的方针，努力营造有利于干事创业的浓厚氛围，营造鼓励人才干事业，支持人才干事业的社会氛围。

（二）提升人才服务管理水平

要以满足国外人才智力需求为己任，整合资源、创新载体、再造流程、打造品牌，有效提高国外人才公共服务能力。

加强对高层次国外人才的服务。各级引智部门要创新服务方式和手段，加快建设网上"一站式"高层次人才综合服务平台，完善跨部门联席服务制度，建立覆盖全省的服务体系，提升为高端国外人才服务的质量和水平。要设立"外专千人计划"专家专门服务窗口，积极跟踪外国专家需求，为他们提供个性化、差异性、点对点高效服务。

加强招才引智载体平台建设。要坚持以促进引智成果产业化为目标，充分发挥引智试验区、示范区的引领带动作用，大力建设一批技术先进、消化吸收再创新能力强的引智示范推广基地和引智示范单位。大力拓宽高层次人才引智渠道，建立日常工作、需求对接、跟踪问效和评价奖励机制，为招才引智事业长远发展搭建新平台。

（三）完善人才评价机制，激发人才活力

建立健全监督机制，确保人才评价工作科学规范。从发达国家人才评价的经验来看，要确保人才评价工作科学规范，除了要有健全的法规和政策外，还必须建立和完善相应的监督机制。首先，要加强人才评价的内部监督，也就是科学共同体内部成员之间的监督，通过事前监督、事中监督和事后监督相结合及重点环节重点监督等做法，将权力置于有效的监督之下。其次，要加强人才评价的外部监督机制建设。通过政府和政府科研管理部门的工作，保证评价工作的客观公正，并在此基础上，拓宽监督的主体范围，通过舆论监督、新闻监督和网络监督等形式，使群众成为监督的主体，加大群众的参与力度，增强监督的实效。

创新和发展人才评价体系，拓宽人才成长通道。要通过评价主体多元化、评价方式多样化、评价内容全面化，实现人才评价体系的公正、规范和科学。在评价主体方面，应根据不同的评价对象科学选择评价主体。尤其值得强调的是，为了减少非学术因素对人才评价工作的影响，在评价主体方面，应注重引入独立的第三方（主要是一些不以营利为目的、可以承担法律责任的独立的科学共同体和专家协会等独立的第三方评价主体）参与人才评价工作，增强评价的公正性。在评价方式方面，针对不同的评价类型，采用多样化的评价方式。要充分利用各种现代化的先进测评技术和科学手段，开展人才评价基础理论、方法、模型、数据库等方面的研究工作，努力提高人才评价的科学水平。在评价内容上，要对评价对象的现实能力、实际业绩和发展潜能进行综合、全方位的评价，实现人才评价活动协调化、人才评价整体功能最优化、人才评价结果公正公平化的目的。规范评价程序，保证程序公开透明。程序规范是公正评价的前提。在人才评价过程中，要根据被评价者的不同，采取不同的程序设计。如对企业经营管理人才，要在制度上建立企业经营管理者的市场评价机制，制定关于经营业绩和社会贡献的考核标准，建立为市场和出资人认可、以能力和业绩为导向、以绩效目标为核心的企业经营管理人才评价体系。对专业技术人员，要通过深化职称评聘制度改革，推进专业技术评价的科学化、社会化进程，要通过完善专业技术人员的个人申报、社会评审、评聘分开、单位评人等管理模式，逐步建立起促进人才发展的专业技术人才评价机制。总之，不管是何种类型的人才评价，都要坚持评价程序的客观公正和公开透明。通过对评价过程的严格监管，严明纪律，实现评价结果的公开、公平和公正。

六　完善人才发展环境

重点完善人才发展的经济社会环境、公共服务和保障环境以及人才生活环境等方面。

（一）经济社会环境

经济环境是影响人才发展的根本因素，一般情况下，经济越发达的地区人才流动程度越高，所谓"人往高处走，水往低处流"。

持续增长的经济环境，会增加工作机会，吸引人才聚集。深圳是我国市场经济最为完善的城市之一，有着创新、开放、宽容、多元的城市精神，法治环境健全，市场活跃，就业机会较多，人际关系简单，创新氛围好，这是深圳多年来吸引人才的制胜法宝，也是深圳的核心竞争力。应该进一步将这一优势做大做强，要继续营造宽松、开放的社会氛围，营造敢为人先、宽容失败的改革创新氛围，强化尊重人才、爱护人才、包容人才的观念，树立"聚天下英才而用之"的理念。进一步发挥深圳的创新创业精神，为创客创业提供宽容的社会空间、资金支持和政策优惠；继续保持经济持续、稳定、健康、快速的发展，为各个类型的大学毕业生和各路人才提供充足的就业机会。另外，市场经济环境必须依靠良好的法治环境作为保障，应全力推进依法治市，建设法治政府，降低社会交易成本。就业是民生之本，应该把创造就业机会、营造就业环境作为优先保障的领域。

（二）公共服务和保障环境

公共服务与保障环境是稳定人才、吸引人才、挖掘人才潜能、使人尽其才的根本保证和前提条件，包括科技、教育、文化、卫生、体育等满足人们物质、文化、精神和生命健康需要的社会事业。养老、失业、医疗等保险制度流动的便利性，择业的自由度，户籍、档案管理制度约束的放宽，教育培训便利性与机会以及舒适的居住环境、便捷的公共交通、良好的社区管理、稳定的社会公共安全、完善的国民教育体系、优良的子女教育条件、完善的法律保护体系等都是社会服务与保障环境的组成要素。因此，一是要转变思想观念，放弃过去的一味"管"人才的理念，形成为人才服务的新人才管理理念，形成规范化、有序化的人才服务体系，使人才服务水平上一个新台阶。二是要推进政府行政体制改革，加快政府职能转变，全面创新行政运行机制、管理方法和工作方式，提高政府对社会的服务效率，促进社会经济良性运行。

首先，继续改善教育环境。第一，加强师资力量建设。改变师生比过低的现象，加强小学具备教学资格的教师队伍建设。第二，提高大学教育质量，提升城市高等教育水平和高校的综合办学实力。第三，提高学生入学率，特别是高等教育入学率和职业教育入学率，以此培养一批既具有一定知识又具有一定熟练技能的工作者。

其次，大力改善工作环境。加大对高层次人才的研究资金支持。目前，虽然研发支出比重逐年上升，但与其他城市或地区相比仍有一定差距。为此要增加研发投入。

同时，提升高层次人才社会保障制度。鼓励市内各大医疗机构与国际保险公司合作，加入国际医疗保险直付网络系统，符合条件的，市财政给予补贴。支持三甲医院设立高层次人才特诊，为高层次人才提供绿色通道和外语服务，符合条件的，市财政给予补贴。支持高层次人才购买短期来深商业医疗保险，建立"即来即保"机制，符合条件的，市财政给予补贴。建立健全海外高层次人才养老保险机制。支持高校、科研机构等建立年金制度，符合条件的，市财政给予补贴。完善社会保险接续转移办法，促进人才资源合理流动。

此外，优化外国人来华工作相关服务。优化外国人来华工作许可制度，试行一站式办理发放外国人来华工作许可证和外国人工作居留许可证。积极争取取消港澳台居民在深就业许可证，港澳台居民凭合法劳动合同可直接办理社保。在原有永久居留政策基础上，新增与工资和税收挂钩的市场化渠道，外籍人员达到工资、缴税、工作年限等方面规定标准后，即可申请永久居留。尽快出台人才类永久居留政策，符合"孔雀计划"人才 A 类认定标准的，即可申请永久居留。

(三) 人才生活环境

自然环境是人类赖以生存的基础。随着生活水平的提高，人们越来越关注自然环境，良好的自然环境会吸引更多的人才来发展。

生活环境反映城市生活便利程度。向往便利、舒适的生活是人们的普遍心理，好的生活环境更有利于吸引人才、留住人才。在市场竞争条件下，人才在流动中不断地寻找适合自身发展的地方。因此，深圳要倡导建设绿色文明城市，为人才营造天蓝、地绿、水清的居住环境；要强化人性化城市管理，最大限度满足各类人才身心健康的生活需求和交流、学习、娱乐等社会需求，为人才创造安全、舒适的生活环境。

具体来看，第一是努力提高人均卫生支出，改善卫生设施，引导个人增加卫生保健支出。第二是努力改善自然环境，减少污染物排放。严格落实大气十条、水十条等政策，提高环境监督奖惩力度。第三是构建安定有序的社会治安环境，维护社会和谐稳定。

附录一　近年来深圳市人才政策选编

深圳经济特区人才市场条例

（2002年6月26日深圳市第三届人民代表大会常务委员会第十六次会议通过　2017年4月27日深圳市第六届人民代表大会常务委员会第十六次会议修正）

2018年5月18日

第一章　总则

第一条　为规范深圳经济特区（以下简称特区）人才市场活动，保障人才市场相关单位和个人的合法权益，促进经济与社会发展，根据有关法律、法规的规定，结合特区实际，制定本条例。

第二条　本条例适用于特区人才的招聘、应聘、租赁、转让、人力资源服务以及人才市场的行政管理活动。

国家公务员的录用离职按国家有关规定执行。

第三条　本条例所称人才，是指具有中专以上学历或者取得专业技术资格以及其他从事专业技术或者管理工作的人员。

本条例所称人才市场，是指在市、区人民政府人力资源行政管理部门（以下简称人力资源行政部门）监督管理下，从事人才交流与服务及其他相关活动的市场。

第四条　人才市场活动应当遵循自愿、自主、平等、公平、真实、诚信的原则，有利于促进人才资源的开发、利用和合理配置。

第五条　市、区人力资源行政部门是本行政区域内人才市场的综合管理部门，负责本条例的实施。

其他有关行政管理部门根据各自的职责做好人才市场管理的相关工作。

第二章　人才招聘与应聘

第六条　用人单位依法享有自主招聘人才的权利。

任何单位和个人不得违反法律、法规和国家有关政策的规定，强行要求用人单位接收其推荐的人员；不得干扰用人单位的正常招聘工作。

第七条　用人单位可以采用下列方式招聘人才：

（一）自行通过人力资源服务机构合法的经营场所或者人才交流会；

（二）委托人力资源服务机构；

（三）在公共媒体刊登广告；

（四）其他合法方式。

第八条　用人单位通过人力资源服务机构或者公共媒体发布招聘广告的，应当出具其营业执照或者成立批文。发布招聘岗位、人数、条件等事项时应当具体真实。

第九条　用人单位在招聘活动中应当遵守下列规定：

（一）不得有民族、地域、性别、宗教信仰等歧视性的规定；

（二）不得向应聘人才收取押金、培训费、集资款、保证金等费用，或者以其他方式利用招聘活动牟取非法利益；

（三）不得强制应聘人才提供与招聘职位无关的个人信息；

（四）未经应聘人才本人同意，不得擅自公开其求职资料和个人信息，但法律法规另有规定的除外。

第十条　未经用人单位同意，不得以营利为目的，擅自转发、公布用人单位的招聘信息。

第十一条　用人单位招聘人才后，应当按照法律、法规的规定，与被聘人才签订劳动合同。

第十二条　人才依法享有自主择业的权利，人才所属单位无正当理由不得干涉阻挠人才的应聘活动。

本条例所称人才所属单位，是指与人才存在劳动关系的单位。

第十三条　人才有下列情形之一的，不得擅自离职应聘：

（一）正在承担国家、省、市重点工程、科研项目，未经所属单位同意的；

（二）正在从事涉及国家安全或者重要机密工作的；

（三）正在依法接受审查尚未结案的；

（四）法律、法规规定的其他人员。

第十四条　人才离职应聘，应当按照法律、法规和国家有关规定，遵守与所属单位之间的劳动合同或者协议。

第十五条　人才应聘时，应当如实反映本人信息，提供真实的证件及其他相关证明材料。

禁止伪造、变造、买卖文凭、资格证书，禁止提供、使用虚假证件及相关证明材料。

第十六条　对人才市场活动中的违法行为，任何单位和个人有权向人力资源行政部门或者其他有关部门投诉或者举报。人事行政部门或者其他有关部门接到投诉或者举报后，应当立即进行查处，并将查处结果告知投诉人或者举报人。

第三章　人才租赁与转让

第十七条　人才所属单位可以依照本条例，将人才出租或者转让，并从中取得收益。

第十八条　本条例所称人才租赁，是指人才与其所属单位劳动关系不发生变更，所属单位将人才外派至人才承租单位工作，人才承租单位支付人才租赁费的行为。

本条例所称人才转让，是指人才所属单位与人才解除劳动关系，将其转让至人才受让单位，人才受让单位支付人才转让费的行为。

第十九条　人才所属单位出租或者转让人才时，应当与人才承租或者受让单位签订人才租赁或者转让协议。

人才租赁协议应当载明被出租人才的租赁期限、工作任务以及人才租赁费的支付等内容。

人才转让协议应当载明被转让人才原劳动合同的解除、新劳动合同的订立以及人才转让费的支付等内容。

第二十条　出租或者转让人才应当尊重被出租或者被转让人才的意愿，并有其本人的书面同意。

第二十一条　出租或者转让人才应当依法保障被出租或者被转让人才在工作条件、待遇、社会保险及其他方面的合法权益。

第四章　人力资源服务

第二十二条　具备下列条件的机构可以开展人力资源服务业务：

（一）经依法登记取得法人资格；

（二）有规范的名称、明确的业务范围、章程和管理制度；

（三）有与开展人力资源服务相适应的经营场所、设施；

（四）法定代表人无不良诚信记录；

（五）法律、法规规定的其他条件。

第二十三条　人力资源服务机构应当在开展人力资源服务业务之日起十五个工作日内向人力资源行政部门申请办理登记备案。

登记备案事项包括机构名称、类型、法定代表人、营业地址、出资总额、投资人姓名或名称及其出资额、业务范围等内容。

第二十四条　人力资源行政部门应当在收齐登记备案材料之日起五个工作日内予以登记备案，并将登记备案信息在人力资源行政部门网站上公开。

第二十五条　人力资源服务机构设立分支机构的，应当按照本条例第二十三条的规定办理登记备案手续。

人力资源服务机构登记事项发生变化的，应当自变更决定作出之日起三十日内向原登记备案机关办理登记备案。

第二十六条　人力资源服务机构实行年度报告制度。

人力资源服务机构应当按年度在规定的期限内向人力资源行政部门提交年度报告，并对其内容的真实性负责。

年度报告包括登记备案事项、注册资本实缴情况、经营活动情况、财务情况等内容。

人力资源行政部门对人力资源服务机构的年度报告进行监督检查。

第二十七条　人力资源服务机构从事人力资源业务，可以收取人力资源服务费，收费标准由价格主管部门确定。

人力资源服务机构应当公开服务项目、服务程序和收费标准。

第二十八条　人力资源服务机构可以从事下列业务：

（一）收集、整理、储存和发布人才供求信息；

（二）推荐、招聘、租赁或者转让人才；

（三）寻聘高级人才；

（四）为用人单位和应聘人才提供洽谈场所；

（五）进行人才测评和人才价值评估；

（六）执业许可证载明的其他业务。

第二十九条　人力资源服务机构经人力资源行政部门委托可以从事下列人事代理业务：

（一）人事档案管理；

（二）专业技术人员职称资格评审申报；

（三）文凭、职称资格等证书的验证；

（四）办理人才引进手续；

（五）代收代缴社会保险金；

（六）执业许可证载明的其他人事代理业务。

第三十条　禁止人力资源服务机构进行下列行为：

（一）提供虚假招聘应聘广告或者信息；

（二）以欺诈为目的签订虚假合同，或者在合同之外进行虚假承诺；

（三）与用人单位串通欺诈应聘人才；

（四）以自己或者用人单位名义，向应聘人才收取人力资源服务费外的其他费用；

（五）未经应聘人才同意，公开其个人资料或者信息；

（六）法律、法规和规章禁止的其他行为。

第三十一条　人力资源服务机构申办人才交流会应当符合下列条件：

（一）人才交流会的名称、内容必须符合国家的有关规定以及主办单位的业务范围；

（二）有完善的组织方案和安全措施；

（三）有与人才交流会规模相适应的场所。

人力资源服务机构举办人才交流会，应当向人力资源行政部门提出书面申请，人力资源行政部门应当自收到申请之日起五个工作日内作出是否批准的决定；不予批准的，应当给予申请人书面答复，并说明理由。

第三十二条　人力资源服务机构举办人才交流会，应当符合安全、交通、卫生等城市管理方面的有关规定。

第三十三条　从事人力资源信息服务的互联网站，应当报市人力资源行政部门备案。

第五章　高级人才寻聘服务

第三十四条　人力资源服务机构为用人单位寻聘高级人才的活动适用本章规定。本章未作规定的，适用本条例其他规定。

本条例所称高级人才，是指具有高级专业技术资格以及其他从事高级技术或者管理工作的人员。

第三十五条　人力资源服务机构从事高级人才寻聘服务应当保护委托单位的商业秘密，并为高级人才的求职意愿保密。

第三十六条　高级人才寻聘活动，可以不公开招聘信息。

第三十七条　从事高级人才寻聘服务，其服务费用的数额和支付方式由人力资源服务机构与委托方协商确定。

第三十八条　从事高级人才寻聘服务应当依法进行，不得损害高级人才所属单位的知识产权、商业秘密以及其他合法权益。

第三十九条　人力资源服务机构不得寻聘有本条例第十三条所列情形之一的高级人才。

第六章　管理与监督

第四十条　市人力资源行政部门根据社会经济发展的需要和人才发展的总体规划，制定并定期公布人才市场发展规划，对人才市场进行合理布局，促进人才市场的信息化、现代化建设。

第四十一条　人力资源行政部门应当建立人才统计指标体系，定期发布人才供求预测，引导人才的有序流动，促进人才的合理配置。

第四十二条　人力资源行政部门应当公开行政审批的条件、标准、时限和程序，为人才市场相关单位和个人提供优质、高效、便捷的服务。

第四十三条　人力资源行政部门依法对人才市场进行管理与监

督，查处违法行为，维护相关单位和个人的合法权益。

第四十四条　人力资源行政部门应当将在人才市场活动中进行欺诈或者弄虚作假的单位或者个人的诚信状况记录存档，并定期公布。

第七章　法律责任

第四十五条　用人单位违反本条例第九条规定的，人力资源行政部门应当责令其改正，对责任人予以警告；违反该条第（二）项规定的，没收违法所得，并处以一万元以上三万元以下罚款。

用人单位招聘本条例第十三条规定不得擅自离职应聘的人才的，人力资源行政部门应当予以警告，并责令其改正。

第四十六条　应聘人才违反本条例第十五条规定的，人力资源行政部门应当予以警告，并没收其虚假证件和材料。

第四十七条　违反本条例第二十三条第一款规定，开展人力资源业务后未登记备案的，人力资源行政部门应当责令其限期登记备案，逾期未登记备案的，对违法行为人处以一万元以上三万元以下罚款。

第四十八条　人力资源服务机构有下列行为之一的，人力资源行政部门应当责令其改正；情节严重的，责令其停业整顿：

（一）违反本条例第二十六条规定，未按照规定提交年度报告的；

（二）违反本条例第二十九条规定，未经委托而从事相关人事代理业务的；

（三）违反本条例第三十五条规定，没有为委托单位和高级人才保密的；

（四）违反本条例第三十八条规定，损害高级人才所属单位合法权益的；

（五）违反本条例第三十九条规定，寻聘不得擅自离职应聘的高级人才的。

第四十九条　人力资源服务机构有下列行为之一的，人力资源行政部门应当责令其改正，没收违法所得，并处以一万元以上三万元以下罚款；情节严重或者一年内两次受到行政处罚的，应当责令其停业整顿，并可吊销执业许可证：

（一）违反本条例第三十条第（一）、（二）、（三）项规定，损害应聘人才或者用人单位合法权益的；

（二）违反本条例第三十一条规定，未经批准而举办人才交流会的。

第五十条　人力资源服务机构违反本条例第二十七条第一款、第三十条第（四）项规定的，由价格主管部门依法予以处罚。

第五十一条　在人才市场活动中，给相关单位和个人合法权益造成损失的，责任人应当依法承担民事责任。

第五十二条　在人才市场活动中，违反《中华人民共和国治安处罚条例》的，由公安机关依法进行处罚；违反法律，构成犯罪的，依法追究刑事责任。

第五十三条　人力资源行政部门工作人员在人才市场监督管理过程中玩忽职守、滥用职权、徇私舞弊的，由所在单位或者行政监察部门给予行政处分；构成犯罪的，依法追究刑事责任。

第八章　附则

第五十四条　本条例自 2002 年 10 月 1 日起施行。

深圳经济特区人才工作条例

深圳市第六届人民代表大会常务委员会公告

第八十号

《深圳经济特区人才工作条例》经市第六届人民代表大会常务委员会第十九次会议于 2017 年 8 月 17 日通过，现予公布，自 2017 年 11 月 1 日起施行。

深圳市人民代表大会常务委员会
2017 年 8 月 21 日

目录

第一章　总则

第二章　人才培养

第三章　人才引进与流动
第四章　人才评价
第五章　人才激励
第六章　人才服务与保障
第七章　附则

第一章　总则

第一条　为了促进深圳经济特区人才发展，激发人才创新创造创业活力，为国际科技、产业创新中心和现代化国际化创新型城市建设提供智力支持，根据有关法律、行政法规的基本原则，结合实际，制定本条例。

第二条　深圳经济特区人才培养、引进、流动、评价、激励、服务和保障等工作适用本条例。

本条例所称人才，是指经济社会发展需要的，具有一定专业知识或者专门技能，进行创造性劳动并对社会作出贡献的劳动者。

第三条　坚持党管人才原则，进一步加强和改进党对人才工作的领导，为人才发展提供坚强的政治和组织保障。

第四条　人才工作应当服务经济社会发展大局，努力实现人才规模、质量和结构与经济社会发展相适应，人才发展与经济建设、政治建设、文化建设、社会建设和生态文明建设深度融合。

第五条　扩大人才开放，充分开发利用国内国际人才资源，不唯地域引进人才，不求所有开发人才，不拘一格用好人才。

第六条　突出市场导向，坚持以用为本，充分发挥市场在人才资源配置中的决定性作用和更好发挥政府作用，完善人才供求、价格和竞争机制，保障和落实用人单位自主权。

第七条　市、区人民政府应当积极实施人才优先发展战略，加快转变政府人才管理职能，深化人才发展体制机制改革，保障人才合法权益。

第八条　市、区人民政府应当将人才工作纳入国民经济和社会发展规划，编制符合本地实际需要的人才发展专项规划，并将人才发展列为经济社会发展综合评价指标。产业、科技、教育、文化、卫生等专项规划应当将人才工作作为重要内容。

第九条 市、区设立人才工作领导机构，履行下列职责：

（一）对人才工作和人才队伍建设进行宏观指导、综合协调和督促检查；

（二）研究制定并指导落实中长期人才发展规划、重大人才政策等；

（三）组织实施重大人才工程，协调推进重点人才工作；

（四）研究部署年度人才工作，并督促落实；

（五）研究决定有关人才工作的其他重要事项。

第十条 市人才工作综合主管部门负责本市人才工作和人才队伍建设的牵头抓总、协调督促、服务保障等具体工作，协调推进各类人才队伍建设。

市人力资源部门作为市人民政府人才工作管理部门，与市发展改革、财政、科技创新、教育、卫生、文体旅游等部门在各自职责范围内负责相关人才工作。

第十一条 工会、共产主义青年团、妇女联合会、工商业联合会、文学艺术界联合会、科学技术协会等人民团体以及行业协会等应当发挥自身优势联系服务各类人才，开展相关领域的人才工作。

第十二条 市人才工作综合主管部门应当结合国民经济和社会发展规划以及人才工作情况，定期发布本市人才工作情况报告。

第十三条 人才工作综合主管部门和人力资源部门应当定期对人才政策进行评估，并根据评估情况及时调整或者提出调整意见。

第十四条 每年11月1日为深圳人才日。

第二章 人才培养

第十五条 人才培养应当坚持德才兼备，加强政治引领和政治吸纳，注重人才创新意识和创新能力培养，实现系统培养、整体开发，立足岗位成才，推进终身教育。

第十六条 建立基础研究人才培养长期稳定支持制度，完善人才能力提升培养支持制度。符合条件的人才开展基础研究、技术攻关、创新创业、国际交流等，可以由政府财政性资金给予补贴。

第十七条 统筹产业发展和人才培养开发规划，加强产业人才需求预测，加快培育重点行业、重点领域、战略性新兴产业人才，推动人才工程项目与产业发展相衔接。

第十八条　注重吸引国内外优质教育资源合作建设特色学科、学院和高等院校，建立高等院校学科专业、类型、层次动态调整机制，构建国际化开放式创新型高等教育体系。

创新高等院校办学体制，鼓励社会力量通过出资、捐赠等方式参与创办高等院校、支持高等院校发展。

第十九条　加强基础教育人才队伍建设，提高基础教育水平。本市中小学校应当设置创新能力培养课程，提升学生综合素质。

第二十条　推动职业院校、技工院校与企业以多种方式开展合作，促进形成企业和学校联合培养技术技能人才、产业和教育相互融合的职业教育制度。

鼓励社会力量通过出资、捐赠等方式独立、联合举办职业院校，或者为职业院校学生提供实习、就业等服务。企业因接受实习生所实际发生的与取得收入有关的、合理的支出，依法在计算应纳税所得额时扣除。

第二十一条　用人单位应当建立职工培训制度，依法提取职工教育培训经费，专项用于职工参加各类培训和继续教育学习。经费使用情况应当向本单位职工公开。

在职业培训补贴目录范围内的参加培训人员或者培训机构，以及用人单位和社会组织开办的、面向社会开放的培养培训平台，符合条件的，可以由政府财政性资金给予补贴。

第二十二条　企业事业单位或者其他组织设立技能大师工作室、技师工作站等技能人才培养平台，或者技术技能人才参与技术改造、技能竞赛、技艺交流等活动，符合条件的，可以由政府财政性资金给予补贴。

第二十三条　完善博士后培养体系。支持高等院校、科研院所、企业事业单位申请设立博士后流动站、工作站和创新实践基地；对博士后流动站、工作站和创新实践基地以及博士后研究人员，可以由政府财政性资金给予补贴，并建立与经济社会发展相适应的动态调整机制。

第二十四条 非学历教育办学机构、职业培训机构经向教育部门、人力资源部门登记备案，可以实施非学历教育和职业培训。

教育部门、人力资源部门应当加强对非学历教育办学机构和职业培训机构的监督管理，组织制定相关标准和指导意见。

第二十五条 以财政性资金为主设立的工程实验室、重点实验室、工程中心、技术中心等的科研设施与仪器应当向相关人才开放共享。

鼓励企业等市场主体投资建设的科研设施与仪器等向社会开放共享，建立相应的利益补偿、后续支持机制。

第三章 人才引进与流动

第二十六条 人才引进应当突出经济社会发展需求导向，坚持精准施策、靶向引才，注重柔性引才用才，打破户籍、地域、身份、学历、人事关系等制约，促进人才资源合理流动和有效配置。

第二十七条 市人民政府应当制定和实施中长期海内外人才和团队引进计划，并根据经济社会发展情况对人才引进政策进行动态调整。

第二十八条 符合条件的人才可以直接申领居住证或者申办入户，其配偶可以自愿选择直接申领居住证或者申办入户。

第二十九条 市人力资源部门应当根据本市经济社会发展需求，定期发布紧缺人才目录。

紧缺人才目录内的人才，可以在入户、生活保障以及创新创业等方面享受相关优惠政策。具体办法由市人力资源等部门制定。

第三十条 市人才工作综合主管部门和人力资源部门应当制定办法，吸收非公有制经济组织和社会组织中的优秀人才进入党政机关、国有企业事业单位。

提高在艰苦岗位和基层一线人才保障水平，引导人才向艰苦岗位和基层一线流动。

第三十一条 鼓励高等院校、科研院所及企业等在海外创办或者共建研发机构，引进使用海外优秀人才。

第三十二条 高等院校、科研院所等事业单位可以聘请具有创新实践经验的企业家、科研和技术技能人才担任兼职教师或者兼职研究员。

高等院校和科研院所的科研人员可以利用其专业特长到科技型企业兼职并按照规定获得报酬。具体办法由市人才工作综合主管部门会同有关部门制定。

第三十三条 高等院校、科研院所等事业单位的科研人员经所在单位同意,可以携带科研项目和成果在本市离岗创业;在规定期限内返回原单位的,接续计算工龄,并按照所聘岗位等级不降低的原则,结合个人条件及岗位空缺情况聘用至相应等级岗位。

第三十四条 符合条件的人才被本市用人单位聘请从事短期教学、科研、技术服务、项目合作等达到规定时间的,聘用期间可以享受本市相关人才政策待遇。

第三十五条 市人力资源部门应当会同有关部门、相关行业协会,发布具备境外专业资格的人才在本市执业的目录。列入目录内的境外专业人才,可以在本市执业,提供相关专业服务。

第四章 人才评价

第三十六条 人才评价应当以人才的品德、能力、业绩和贡献为重点,突出用人单位等市场主体的主导地位,发挥政府、市场、专业组织、行业协会等多元评价主体作用,建立科学化、社会化、市场化的人才评价机制及评价责任、信誉制度。

第三十七条 人力资源部门制定人才认定标准时,应当将同行评价、市场评价和社会评价纳入评价要素。

对现有人才认定标准未涵盖的人才,确有需要的,可以组织专家进行评审认定。

第三十八条 人力资源部门认定人才时,可以采信风险投资机构、人力资源服务机构等市场主体的评价意见,也可以授权行业协会、企业、高等院校和科研院所直接认定。

第三十九条 人力资源部门可以设立由行业杰出人才和领军企业管理人员等组成的人才举荐委员会,推荐优秀人才,并对举荐委员会推荐的优秀人才予以确认。

第四十条 具有较强代表性和影响力的行业协会、学术团体等,可以承接专业技术资格和水平评价类职业资格评定工作。人力资源部门应当对其进行监督指导。

第四十一条 取得高级工以上职业资格的技能人才，可以申请评定为工程技术员以上专业技术资格。

具有专业技术资格的人才，可以申请鉴定为高级工以上职业资格。

第四十二条 人力资源部门应当加强人才认定和评价的专家数据库建设，并建立专家评价责任和信誉制度。

第五章 人才激励

第四十三条 人才激励应当以体现知识价值为依归，最大限度激发和释放人才创新创业活力，使人才各尽其能、各展其长、各得其所，鼓励创新、宽容失败，让人才价值得到充分尊重和实现。

第四十四条 鼓励知识产权证券化，创新知识产权投融资产品，引导企业科学核算和管理知识产权资产，完善知识产权信用担保制度，促进知识产权价值实现。

加强知识产权代理、咨询、鉴定、评估等专业服务机构建设。社会资本投资建设的运营服务机构符合条件的，可以由政府财政性资金予以补贴。

第四十五条 事业单位可以根据绩效工资制度规定，自主制定激励人才的绩效工资内部分配办法。

市财政部门应当会同市科技创新部门完善科研项目间接费用管理制度，强化绩效激励，合理补偿项目承担单位间接成本和绩效支出。

第四十六条 高新技术企业转化科技成果，以股份等股权形式给予本企业相关科研人员的奖励，科研人员可以按照规定递延或者延期缴纳个人所得税。

国有企业对其认可的科技研发、经营管理、高技能等人才可以采取股权、分红等方式给予激励。具体方式和内容由企业与当事人依法协商确定。

第四十七条 高等院校、科研院所等事业单位和国有企业的职务科技成果转化、转让后，由单位向职务发明完成人员、科技成果转化重要贡献人员和团队支付报酬、给予奖励。单位应当按照市人民政府发布的科技成果转化奖励指引，制定本单位报酬和奖励制度或者与科研人员约定奖励和报酬；未制定或者未约定的，按照政府相关意见执行。

国有企业事业单位根据前款规定制定的报酬和奖励制度，应当报送财政部门或者上级产权单位备案，并在本单位公示。

国有企业事业单位的科技成果转化的奖励和报酬支出，可以一次性计入当年单位工资总额，不作为工资总额基数。

第四十八条 市、区财政性资金资助的研究项目所产生的科技成果，除涉及国防、国家安全、国家利益、重大社会公共利益外，可以约定由研究项目负责人及其团队和所在单位共享科技成果使用权、收益权、处置权。

提高市、区财政性资金资助研究项目的间接费用比重，加大绩效激励力度。绩效支出在间接费用中不设比例限制。绩效支出纳入单位奖励性绩效单列管理，不计入单位绩效工资总量调控基数。

第四十九条 建立人才荣誉和奖励制度，由市、区人民政府对有重大贡献的各类人才授予荣誉称号，并给予奖励。

第五十条 设立"人才伯乐奖"，由市人民政府对在本市人才培养、引进过程中作出贡献的单位及个人给予表彰和奖励。具体办法由市人民政府制定。

第六章 人才服务与保障

第五十一条 建立人才管理服务权力清单和责任清单，规范人才招聘、评价、流动等环节中的行政许可和行政收费事项。

第五十二条 人力资源服务业实行登记备案制度和负面清单管理制度。经依法登记取得法人资格的机构应当在开展人力资源服务业务之日起十五个工作日内向人力资源部门申请办理登记备案。

人力资源部门应当加强人力资源市场监督管理，组织制定相关标准和指导意见。

第五十三条 发展人才专业化服务机构，放宽人才服务业准入限制。积极培育各类专业社会组织和人才中介服务机构，有序承接政府转移的人才培养、评价、流动、激励等职能。

第五十四条 市、区人民政府可以设立人才专项资金，用于人才引进、培养、激励、服务以及支持人才创新创业。

鼓励社会组织、企业和个人发起设立人才发展基金，为人才发展提供资金支持和保障。

第五十五条　市、区人民政府可以发挥政府投资引导资金的引导作用，吸引社会资本参与，设立人才创新创业基金，通过阶段性持有股权等多种方式，支持海内外创新创业人才在本市创新创业。

第五十六条　市、区住房保障部门应当编制人才住房发展规划，通过以租赁为主，租赁、出售、补贴相结合的方式提供人才安居保障。

建立健全人才安居政策体系，并根据经济社会发展水平、物价水平等情况，及时对人才安居的标准、条件等事项予以调整。

第五十七条　市、区人民政府有关部门应当按照各自职责为人才入户、子女教育、配偶就业、医疗保健以及外国人才来华签证、居留等提供便利化服务，落实相关待遇。

第五十八条　持有《外国人永久居留证》并在本市工作的外籍高层次人才及其随迁配偶和未满十八周岁未婚子女，在教育、就业、社保、医疗、住房购置等方面可以享受市民待遇。

第五十九条　市人民政府应当构建人才综合服务平台，为人才和用人单位提供"一站式"高效便捷服务。

市人力资源部门应当制定人才公共服务清单，明确提供人才公共服务的种类、性质、内容和方式。

第六十条　企业和社会资本投资建设人才创新创业公共服务平台的，可以由政府财政性资金给予补贴。

第六十一条　实行严格的知识产权保护制度，建立健全侵权预防、预警和应对机制，完善惩罚性赔偿制度，营造激励人才创新创业的公平竞争环境。

对符合条件的重大知识产权保护活动，市、区人民政府有关部门可以提供必要的支持和帮助。

第六十二条　建立人才创新创业维权援助机制。人才因创新创业需要相关法律服务或者法律帮助的，可以申请法律援助机构安排法律援助人员提供法律服务或者法律帮助。具体办法由市人民政府制定。

第六十三条　建立人才信用征信系统，完善人才失信惩戒机制，将人才信用作为人才引进、评定、培养、财政资金支持、享受优惠政策的重要参考依据。具体办法由市人民政府制定。

鼓励建立行业性或者企业间的诚信联盟，支持联盟成员制定信用行为规范。

第六十四条　用人单位或者个人弄虚作假，骗取政府人才政策优惠或者扶持资金的，由政策实施部门或者扶持资金审批部门取消其获得的荣誉、奖励，追回其所获得的资金；该用人单位或者个人五年内不得参加人才奖项评选或者享受本市人才优惠政策和资金资助；构成犯罪的，依法追究刑事责任。

第六十五条　行政机关及其工作人员未依照本条例规定履行相关职责的，按照有关规定追究主要负责人和其他直接责任人员行政责任；构成犯罪的，依法追究刑事责任。

第七章　附则

第六十六条　中国（广东）自由贸易试验区深圳前海蛇口片区可以开展人才创新政策先行先试，探索建立与国际接轨的人才管理体制机制。

第六十七条　本条例所称的区，包括市辖各行政区及光明、大鹏等管理区。

第六十八条　本条例自 2017 年 11 月 1 日起施行。

深圳市人力资源和社会保障局关于印发《深圳市海外高层次人才认定标准（2016 年）》的通知

深人社规〔2016〕11 号

各有关单位：

《深圳市海外高层次人才认定标准（2016 年）》经市政府同意，现予印发，自 2016 年 10 月 1 日起实施，请遵照执行。《深圳市海外高层次人才认定标准（2014 年修订）》（深人社规〔2014〕8 号）

同时废止。

深圳市人力资源和社会保障局
2016年8月31日

深圳市海外高层次人才认定标准
（2016年）

一 A类人才

1. 诺贝尔奖获得者（物理、化学、生理或医学、经济学奖）。

2. 获得以下奖项者：中国国家最高科学技术奖、美国国家科学奖章、美国国家技术创新奖章、法国全国科研中心科研奖章、英国皇家金质奖章、科普利奖章、图灵奖、菲尔兹奖、沃尔夫数学奖、阿贝尔奖、拉斯克奖、克拉福德奖、日本国际奖、京都奖、邵逸夫奖。

3. 中国、美国、英国、德国、法国、日本、意大利、加拿大、瑞典、丹麦、挪威、芬兰、比利时、瑞士、奥地利、荷兰、西班牙、澳大利亚、新西兰、俄罗斯、以色列、印度、乌克兰、新加坡、韩国的科学院院士、工程院院士（即成员member或高级成员fellow，见中国科学院国际合作局网站http：//www.bic.cas.cn）。

4. 近5年，中组部"海外高层次人才引进计划（千人计划）"顶尖人才与创新团队项目中的顶尖人才和团队带头人，以及创新人才长期项目、创业人才长期项目、文化艺术人才长期项目、高层次外国专家项目的入选者。

5. 获中国政府"友谊奖"的专家。

6. 近10年，担任过世界500强企业总部（见说明1）首席执行官、首席技术官或同等职位的人员（每个申报单位限申报3人）。

7. 近5年，担任过国际著名金融机构（见说明2）首席类负责人（每个申报单位限申报1人）。

8. 近5年，担任过国际著名会计师事务所（见说明3）首席类负责人（每个申报单位限申报1人）。

9. 担任过国际著名学术组织（见说明 4）主席或副主席。

10. 担任过国际标准化组织（ISO）标样委员会委员。

11. 担任过境外世界知名大学（见说明 5）校长、副校长。

12. 担任过世界著名乐团（见说明 6）首席指挥、艺术总监、首席演奏员，或近 5 年担任过声部首席演奏员。

13. 担任过国际著名艺术比赛（见说明 7）评委会主席、副主席。

14. 近 5 年，获得过国际著名建筑奖（见说明 8），著名文学奖（见说明 9），著名电影、电视、戏剧奖（见说明 10），著名音乐奖（见说明 11），著名广告奖（见说明 12）中最高级别个人奖项及国际 A 类艺术比赛（见说明 7）大奖。

15. 近 5 年，获得过国际著名工业设计 iF 奖的金奖或红点奖的至尊奖，且为该设计奖项的主设计师（Team leader）。

16. 近 5 年，直接培养出奥运会冠军或近两届列入奥运会项目的世界杯、世锦赛冠军的主教练员。

17. 近 5 年，发明专利的主要发明人，该技术被主流标准组织接纳为标准，或列为 863 等国家级高技术研究发展计划，或该发明人在国家级的知识产权示范企业担任董事长或总经理（每个申报单位限申报 1 人）。

二 B 类人才

1. 近 5 年，担任过国际高水平科技期刊（《期刊引用报告》JCR 一、二区）正、副总编（主编）。

2. 近 5 年，在 Nature、Science、Cell 或所在专业领域影响因子 30 以上的著名科技期刊发表论文的第一作者（含与第一作者具有同等贡献作者），或唯一通讯作者。

3. 近 5 年，广东省"珠江人才计划"领军人才入选者。

4. 近 5 年，入选广东省创新科研团队的带头人。

5. 近 5 年，获得广东省南粤突出贡献和创新奖的南粤突出贡献奖团队带头人或个人（每个申报单位限申报 1 人）。

6. 近 5 年，入选深圳市海外高层次人才团队的带头人。

7. 近5年，中组部"海外高层次人才引进计划（千人计划）"创新人才短期项目、外专千人短期项目、文化艺术人才短期项目、青年千人计划项目入选者。

8. 近5年，担任过国际著名投资机构（见说明13）首席类负责人（每个申报单位限申报1人）。

9. 近5年，获得北美精算师、英国精算师、澳洲精算师或中国精算师资格证书，且受聘于我市保险公司法人机构担任总精算师或精算责任人（每个申报单位限申报1人）。

10. 担任过国际著名学术组织（见说明4）高级成员（fellow）。

11. 担任过境外世界知名大学（见说明5）教授、副教授。

12. 近5年，中国科学院"百人计划"国外杰出人才或"率先行动"百人计划专家入选者。

13. 近5年，国家引进境外技术、管理人才项目计划的首席外国专家项目的入选专家（每个申报单位限申报1人）。

14. 在美国、英国、德国、法国、日本、意大利、加拿大、澳大利亚、荷兰、比利时、瑞典、瑞士、丹麦、挪威、奥地利、西班牙、新西兰取得专科医师资格的人员；或在上述国家获执业医师资格，并有国内三甲综合医院或三甲专科医院2年以上工作经验的人员。

15. 在境外世界知名大学（见说明5）获得博士学位，近5年被评选为深圳Ⅰ类实用型临床医学人才。

16. 近5年，担任过世界著名乐团（见说明6）声部副首席演奏员。

17. 担任过亚洲一流乐团（见说明14）首席指挥、艺术总监、首席演奏员，或近5年担任过声部首席演奏员。

18. 担任过国际著名艺术比赛（见说明7）评委会评委。

19. 近5年，获得过国际A类艺术比赛一等奖或国际B类艺术比赛大奖（见说明7）。

20. 近5年，累计获得5项以上国际著名工业设计iF奖或红点奖。

21. 近5年，直接培养出奥运会项目第二、三名运动员，或近两届列入奥运会项目的世界杯、世锦赛第二、三名运动员的主教练员。

22. 近5年，拥有国际发明专利或国内发明专利，且年营业收入5亿元人民币以上，或年纳税额2000万元人民币以上的企业董事长或总经理或首席技术官（每个申报单位限申报2人）。

23. 近5年，获评国家专利奖的主要发明人，且在本市国家级高新技术企业或国家级知识产权优势企业担任董事长或总经理（每个申报单位限申报1人）。

24. 近5年，带领企业获得中国质量奖且仍在岗的企业首席质量官。

25. 近5年，在深圳注册的投资机构（见说明15）核心投资决策团队主要负责人，且被清科集团、投中集团评选为优秀创业投资人（每个申报单位限申报1人）。

三 C类人才

1. 担任过境外世界知名大学（见说明5）助理教授。
2. 近5年，入选中组部"海外高层次人才引进计划（千人计划）"顶尖人才与创新团队项目的团队核心成员（限前3名）。
3. 近5年，入选广东省创新科研团队的核心成员（限前3名）。
4. 近5年，获得广东省南粤突出贡献和创新奖的南粤创新奖团队带头人或个人（每个申报单位限申报1人）。
5. 近5年，入选深圳市海外高层次人才团队的核心成员（限前3名）。
6. 近5年，以第一作者（含与第一作者具有同等贡献作者）或唯一通讯作者，在国际高水平科技期刊（期刊所在各专业领域位于《期刊引用报告》JCR一区）发表论文3篇。
7. 近5年，在国（境）外从事博士后科研工作2年以上，且以第一作者（含与第一作者具有同等贡献作者）或唯一通讯作者在国际高水平科技期刊（期刊所在各专业领域位于《期刊引用报告》JCR二区以上）发表论文1篇，来深圳后继续从事科研工作。
8. 近5年，在境外世界知名大学（见说明5）获得博士学位，来深圳工作且与用人单位签订3年以上劳动合同的人员。

9. 在境外世界知名大学（见说明5）获得硕士及以上学位，近5年被评选为深圳Ⅱ类实用型临床医学人才。

10. 近5年，在美国、英国、德国、法国、日本、意大利、加拿大、澳大利亚、荷兰、比利时、瑞典、瑞士、丹麦、挪威、奥地利、西班牙、新西兰的医疗机构或大学附属医院从事临床医疗工作（Clinic Fellowship）2年以上的人员。

11. 获得北美精算师、英国精算师、澳洲精算师或中国精算师资格证书，且在深圳保险业从事精算专业工作5年以上人员。

12. 近5年，获得过国际A类艺术比赛二等奖或国际B类艺术比赛一等奖（见说明7）。

13. 近5年，担任过世界著名乐团（见说明6）演奏员。

14. 近5年，担任过亚洲一流乐团（见说明14）声部首席副演奏员。

15. 担任过港澳台地区一流乐团（见说明16）首席指挥、艺术总监、首席演奏员，或近5年担任过声部首席演奏员。

16. 近5年，入选我市留学人员创业前期费用补贴一等资助的项目申请人（每个申报单位限申报1人）。

17. 近5年，在深圳注册的非上市创业创新型中小企业且获得风险投资机构（见说明15）第一轮融资1000万元以上，担任董事长或总经理的人员（每个申报单位限申报1人）。

18. 近5年，在深圳注册的创业投资机构（见说明15）核心投资决策团队成员（每个申报单位限申报1人）。

19. 近5年，累计获得3项以上国际著名工业设计iF奖或红点奖。

20. 近5年，拥有国际发明专利或国内发明专利，且年营业收入3亿元人民币以上，或年纳税额1000万元人民币以上的企业董事长或总经理或首席技术官（每个申报单位限申报2人）。

21. 近5年，国际发明专利或国内发明专利的主要发明人，且在市级高新技术企业或市级知识产权优势企业担任主要职务者（每个申报单位限申报1人）。

22. 深圳市政府主办的海外创新创业大赛总决赛获奖项目的主要核心成员，且在赛后 3 年内，在深圳工作或其参赛项目落户深圳（每个申报单位限申报 1 人）。

23. 近 5 年，通过联合国 YPP 考试（青年专业人才计划）并曾在联合国总部或下设经济和金融类分支机构（见说明 17）担任 P3（中级职位）以上职务 3 年以上，来深圳工作的人员。

24. 近 5 年，带领企业获得广东省政府质量奖且仍在岗的企业首席质量官。

说明：

1. "世界 500 强"即美国《财富》杂志每年评选的"全球最大 500 家公司"。

2. 国际著名金融机构：

美国高盛（Goldman Sachs）

摩根士丹利（Morgan Stanley）

摩根大通（JPMorgan Chase）

花旗银行（Citibank）

美国国际集团（AIG，American International Group）

英国汇丰银行（HSBC）

法国兴业银行（Societe Generale）

法国巴黎银行（BNP Paribas）

法国巴黎百富勤有限公司（BNP Paribas Peregrine）

荷兰银行（ABN AMRO Bank）

荷兰国际集团（ING Group）

德意志银行（Deutsche Bank）

德累斯顿银行（Dresdner Bank AG）

瑞士信贷第一波士顿（Credit Suisse First Boston）

瑞士联合银行集团（United Bank of Switzerland）

日本瑞穗集团（Mizuho Financial Group, Inc.）

三菱 UFJ 金融集团（Mitsubishi UFJ Financial Group, Inc.）

三井住友金融集团（Sumitomo Mitsui Financial Group）

新加坡星展银行（DBS Bank Limited）

贝莱德集团（BlackRock）
先锋资产管理（Vanguard Asset Management）
道富环球投资管理公司（State Street Global Advisors）
富达投资集团（Fidelity Investments）
纽银梅隆投资管理公司（BNY Mellon Invest Management EMEA）
摩根大通资产管理公司（J. P. Morgan Asset Management）
美国资金集团（Capital Group）
太平洋投资管理公司（PIMCO）
保德信投资管理公司（Pramerica Investment Management Int.）
东方汇理资产管理公司（Amundi）

3. 国际著名会计师事务所：

普华永道会计师事务所（Pricewaterhouse Coopers）
德勤会计师事务所（Deloitte & Touche）
安永会计师事务所（Ernst & Young）
毕马威会计师事务所（KPMG）
捷安国际会计师事务所（AGN International）
艾格斯国际会计师事务所（IGAF）
安博国际会计联盟（INPACT International）
博太国际会计师事务所（Baker Tilly International）
贝克国际会计师事务所（BKR International）
德豪国际会计师事务所（BDO International）
费都寿国际会计师事务所（Fiducial Global）
浩华国际会计师事务所（Horwath International）
浩信国际会计师事务所（HLB International）
华利信国际会计师事务所（Morison International）
均富国际会计师事务所（Grant Thornton International）
克瑞斯顿国际会计师事务所（Kreston International）
罗申美国际会计师事务所（RSM International）
联合会计师国际会计师事务所（CPAAI）
摩斯伦国际会计师事务所（Moores Rowland International）

4. 国际著名学术组织：

电气与电子工程师学会（美国）——IEEE（The Institute of Electrical And Electronics Engineers）

电气工程师学会（英国）——IEE（The Institutions of Electrical Engineers）

国际电工委员会——IEC（International Electrotechnical Commission）

美国物理学会——APS（American Physical Society）

美国医药生物工程学会——AIMBE（American Institute for Medical and Biological Engineering）

美国计算机协会——ACM（Association for Computing Machinery）

美国机械工程师学会——ASME（American Society of Mechanical Engineers）

美国工业与应用数学学会（SIAM）

美国航天航空学会（AIAA）

英国皇家化学会（RSC）

国际儿科肿瘤协会（International Society of Pediatric Oncology, ISOP）

世界儿科感染学会（World Congress for Pediatric Infectious Diseases, WCPID）

世界眼科学会联盟（International Federation of Ophthalmological Societies, IFOS）

世界精神病学协会（World Psychiatric Association, WPA）

世界心胸外科医师学会（The World Society of Cardiothoracic Surgeons, WSCTS）

5. 上海交通大学高等教育研究院《世界大学学术排名》或泰晤士报《全球顶尖大学排行榜》排名前150名的境外大学，限申报年度最新排名。

6. 世界著名乐团：

柏林爱乐乐团（Berlin Philharmonic Orchestra）

维也纳爱乐乐团（Vienna Philharmonic Orchestra）

伦敦交响乐团（London Symphony Orchestra）

芝加哥交响乐团（Chicago Symphony Orchestra）
巴伐利亚广播交响乐团（Bavarian Symphony Orchestra）
法国国家管弦乐团（Orchestra National de France）
费城管弦乐团（Philadelphia Orchestra）
克里夫兰管弦乐团（Cleveland Orchestra）
洛杉矶爱乐乐团（Los Angeles Philharmonic Orchestra）
布达佩斯节庆管弦乐团（Budapest Festival Orchestra）
德累斯顿国立歌剧院乐团（Dresden Staatskapelle）
波士顿交响乐团（Boston Symphony Orchestra）
纽约爱乐乐团（New York Philharmonic Orchestra）
旧金山交响乐团（San Francisco Symphony Orchestra）
以色列爱乐乐团（Israel Philharmonic Orchestra）
马林斯基剧院管弦乐团（Mariinsky Theatre Orchestra）
俄罗斯国家管弦乐团（Russian National Orchestra）
圣彼得堡爱乐乐团（St. Petersburg Philharmonic Orchestra）
莱比锡布商大厦乐团（Leipzig Gewandhaus Orchestra）
大都会歌剧院管弦乐团（Metropolitan Opera Orchestra）
捷克爱乐乐团（Czech Philharmonic Orchestra）
慕尼黑爱乐乐团（Die Munchner Philharmoniker）
德国广播交响乐团（Deutsche Radio Philharmonie）
斯图加特爱乐乐团（Stuttgarter Philharmoniker）
北德广播爱乐乐团（NDR Radio Philharmonie）
德国交响乐团（Dresdner Philharmonie）
阿姆斯特丹皇家音乐厅管弦乐团（Royal Concertgebouw Orchestra）
多伦多交响乐团（Toronto Symphony Orchestra）
7. 以文化部鼓励参加的国际艺术比赛名单为准。
8. 国际著名建筑奖：
普利兹克建筑奖（Pritzker Prize）
金块奖（Gold Nugget）
国际建筑奖（International Prize for Architecture）

阿卡汉建筑奖（Aga Khan Awards for Architecture）

亚洲建协建筑奖（ARCASIA awards for Architecture）

开放建筑大奖（Open Architecture Prize）

9. 国际著名文学奖：

诺贝尔文学奖（Nobel Prize in Literature）

美国国家图书奖（National Book Award）

普利策文学奖（Pulitzer Prize for Literature）

英国布克奖（The Man Booker Prize）

法国龚古尔文学奖（Prix Goncourt）

10. 国际著名电影、电视、戏剧奖：

奥斯卡电影金像奖（Academy Awards）

戛纳电影节（Festival De Cannes）

威尼斯电影节（Venice International Film Festival）

柏林电影节（Berlin International Film Festival）

香港电影金像奖（Hong Kong Film Awards）

台湾金马奖（Golden Horse Awards）

艾美奖（Emmy Awards）

班夫世界电视节奖（Banff World Television Festival）

东尼奖（Tony's Awards）

11. 国际著名音乐奖：

格莱美音乐奖（Grammy Awards）

英国水星音乐奖（Mercury Prize）

美国乡村音乐协会大奖（CMT Music Awards）

全美音乐奖（American Music Awards）

全英音乐奖（British Record Industry Trust Awards）

公告牌音乐大奖（Billboard Music Awards）

朱诺奖（Juno Awards）

保拉音乐奖（Polar prize）

12. 国际著名广告奖：

美国金铅笔奖（The One Show）

伦敦国际广告奖（London International Advertising Awards）

戛纳广告大奖（Cannes Lions Advertising Campaign）

莫比杰出广告奖（The Mobius Advertising Awards）

克里奥国际广告奖（Clio Awards）

纽约广告奖（The New York Festivals）

13. 国际著名投资机构：

软银中国资本（Softbank China Venture Capital）

美国国际数据集团（International Data Group）

凯雷投资集团（The Carlyle Group）

法国巴黎百富勤融资有限公司（BNP Paribas Peregrine Capital Limited）

荷银融资亚洲有限公司（Abn amro's financing Asia Co., Ltd）

博资财务顾问有限公司（Orchid Asia Group Management Ltd）

英高财务顾问有限公司（The Anglo Chinese Group）

亚洲融资有限公司（DBS Singapore）

兆丰资本（亚洲）有限公司［Mega Capital (Asia) Company Limited］

贝尔斯登亚洲有限公司（Bear Stearns Cos.）

加拿大怡东融资有限公司（Canadian Eastern Finance Limited）

中银国际亚洲有限公司（The bank of China group）

时富融资有限公司（Celestial Asia Securities Holdings Limited）

里昂证券资本市场有限公司（CLSA Asia-Pacific Markets）

京华山一企业融资有限公司（Core Pacific-Yamaichi）

群益亚洲有限公司（The Capital Group）

14. 亚洲一流乐团：

马来西亚爱乐乐团（Malaysian Philharmonic Orchestra）

新加坡交响乐团（Singapore Symphony Orchestra）

韩国 KBS 交响乐团（KBS Symphony Orchestra）

首尔爱乐乐团（Seoul Philharmonic Orchestra）

日本广播协会交响乐团（NHK Symphony Orchestra）

斋藤纪念管弦乐团（Saito Kinen Orchestra）

香港中乐团（Hong Kong Chinese orchestra）

香港管弦乐团（The Hongkong Philharmonic）

15. 限申报当年度名列清科中国创业投资机构年度排行榜和投中中国最佳创业投资机构年度排行榜前20名。

16. 港澳台一流乐团：

澳门乐团

17. 联合国总部或下设经济和金融类分支机构：

世贸组织（WTO）

国际货币基金组织（IMF）

世界银行（World Bank）

国际金融公司（IFC）

联合国贸易和发展会议（UNCTAD）

科学和技术促进发展委员会（CSTD）

国际开发协会（IDA）

多边担保机构（MIGA）

关于促进人才优先发展的若干措施

（2016年3月23日）

人才是经济社会发展的第一资源，也是创新活动中最为活跃、最为积极的因素。深圳改革开放以来的实践一再证明，抓人才就是抓发展，强人才就是强实力，没有人才优势就不可能有发展优势、创新优势、产业优势。深入贯彻习近平总书记系列重要讲话和对深圳工作重要批示精神，在"四个全面"战略布局下，全面推进和落实创新、协调、绿色、开放、共享的发展理念，围绕实现"三个定位、两个率先"目标，加快建设国际科技、产业创新中心，努力建成现代化国际化创新型城市，必须坚持人才优先发展，聚天下英才而用之，最大限度激发人才创新创造创业活力。根据中央关于深化人才发展体制机制改革的文件和市第六次党代会精神，结合实际，制定如下措施。

一　实行更具竞争力的高精尖人才培养引进政策

（一）实施杰出人才培育引进计划。未来五年重点培养一批具有成长为中国科学院、中国工程院院士潜力的人才并争取入选3—4名，重点引进诺贝尔奖获得者、国家最高科学技术奖获得者以及两院院士等杰出人才15名左右。对我市新当选的两院院士和新引进的杰出人才，每人给予100万元工作经费和600万元奖励补贴。每培养一名两院院士给予培养单位500万元奖励。支持企事业单位设立院士（科学家、专家）工作站（室），传帮带培养创新人才，符合条件的给予50万—100万元开办经费资助。

（二）深化和拓展"孔雀计划"。市财政每年投入不少于10亿元，用于培育和引进海内外高层次人才和团队。经认定的国家级领军人才、地方级领军人才、后备级人才和海外A类、B类、C类人才，分别给予300万元、200万元、160万元奖励补贴。经评审认定的海内外高层次人才"团队+项目"，给予最高1亿元资助。对成长性好和业绩突出的团队项目，根据实际需求予以滚动支持或追加资助。

（三）培育引进高层次创新创业预备项目团队。对具有成长潜力、但未入选"孔雀计划"的创新创业团队，给予最高500万元资助。

（四）加强基础研究人才稳定支持。对符合条件的、从事基础前沿研究的高层次人才，给予相对稳定的科研经费支持。对于基础前沿类科技计划（专项），可提供若干周期的项目经费支持。

二 大力引进培养紧缺专业人才

（五）设置专业人才特聘职位。探索在专业性较强的政府机构和国有企事业单位设置高端特聘职位，实施聘期管理和协议工资，通过灵活方式吸引集聚岗位急需的高层次专业人才。

（六）优化党政人才队伍专业结构。立足中长期发展需要，有针对性地引进培养党政紧缺专业人才。实施"双百苗圃计划"，遴选100名左右金融、工程技术、科技类等紧缺专业人才到任务重、工作难的岗位"墩苗"；招录100名左右金融、工程技术、科技类等专业高校毕业生到机关基层做"种苗"。

（七）吸引集聚金融产业发展需要的专业人才。围绕加快金融中心建设，出台加强金融专业人才队伍建设的支持政策，加大金融人才和团队支持力度，引进培养一批高素质、创新型、国际化金融专业人才。

（八）加快引进培养城市管理治理专业人才。大力引进培养城市规划设计、市政管理、环境工程、勘探监测、应急预防、防灾减灾和经济管理、基层社会管理、社会服务等方面的专业人才。建立城市公共安全技术研究机构，快速集聚城市管理治理领域的科学研究和智力服务专业人才。开展基层社会治理队伍系统培训，不断提升责任意识、专业素质和工作能力。

（九）加强教育系统专业人才队伍建设。完善"鹏城学者计划"，每个实施周期设置长期和短期特聘教授岗位各不少于45个，并给予具有国际竞争力的薪酬待遇。深入实施基础教育系统"名师工程"，引进培养一批在国内外享有较高声誉的名校长、名教师、名班主任和教育科研专家。

（十）深入实施医疗卫生"三名"工程。重点引进培育名医（名科）、名医院、名诊所，吸引一流医学人才和团队，对引进的高水平医学团队给予800万—1500万元的资助。结合推进卫生系统事业单位改革，选聘一批专业化、职业化的医院院长和高水平医生。

（十一）引进培养高水平人文社科专业人才。实施"文化菁英集聚工程"，通过引进、遴选培养和提供稳定经费支持、平台支持等方式，集聚一批哲学社会科学、新闻出版、文化艺术、文化专门技术和创意人才。

（十二）优化企业家成长环境。建立有利于企业家参与创新决策、凝聚创新人才、整合创新资源的新机制，进一步营造尊重、关怀、宽容、支持企业家的社会文化氛围，建立"亲、清"的新型政商关系。培育完善职业经理人市场，建立企业培育和市场化选聘相结合的职业经理人制度。合理提高国有企业经营管理人才市场化选聘比例，选择若干家市属中小企业开展经营班子整体市场化选聘试点。

三 强化博士后"人才战略储备库"功能

（十三）增加博士后设站数量。鼓励高校、科研机构和企业设立博士后流动站、工作站和创新实践基地，争取每批新增博士后工作站不少于15家，每年新增创新实践基地不少于30家。将博士后流动站、工作站的设站单位资助标准提高至80万元，博士后创新实践基地的资助标准提高至50万元。

（十四）扩大博士后招生规模。每年招收博士后研究人员不少于500名。支持本市有条件的博士后工作站独立招收博士后研究人员，博士后流动站、工作站和创新实践基地招收博士后研究人员每年保持适度增长。鼓励我市企事业单位与市内外高校、科研机构博士后流动站、工作站建立联合培养机制。加大外籍博士后招收力度，积极吸引全球优秀青年人才到我市从事博士后研究。

（十五）优化博士后生活服务和科研支持政策。对在我市从事博士后研究的在站博士后人员，每人每年给予12万元生活补贴，总额不超过24万元。鼓励设站单位增加配套资助。研究制定在站博士后研究人员租用新能源小汽车的优惠政策。支持在站博士后到企业和众创空间开展科研和技术转化。鼓励博士后研究人员积极参与国际科研合作和学术交流。对出站留深和来深博士后，给予每人30万元科研经费资助。

四 加快培养国际化人才

（十六）完善干部出国（境）培训制度。将国际化素质培训课程纳入各级干部主体培训内容，改进和完善干部出国（境）培训制度。重点联手国际友好城市，每年遴选一批外语好、业务强的优秀人才，到国外政府机构、国际组织和大型企业工作锻炼。

（十七）支持人才和项目国际合作交流。鼓励和支持我市各类创新主体、社会团体和其他机构等与国（境）外机构开展人才、技术和项目合作交流，符合条件的给予一定的研修津贴和资助。积极培养推送优秀人才进入国际组织。

（十八）实施学生国际交流计划。支持我市各级各类院校开展多种形式的学生交换互读。支持我市优秀高中毕业生和在校大学生、技校生到国（境）外留学。鼓励符合条件的高校、科研机构接收培养国际生。

（十九）完善留学人员来深创业资助政策。出国留学人员来深创业，符合条件的给予30万—100万元创业资助，特别优秀项目给予最高500万元资助。

五　扎实推进创客之都建设

（二十）在中小学校建设创客实践室。在全市中小学开设创客教育课程，支持建设创客实践室，符合条件的给予最高100万元资助。

（二十一）实施创客培养项目资助计划。大力扶持创客发展，对符合条件的创客个人、创客团队项目给予最高100万元资助。未来五年每年新增创客个人和团队3万名（个）左右。

（二十二）壮大各类创客导师队伍。鼓励资深创客、知名创客以及有丰富经验的企业家和技术专家担任志愿创客导师。招募一批我市高层次人才到全市各级中小学校担任创客导师，为学生创客提供创新指导。

六　提高技能人才培养水平

（二十三）大力发展职业技能教育。充分利用国内国际职业教育资源，推动公办、民办职业教育培训共同发展，加快培养支撑中国制造、中国创造的技术技能人才队伍。实施全民素质提升计划，重点推进在职劳动者中等职业技术教育，由政府、企业、个人按照一定比例承担学费。完善在职劳动者职业技能等级或学历层次提升补贴资助办法，给予每人最高1万元补贴。未来五年每年职业培训总量200万人次以上、新增技能人才22万人左右，力争到2020年高技能人才占技能人才比例达到35%。

（二十四）推进技能人才培养国际合作。探索引进国际技能认证。引进国外优质职业教育资源，推动我市职业学校、技工院校、大企业等与国际知名职业学校、国际知名企业等合作共建若干特色院系或专业。实施"技能菁英工程",每年遴选30名技能菁英,组织赴国(境)外开展技艺技能研修培训、技能技艺交流及参加国际技能竞赛。

(二十五)实施"双元制"职业教育模式。加快构建现代职业教育体系,推进企业新型学徒制,选择100家左右企业开展校企联合培养试点,按一定标准给予企业培训补贴。对就读本市中等职业学校、技工院校的全日制学生给予学费减免,对职业学校、技工院校在读的全日制学生顶岗实习给予相应补贴。

(二十六)加大高技能人才培养载体建设力度。未来五年每年重点建设10家技能大师工作室、30家技师工作站、50家高技能人才培训基地,符合条件的分别给予50万元、30万元、20万元项目经费资助。

(二十七)大力弘扬"工匠精神"。组织开展"鹏城工匠"评选活动,面向全国举办"工匠之星"技能大赛。鼓励支持我市优秀技能人才参加世界技能大赛等国际性职业技能大赛。我市行业协会、企业和院校等举办职业技能竞赛,符合条件的给予相应资助。

七 加快建设人才培养载体

(二十八)推进高水平院校和学科建设。鼓励高校积极参与世界一流大学和广东省高水平大学建设。大力推进优势和特色学科建设,鼓励高校按照国际同类一流学科专业标准,开展学科专业国际评估或认证。实施一流学科培育计划,对入选国家、省重点学科培育计划的学科给予相应资助,对新增未来新兴产业和民生领域急需学科专业给予一定资助。围绕深圳重点支持领域发展需求,与境内外高水平大学、科研机构合作建设若干特色学院。

(二十九)推动高水平科研机构和新型智库倍增发展。未来五年引进若干家国内外知名科研院所落户深圳,力争建成80家创新能力强的科研机构,国家级工程中心、重点实验室、工程实验室、企业技术中心达到100家以上。坚持政府引导与社会参与相结合,建立一批掌握核心技术的新型科研机构或创新载体。组建军民融合创新研究院,大力推进军民两用技术双向转移。加快建设各类新型智库,未来五年重点引进和培育10家左右在国内外具有一定知名度和影响力的高端智库,通过定向采购等方式,每年给予最高500万元业务经费资助。

(三十)吸引市外技术转移机构来深发展。支持境外机构在深圳设立具有独立法人资格、符合我市产业发展需求的技术转移机构,政府给予最高1000万元研发资助。市政府与国内外知名高校技术转移服务机构、科研机构建立合作伙伴关系,对合作伙伴每年给予最高200万元资助。支持合作伙伴拥有的高新技术研发成果、专利技术等自主知识产权项目在我市落地并实现产业化。

(三十一)引进培育国际学术交流平台。重点吸引和支持高水平国际学术会议(学术组织)、专业论坛在深圳举办或永久性落地,给予最高300万元资助。

八 积极创新招才引智工作机制

(三十二)设立"引才伯乐奖"。鼓励我市企事业单位、人才中介组织等引进和举荐人才,对成功引进两院院士、国家"千人计划"和"万人计划"人才、广东省创新科研团队和领军人才、我市国家级领军人才和地方级领军人才、海外高层次A类和B类人才、"孔雀计划"团队的,每引进一人(团队)给予10万—200万元的奖励补贴。

(三十三)发挥驻外机构招才引智作用。在市政府驻境外、市外机构加挂人才工作站的牌子,增加驻境外人才工作站布点,赋予其招才引智工作职能。鼓励和支持我市企业和社会团体等驻外机构设立人才工作站,开展招才引智工作。完善人才工作站管理机制、激励机制和经费保障机制。

(三十四)发挥企业主体招才引智作用。鼓励和支持企业根据发展需要面向全球广泛吸纳人才。对国有企业新招录的高层次人才和硕士及以上学历的人才,其薪酬不纳入企业当年和次年的薪酬总额。结合举办高交会、文博会、国际创客周等,政企互动开展多种形式的招才引智活动。

(三十五)发挥群团和社会组织招才引智作用。工会、共青团、妇联、科协、工商联等人民团体，要利用自身优势团结人才、引进人才。市欧美同学会、高层次人才联谊会、企业家协会等人才协会和各类行业协会要发挥对各级各类人才的联系服务和桥梁纽带作用。

九 建立完善人才健康顺畅流动机制

（三十六）实行高层次人才机动编制管理。凡市外事业单位在编高层次人才来深创新创业，可依托市人事人才服务中心、市科技金融服务中心、市科技开发交流中心等，在5年内按我市事业单位编制内管理。

（三十七）支持事业单位科研人员离岗创业。我市高校、科研院所等事业单位科研人员经所在单位同意，可离岗在本市创办企业或到企业开展科技成果转化，离岗创新创业期限以3年为一期，最多不超过两期。离岗期间，其人事关系可保留在原单位，由原单位为其代缴离岗期间单位部分的养老、医疗等社会保险，返回原单位时接续计算工龄并保留原聘专业技术职务。

（三十八）建立企业家和企业科研人员兼职制度。允许高等院校、科研院所以及职业学校、技工院校设立一定比例的流动岗位，吸引有创新实践经验的企业家和企业科研人员兼职。兼职期间的各方权利义务，由兼职人员与原单位、兼职单位共同协商确定。

（三十九）放宽科研人员因公出国（境）管理。按照与党政干部区别对待的原则，对国有企事业单位科研人员和专业技术人员因公出国（境）实行灵活管理，根据实际需要审批其因公出国（境）的批次数、人数及在外停留时间。

（四十）鼓励大学生创新创业。允许高校全日制在校学生休学创业。大学生休学创业和毕业后自主创业，创业场租补贴标准在现有基础上提高20%—50%，优秀项目可给予最高50万元资助。提高大学生就业见习和实习补贴标准，每人每月给予最高2500元，最长不超过6个月。

（四十一）促进人才向基层和艰苦岗位流动。鼓励和支持我市优秀人才到基层一线、小微企业和对口帮扶的汕尾、河源及西藏、新疆等地创新创业、提供专业服务，提高基层一线人才保障水平。重大人才工程项目适当向偏远地区倾斜。市财政每年安排5000万元专项资金，对在偏远地区基层艰苦岗位工作的人才予以资助支持。

十 深化人才举荐和评价制度改革

（四十二）建立青年人才举荐制度。组建青年人才举荐委员会，邀请各行业杰出人才和领军企业高管担任成员，推荐35岁以下的优秀年轻人才，并可直接认定为我市高层次人才，享受相关待遇。

（四十三）建立高层次人才市场化认定机制。发挥政府、市场、专业组织、用人单位等多元评价主体作用，建立多维度人才评价标准，探索建立高层次人才积分制认定办法，对人才进行综合量化评价。在我市高层次人才评价标准中引入人力资源服务机构、风险投资机构等市场化评价要素。探索政府授权行业协（学）会、行业领军企业和新型科研机构自主认定高层次人才，并享受相应的政策待遇。

（四十四）推进技能人才多元化评价改革。推进行业组织承接技术技能人才评价改革试点，选取行业特点明显的职业（工种）交由具备条件的行业组织开展业内技术技能人才评价。

（四十五）深化职称制度改革。在中小学职称改革试点基础上，逐步在高校、卫生系统探索建立与岗位管理相衔接的职称制度。将社会化职称评定职能全面下放给具备条件的行业组织，制定行业组织承接职称评审职能监管办法。在新型研发机构、大型骨干企业、高新技术企业等开展职称自主评价试点。建立激励创新和科技成果转化的职称评审导向，将技术创新和创造、高新技术成果转化、发明专利转化等方面取得的成绩，及所创造的经济效益和社会效益等因素作为职称评审的重要条件。探索建立符合国际惯例的工程师制度。专业技术类公务员在职称评审、科研项目申报和经费保障等方面享受事业单位专业技术人员的相关政策。

十一 强化人才创新创业金融扶持

（四十六）设立人才创新创业基金。发挥市政府投资引导基金引导作用,依托市属国有金融机构参股,并吸引社会资本和社会力量参与,设立80亿元规模的人才创新创业基金,支持人才创新创业。

(四十七)完善人才创业贷款风险补偿机制。对人才创办的种子期、初创期科技型企业,符合条件的给予信用贷款和贷款担保支持。对人才创办的科技型企业购买科技保险产品,符合条件的给予保费资助。对符合条件的科技研发项目和创业担保贷款,给予贷款贴息资助。

十二 加大各类人才安居保障

(四十八)大力建设人才公寓。未来五年市区两级筹集提供不少于1万套人才公寓房,提供给海外人才、在站博士后和短期来深工作的高层次人才租住,符合条件的给予租金补贴。推广建设青年人才驿站。

(四十九)完善高层次人才安居办法。杰出人才可选择600万元奖励补贴,也可选择面积200平方米左右免租10年的住房。选择免租住房的,在我市全职工作满10年、贡献突出并取得本市户籍,可无偿获赠所租住房或给予1000万元购房补贴。符合条件的其他高层次人才,在享受相关奖励补贴的同时,可选择最长3年、每月最高1万元的租房补贴,或选择免租入住最长3年、面积最大150平方米的住房。

(五十)加大中初级人才住房政策支持。加大人才公共租赁住房、安居型商品房配租配售力度。人才申请轮候公共租赁住房,不受缴纳社会保险时间限制。支持用人单位通过提供购房房贷贴息、房租补贴等形式解决人才住房困难。

(五十一)给予新引进人才租房和生活补贴。向新引进入户的全日制本科及以上学历的人员和归国留学人员发放一次性租房和生活补贴,其中,本科每人1.5万元,硕士每人2.5万元,博士每人3万元。

(五十二)创新境外人才住房公积金政策。在我市工作的外籍人才、获得境外永久(长期)居留权人才和港澳台人才,符合条件的，在缴存、提取住房公积金方面享受市民同等待遇。

十三 优化人才子女入学政策

（五十三）设立人才子女入学积分项目。完善我市公办中小学入学积分制度，将人才的社会贡献纳入子女入学积分权重。

（五十四）为高层次人才子女入学提供便利。我市高层次人才的非本市户籍子女在本市就读义务教育阶段和高中阶段学校，享受本市户籍学生待遇。对在我市投资并对经济社会发展做出贡献的外籍和港澳台投资者，其子女入学享受我市高层次人才子女入学待遇。

（五十五）推进中小学国际合作办学和国际学校建设。引进国内外名校或名教育机构来深合作办学，创办和打造一批优质中小学校。加大国际学校建设力度，试点普通中小学特别是外国语学校、民办学校开设专门招收外籍人员子女的国际部。

十四 强化人才医疗保障

（五十六）完善高层次人才医疗保健待遇。杰出人才可享受一级保健待遇，国家级领军人才、地方级领军人才和除杰出人才外的其他海外A类人才、B类人才可享受二级保健待遇，后备级人才和海外C类人才可享受三级保健待遇。对不愿享受保健待遇的高层次人才，可通过支持其购买商业医疗保险等方式提供相应医疗保障。

（五十七）为外籍人才医疗提供便利。在我市三甲医院特需门诊为外籍人才提供预约诊疗和外语服务。鼓励符合条件的医院、诊疗中心与国内外保险公司合作，加入国际医疗保险直付网络系统。

十五 提升服务人才水平

（五十八）完善联系优秀专家制度。市区党政领导班子成员每人联系至少1名专家，通过与专家结对子、交朋友，经常听取意见建议，了解掌握专家的思想、工作、学习和生活状况。

（五十九）整合构建全市统一的人才综合服务平台。整合相关职能部门的人才认定、项目申报、配套待遇落实、创业扶持服务等职能，建设全市统一的人才基础数据信息库和综合服务平台，进一步简化优化人才服务流程，提高人才服务效率。利用综合服务平台开展人才信息情报搜集和分析，发布人才供需信息和人才政策，为用人主体和人才提供高效便捷服务。

（六十）建立高层次人才服务"一卡通"制度。向高层次人才发放"鹏城优才卡"，人才凭卡可直接到综合服务平台或相关部门办理和申报调入关系接转、本人及家属落户、配偶就业、子女入学、医疗社保、人才安居、居留和出入境证件申请、自用物品进境免税证明、创业扶持等服务。

（六十一）为外籍人才来深创新创业提供停居留便利。简化外国专家短期来华相关办理程序，对来深停留不超过90天（含）的外国专家，免办工作许可，凭我市外国专家主管部门发的邀请函，可办理多次往返F字（访问）签证。外籍人才凭工作许可证明入境后可直接申请办理5年内的工作居留证件。对我市认定的外籍高层次人才持其他证件来华的，入境后可申请变更为R字（人才）签证或者按照规定办理居留证件。探索市场化认定外籍人才，放宽其申请办理签证和永久居留证件方面的资格条件。开设外籍人才停居留特别通道，推行外籍人才代转口岸签证服务。在人才集聚区域增设出入境服务站，为外籍人才在深工作提供全面的出入境和居留便利服务。

（六十二）设立深圳市人才研修院。利用研修院举办"群英会"，推动创新创业人才与专业服务机构、企业进行资智、企智对接。举办高层次人才国情研修、教育培训，开展疗养保健等，加强对人才的政治引领和关心关爱，增强认同感和向心力。

（六十三）强化人才知识产权保护。实施严格的知识产权保护，更多依靠法律手段、法治途径强化知识产权保护，同时将侵犯知识产权的失信行为纳入社会信用记录，拓宽知识产权保护渠道。成立专业机构、律师协会等参与的深圳市人才知识产权法律服务联盟，为人才提供公益性、专业性的知识产权法律服务。

十六 加快推进人力资源服务业发展

（六十四）放宽人才服务业准入限制。进一步转变政府职能，探索取消人力资源服务机构行政许可，创新人力资源服务业监管体系。扩大人力资源服务业开放，争取外资独资设立人力资源服务机构的试点。

（六十五）出台人力资源服务业扶持政策。设立人力资源服务业发展专项资金，在人力资源体系建设、产品创新、高端人才引进、骨干企业培育、信息平台建设等方面给予支持。支持创建国家级人力资源服务产业园区，促进人力资源服务机构集聚和规模发展。

（六十六）加大高端猎头机构引进培育力度。力争到2017年底前引进和打造10家左右知名猎头机构。鼓励我市有条件的人力资源服务机构在境外建立分支机构，加强与境外人力资源服务机构合作。

十七　大力推进前海人才管理改革试验区建设

（六十七）吸引境外专业人士提供专业服务。在前海蛇口自贸片区探索建立境外专业人才职业资格准入负面清单。争取上级支持，允许具有港澳执业资格的金融、规划、设计、建筑、会计、教育、医疗等专业人才，经市政府相关部门或前海管理局备案后，直接为区域内的企业和居民提供专业服务，条件成熟时争取将提供服务的范围扩大至全市。

（六十八）完善深港人才交流合作机制。依托深港青年梦工场、博士后交流驿站等平台，开展深港两地人才和项目常态化合作。建立深港联合引才育才机制，每年举办深港行业协会人才合作活动。选聘香港专业人士到前海管理局及所属机构任职。港澳高校学生在前海蛇口自贸片区实习、休学创业或自主创业的，享受与我市高校学生同等待遇。

（六十九）建立海外人才离岸创新创业基地。依托前海蛇口自贸片区建设国际人才自由港。支持海外人才在前海离岸创新创业，设立离岸金融、信息服务、物流和其他科技服务企业。

（七十）创新前海人才认定和扶持政策。探索以市场化方式认定前海高端和紧缺人才。每年从前海产业发展资金中安排一定比例的资金作为人才发展引导资金，用于人才开发，支持境内外人才在前海创新创业。

十八　完善人才激励措施

（七十一）改进鹏城杰出人才支持制度。完善鹏城杰出人才认定办法，加大支持力度，给予每人100万元经费支持。

（七十二）建立人才荣誉奖项申报激励制度。支持我市科技、教育、文化、卫生、体育等各行各业人才，参加本行业本专业国际或国家最高荣誉奖项评选，对获得奖项的，给予10万—50万元奖励。符合条件的，认定为我市高层次人才并享受相关待遇。

（七十三）加大人才创新创业奖励力度。完善市长奖、自然科学奖、技术发明奖、科技进步奖、青年科技奖、专利奖、标准奖等奖励办法。市财政每年安排专项资金不少于10亿元，对在产业发展与自主创新方面做出突出贡献的人才给予奖励。

十九　建立健全人才荣誉制度

（七十四）建立特区勋章和荣誉制度。对有卓越贡献和重大贡献的杰出人士，提请授予深圳经济特区勋章或荣誉称号。

（七十五）完善市政府特殊津贴制度。修订市政府特殊津贴人员选拔管理办法，提高津贴标准，给予每人一次性津贴5万元，并享受相应高层次人才待遇。

（七十六）建立永久性人才激励阵地。依托现有公园和道路打造人才主题公园和人才星光大道。开设人才事迹网络展示馆。

二十　建立健全人才优先发展的保障机制

（七十七）加强和改进党对人才工作的领导。创新党管人才方式方法，充分发挥党的思想政治优势、组织优势和密切联系群众优势，完善党委统一领导，组织部门牵头抓总，有关部门各司其职、密切配合，社会力量发挥重要作用的人才工作新格局。进一步明确人才工作领导小组职责任务和工作规则，健全领导机构，配强工作力量。建立各级党政领导班子和领导干部人才工作目标责任制，将考核结果作为领导班子评优、干部评价的重要依据。理顺党委和政府人才工作职能部门职责,将行业、领域人才队伍建设列入相关职能部门"三定"方案。

(七十八)积极推进人才管理体制改革。转变政府人才管理职能,推动人才管理部门简政放权,清理和规范人才招聘、评价、流动等环节中的行政审批和收费事项。大力发展专业性、行业性人才市场,构建统一、开放的人才市场体系,完善人才供求、价格和竞争机制。全面落实企事业单位和社会组织的用人自主权。打破户籍、地域、身份、学历、人事关系制约,探索非公有制经济组织和社会组织优秀人才进入党政机关、国有企事业单位的办法,促进人才资源合理流动、有效配置。改革完善科研项目招投标制度,健全竞争性经费和稳定支持经费相协调的投入机制。推行有利于人才创新的经费审计方式。

(七十九)统筹经济社会发展和人才培养开发。坚持人才引领创新发展,将人才发展列为经济社会发展综合评价指标。研究制定"一带一路"建设,深圳国际科技、产业创新中心建设,自贸区建设,实施东进战略的人才支持措施。加强产业人才需求预测,有针对性地出台对重点产业、重点领域、重点行业和企业急需紧缺人才的支持政策。推进人才入户制度改革,具有全日制大专及以上学历的人员可直接申领居住证,同时符合年龄条件的直接申办入户;其他具有较高专业技能以及我市产业发展需要的人才,也可直接申办入户或申领居住证。

(八十)加快推进人才工作立法。发挥经济特区立法权优势,制定《深圳经济特区人才工作条例》,推进人才工作依法管理,提升人才工作法治化水平。

(八十一)建立人才政策调查和评价机制。采取"一年一调查、一年一评估"的办法,广泛听取企业、社会公众和人才的意见,对人才政策落实情况进行跟踪研判,根据需要及时对人才政策进行修改完善,及时清理不合时宜的政策性文件。

各级党委、政府要高度重视,强化"一把手抓第一资源"的责任,提高认识,加强领导,确保各项政策措施得以落实。81项措施涉及的组织、宣传、人力资源保障、发展改革、财政、科技创新、教育、卫生、住房建设、公安、金融、编制、外事、城管、前海等有关部门和单位要加强协同，按照任务分工，积极主动作为，抓紧制定落实的配套措施，明确时间表和路线图，确定责任领导和具体责任人。各区应结合实际，制定实施办法，做好政策衔接，既要根据发展需要加大人才投入力度，又要防止互相恶性竞争。加强对人才政策的宣传和舆论引导，回应社会关切，引导社会舆论，营造尊重人才的社会环境，增强聚集人才的效应，齐心协力把我市打造成为"人才高地"。若干措施与我市此前出台的政策有重复、交叉的，按照从新、从优、从高的原则执行。

关于完善人才住房制度的若干措施

深发〔2016〕13 号

为深入实施人才优先发展战略，加大人才安居工作力度，着力解决人才住房困难，持续改善人才居住条件，解决人才对住房的后顾之忧，将深圳打造成为更具吸引力和竞争力的"人才高地"，制定如下措施。

一　创新和完善人才住房制度顶层设计

（一）建立统一的人才住房管理体系。人才住房是政府及企事业单位建设筹集、面向各类人才供应的政策性住房。市、区政府在编制住房发展规划、住房保障规划及年度建设和供应计划时，应当将人才住房作为专项内容予以重点保障。市、区政府及各企事业单位建设筹集的人才住房，应当统一纳入全市人才住房管理体系。人才住房适用保障性住房的各项优惠政策。

（二）确立全市统筹与属地负责相结合的责任机制。市人才住房主管部门对全市人才住房工作进行统筹管理和政策指导。市本级负责市级认定的高层次人才、总部企业高级管理人才、在站博士后，以及市级党政机关和事业单位、中央驻深机构、市政府批准的其他单位人才住房的建设筹集和供应。各区政府负责本辖区人才住房的建设筹集和供应。市前海管理局参照各区政府，负责前海深港现代服务业合作区人才住房的建设筹集和供应。

鼓励有条件的企事业单位，在人才住房政策的总体框架内，自行建设筹集和供应人才住房。教育、医疗、国资等行业主管部门应当加强对本行业企事业单位实施人才住房政策的统筹协调。

（三）制定符合发展需要的人才认定标准。具有全日制本科及以上学历（含教育部认可的境外高等院校毕业的归国留学人员），或属于符合我市产业发展需要的技师（国家职业资格二级及以上），或列入市人力资源保障部门发布的紧缺专业人才目录，且与本市用人单位签订聘用合同或服务协议的各类人才，可纳入我市人才住房政策适用范围。各区政府在市人力资源保障部门的指导下，可根据自身发展需要，在执行上述基本条件的基础上，制定差异化的人才认定政策。

（四）合理确定人才住房建设标准。市人才住房主管部门会同各区政府制定人才住房的建设标准（含户型、面积、装修等）。企事业单位利用自有用地和自筹资金建设人才住房的，其建设标准应符合市相关规定，并通过民主决策程序制定，报市、区人才住房主管部门批准后执行。

（五）优化人才安居实施方式。人才安居实行以租为主、租售补相结合的原则。符合本市人才住房政策条件的各类人才，通过租赁或购买人才住房或领取人才住房货币补贴等方式，享受人才住房政策。推广建设青年人才驿站、人才公寓，解决短期来深工作人才的住房问题。对个别特殊人才的住房困难，市、区政府可按照一事一议的方式解决。

（六）合理确定人才住房租金标准。市、区政府应当根据项目区域、建设标准等制定人才住房的租金标准，与市场租金保持合理差距，并实行定期动态调整。企事业单位自行建设筹集的人才住房，其租金标准可自行确定，报市、区人才住房主管部门备案后实施。探索人才住房租金梯度补贴机制。

（七）建立人才住房分区分类供应制度。市、区人才住房主管部门在制定人才住房分配规则时，应当结合我市产业政策导向，兼顾经济社会发展水平和财政承受能力，综合考虑人才服务年限、人才层级、社会贡献等因素，确保人才住房分配公开透明、公平公正，实现可持续发展。

各区政府以及企事业单位建设筹集的人才住房，由其自行实施供应和分配。企事业单位自行建设筹集人才住房的，在符合相关规定的情况下，可以制定面向本单位的人才住房供应和分配规则，报市、区人才住房主管部门备案后执行。

（八）建立人才住房封闭流转机制。人才住房原则上不得转变为市场商品房上市交易。需要转让人才住房的，应按照相关规定，由原配售单位或政府回购，或转让给符合购买条件的其他人才。人才住房的承租人或购买人不再符合人才住房政策条件的，由原配租（售）单位或市、区人才住房主管部门按照相关规定及合同约定予以收回，并按规定向其他符合条件的人才供应。加快制定人才住房封闭流转的具体办法，探索与服务年限、人才层级、社会贡献挂钩的人才住房产权制度。

（九）建立人才住房信息共享机制。建立全市统一的人才住房基础信息管理平台，实现人才住房建设筹集、供应分配、运营管理等信息实时共享。市住房建设、规划国土、人力资源等部门应当加强协同配合、动态管理，实现人才住房租赁产权登记、人才认定等信息互联互通，防止出现重复享受人才住房以及骗租骗购、违规转租转卖等现象。

二 加大人才住房建设和供应力度

（十）加大人才住房及其用地供应。市、区政府应当做好人才住房的中长期发展规划，保障人才住房的有效供应。"十三五"期间，我市新筹集建设人才住房和保障性住房40万套，其中人才住房不少于30万套。人才住房用地执行保障性住房建设用地政策。市规划国土部门在编制近期建设规划及年度实施计划时，应当优先落实相应的建设用地指标并确保优先落地。每年新增供应的居住用地中，人才住房和保障性住房用地面积应当不少于总用地面积的60%。探索利用征地返还地、非农建设用地合作建设人才住房。人才住房建设用地应当尽量提高开发强度,在片区配套能力支撑的前提下,取容积率上限。各区政府应当制定人才住房用地专项整备计划,加大土地整备力度,确保人才住房用地提前1年以上入库储备。

(十一)利用公共设施上盖及周边用地配建人才住房。地铁车辆段、停车场、站点上盖适量增配人才住房。地铁站点500米范围内新出让的招拍挂居住用地,建设人才住房比例应不少于总建筑面积的60%;地铁沿线住宅用地应当优先用于建设人才住房。独立占地、具备条件的公交场站、停车场、变电站以及消防站等市政公用设施上盖,应当配建人才住房。在规划建设教育、医疗等大型公共设施时,可配建一定比例的人才公寓或宿舍。

(十二)利用房地产开发项目配建人才住房。除利用公共设施上盖及周边用地配建人才住房外,招拍挂出让的其他商品住宅项目用地应配建不少于总建筑面积10%的人才住房,在此基础上,探索竞地价与竞人才住房配建量相结合的招拍挂方式,进一步提高人才住房配建比例。已批未建工业用地调整功能改为居住用地的,可由企业按规定开发保障性住房,或按政策收回部分土地优先建设人才住房。

(十三)利用城市更新和棚户区改造项目配建人才住房。进一步提高城市更新项目配建人才住房和保障性住房的比例,其中城中村改造项目、改造后包含商务公寓的城市更新项目,基准配建比例不低于15%;旧工业区、仓储区或城市基础设施及公共服务设施改造为住宅的,基准配建比例不低于30%。鼓励将位于成片产业园区范围之外的上层次规划为工业用地、满足一定区位条件及用地规模的旧工业区,在公共配套条件支撑的情况下,调整用地规划功能建设人才住房和保障性住房,其建筑面积比例不少于65%,具体配建规则由市规划国土部门另行制定。"十三五"期间,通过城市更新配建提供不少于13万套的人才住房和保障性住房。有条件的棚户区改造项目,除满足拆迁安置需要外,其余住房均配建为人才住房。

(十四)利用产业园区适量配套建设人才住房。"十三五"期间,新建或扩建的各类产业园区,应当就地配建或就近集中建设不少于总建筑面积25%的人才公寓或宿舍。"十三五"期间,利用产业园区配套建设人才公寓或宿舍总建筑面积不少于160万平方米。

（十五）鼓励利用自有存量用地建设人才住房。鼓励有条件的企事业单位、原农村集体经济组织继受单位利用自有用地、历史遗留问题用地等存量土地集中建设人才住房，允许其在户型面积、租售价格等方面具有一定的自主权，并在土地收益等方面给予相应政策优惠。

（十六）充分挖掘存量住房资源。"十三五"期间，市、区政府可在确保安全的前提下，通过没收、租赁、征收历史遗留建筑等方式筹集不少于8万套人才住房。清理整合机关事业单位自有住房，纳入全市人才住房基础信息管理平台，实行规范管理。对租赁社会存量住房并按人才住房租金标准出租给人才使用的，财政可给予配租单位一定的租金差额补贴。支持原农村集体经济组织继受单位依法将已建成、审批手续不完备的住房改造为租赁型人才住房，鼓励企业将自有商业、办公用房、宿舍等改造为租赁型人才住房，所在区政府给予适当的改造和运营资金补贴。

（十七）培育人才住房租赁市场。鼓励成立人才住房租赁经营机构，通过租赁或购买市场房源，向人才出租。探索支持人才住房租赁经营的融资渠道。鼓励房地产企业以持有的住房与政府、企事业单位等签订人才住房租赁协议，或与人才住房租赁经营机构合作，建立开发与租赁一体化的运作模式。

（十八）鼓励社会力量共同参与人才住房建设运营。鼓励房地产开发企业等市场主体参与人才住房建设和运营。探索政府与原农村集体经济组织继受单位或其他用地单位合作开发、共享收益的人才住房建设运营模式。探索采用政府与企业、政府与人才、单位与人才等多种共有产权模式解决人才住房困难。

（十九）优化人才住房布局推进职住平衡。服务并对接自贸区战略、粤港澳大湾区战略、东进战略，将人才住房项目的空间布局与城市总体规划特别是产业发展规划、轨道交通规划相衔接，加快推进原特区内产业和人口向原特区外转移，积极推进产城融合、职住平衡。

（二十）完善人才住房建设项目公共配套。人才住房项目应尽可能安排在轨道交通周边区域，更好满足人才出行需求。新建人才住房项目所在区政府应当负责协调同步配建教育、医疗、道路、公交场站等公共设施。对市人才住房主管部门确定的大型人才住房项目，在可行性研究时应当征求所在区政府的意见，在竣工验收时由所在区政府组织相关部门和建设单位对项目配套设施建设情况进行检查，配套设施完善方可交付使用。

三 建立健全人才住房工作保障机制

（二十一）加强人才住房工作的组织领导。市人才工作领导小组要加强统筹指导，进一步完善市人才安居工作联席会议制度，定期研究人才住房重大事项，协调解决各类复杂问题。市人才安居工作联席会议由市政府分管领导召集，市直有关部门和单位、各区政府参加，日常工作由市人才住房主管部门负责。建立人才住房工作目标责任制，将人才住房覆盖率、供应周期等纳入考核指标，考核结果作为绩效考核和干部评价的重要依据。

（二十二）筹建人才住房专营机构。由市国资、人才住房主管部门牵头筹建国有独资集团公司——市人才安居集团，负责市本级人才住房的建设筹集、投融资及运营管理等业务，实现人才住房全过程一体化建设运营管理。各区政府可以根据需要，与其合作成立分支机构。

（二十三）加强人才住房建设资金保障。加大市、区财政性资金投入，每年安排不低于土地出让净收益10%的资金用于人才住房及保障性住房建设。市有关部门、各区政府应当在年度投资计划和住房专项资金安排中对人才住房项目予以重点保障。对于承担市级人才住房项目公共配套建设的区政府，市政府可给予一定的财政奖励。

（二十四）简化人才住房项目审批程序。落实强区放权改革要求，将人才住房项目相关审批和监管权限尽可能下放至各区政府。制定优化人才住房项目建设程序和审批流程的相关措施，进一步简政放权，开辟绿色通道，提高审批效率，推动人才住房项目尽快落地。

（二十五）强化人才住房工作法治保障。尽快启动《深圳市保障性住房条例》《深圳市人才安居办法》《深圳市安居型商品房建设和管理暂行办法》等相关法规规章及配套文件修订工作，确保人才住房工作在法治轨道上运行。加大人才住房执法检查力度，严格准入与退出，打造公开、透明、规范的阳光工程和民心工程。

本措施发布之日起3个月内，各相关职能部门、各区政府要针对牵头办理的事项制定实施细则，明确时间表和路线图，确定责任领导和具体责任人，涉及法规规章及配套文件修订的，相关责任部门应在3个月内提交送审稿，确保各项措施得以落实。

中共深圳市委 深圳市人民政府关于实施人才安居工程的决定

深发〔2010〕5号

为深入贯彻落实科学发展观，加快实施人才强市战略，打造人才"宜聚"城市，优化创新创业环境，根据《珠江三角洲地区改革发展规划纲要》《深圳市综合配套改革总体方案》的有关精神，结合深圳实际，现就实施人才安居工程作出如下决定。

一 充分认识实施人才安居工程的重要性和紧迫性

人才是推动科学发展的"第一资源"，人才问题事关深圳经济社会发展的大局，事关深圳国家创新型城市的建设，事关深圳现代化、国际化城市进程的推进。纵观深圳经济特区30年的发展历程，筑巢引凤、广纳人才，是深圳快速崛起、创造奇迹的宝贵经验。在新的发展时期，实施人才强市战略，加快引进、培育各级各类人才，建设规模宏大、结构合理的高素质人才队伍，是深圳提升城市国际竞争力、促进经济社会持续健康发展的重要保证。当前，我市人才工作正面临新的形势与挑战，特别是居住成本高企对人才吸引力和经济社会发展的不利影响日益凸显。落实人才强市战略，实施人才安居工程，努力解决人才住房的后顾之忧，对于吸引人才、留住人才扎根深圳、创业发展具有重大而深远的意义。各级、各部门要以高度的政治责任感和历史使命感，充分认识实施人才安居工程的重要性、紧迫性，把解决人才安居问题摆在更加突出的位置。当前及今后一个时期，要把人才列为住房保障的重点对象，着力解决人才安居问题，全面缓解人才住房困难，不断改善人才居住条件，切实做到科学规划、精心组织、加快实施、务求实效。

二 明确人才安居工程的保障对象、标准和方式

实施人才安居工程，要坚持统筹兼顾与突出重点相结合、实物配置与货币补贴相结合的原则，重点解决我市支柱产业、战略性新兴产业、其他鼓励发展的产业，科技含量高、纳税额度大、对城市转型发展带动性强、成长性好的各类重点企事业单位、产业园区，以及文化、教育、科技、卫生、体育等社会事业领域的人才安居问题。人才安居工程的保障对象、标准及方式如下：

（一）杰出人才。具有世界一流水平的杰出人才，中国科学院、中国工程院院士，世界发达国家科学院、工程院院士，获得国内外公认重大奖项第一成果人以及相当层次的人才，凡在深圳没有享受购房优惠政策的，可凭引进（工作）合同，免租入住200平方米左右的住房，在深圳工作居住满10年，产权赠予个人；做出突出贡献的，在深圳工作居住满5年，产权赠予个人。

（二）领军人才。已认定为深圳国家级的领军人才，高等院校、科研机构和重点企事业单位的省级以上重点学科、重点实验室或重点创新科研团队带头人以及相当层次的领军人才，凡在深圳没有享受购房优惠政策的，可按照150平方米的住房标准，凭引进（工作）合同，免租入住3年；购买市场商品房的，可按照150平方米购房总价的50%额度提供购房补贴（以全市市场商品房平均价格计算，补贴由政府和用人单位分别承担40%和10%）。在深圳工作居住满10年，所购商品房产权可以转让。已认定为深圳地方级领军人才、后备级人才的，按照《深圳市高层次专业人才住房解决办法（试行）》中的有关规定执行。

（三）高级人才。我市急需紧缺、副高级职称以上及相当层次的骨干人才，凡新引进且在深圳未拥有任何形式自有住房的，正高级职称年龄在45周岁以下,副高级职称年龄在40周岁以下,凭引进(工作)合同、缴纳社会保险证明等,可申请租住公共租赁住房或领取租房补贴。租房补贴的标准是:正高级为2000元/月,副高级为1500元/月。连续享受租住公共租赁住房或领取租房补贴期限最长不超过3年。

(四)中初级人才。国内外全日制高校毕业生,取得学士以上学位,其中博士在35周岁以下,硕士在30周岁以下,学士在25周岁以下,凡在深圳未拥有任何形式自有住房的,凭所签订的工作合同、缴纳社会保险证明等,可申请租住公共租赁住房或领取租房补贴。租房补贴的标准是:博士为1000元/月,硕士为500元/月,学士为200元/月。连续享受租住公共租赁住房或领取租房补贴期限最长不超过3年。

(五)有关配套措施。在深圳工作居住满3年的高、中初级人才,凭本市户籍并按照有关规定,具备条件的可以申请购买安居型商品房。机关事业单位人才符合条件的,也可申请租住公共租赁住房、购买安居型商品房。全面实施住房公积金制度,逐步扩大住房公积金覆盖范围,提高用人单位和各类人才缴交住房公积金的积极性,增强人才住房保障能力。

三 加大人才安居住房建设和有效供给力度

认真执行《深圳市保障性住房条例》有关人才住房的规定,努力完善土地供应、资金保障、规划建设等配套措施。在现有廉租住房、经济适用住房、公共租赁住房等保障性住房基础上,推出面向人才和户籍中低收入家庭的安居型商品房。从2010年开始,启动安居型商品房建设,每年对全市新供商品房用地和城市更新项目进行统筹,总量上配建不低于商品住房总建筑面积30%的安居型商品房。要采取市场化运作机制,选择部分住宅用地采取"竞地价、限房价"或"定地价、竞房价"的方式公开出让,吸引资信良好、实力雄厚、社会责任感强的企业投资建设安居型商品房。安居型商品房用作人才安居住房的比例不低于60%,单套建筑面积不超过90平方米。"十一五"期间安排建设的公共租赁住房,面向人才安排的比例不低于60%；"十二五"期间安排建设的公共租赁住房，面向人才安排的比例不低于80%。

多渠道满足人才安居住房建设的用地需求，在住房保障发展规划、近期建设规划年度实施计划及土地利用计划中落实人才安居工程项目用地，积极通过政府提供土地、企业自有用地、处理历史遗留问题用地和产业园区配套建设用地等多种方式加以保障。要多管齐下，采取政府投资建设、政府收购回购、没收征收违法建筑、企业代建、企业通过市场竞得开发权后自行建设、企业配套建设等多种举措，筹集人才安居住房房源。

市、区两级政府在年度投资计划和住房专项资金安排中对人才安居工程予以重点倾斜。市、区财政对人才安居工程的资金支出，要在第四轮财政体制中加以明确；实施第四轮财政体制之前，由市级财政对区级财政给予适当补贴。

四 加快解决各类产业园区和重点企事业单位人才安居问题

对于已建成的各类产业园区，按照属地管理的原则，由各区通过资源整合、城市更新、旧城改造、罚没回购、购买租赁等多种方式，在各类产业园区周围配套一定数量的人才安居住房。对于正在规划和建设的各类产业园区，市、区两级要同步规划人才安居住房，推动形成产业集聚、人才荟萃、生活便利、功能完善的城市化区域。

对于重点企事业单位，已出让或划拨人才安居住房建设用地的，市、区两级要加大支持力度；没有专项建设用地的，要根据产业发展、人才集聚、城市化进程等实际情况，采取配售、出租等方式提供人才安居住房，定向分配给企事业单位，用于解决本单位的人才安居问题。

五 建立健全人才安居工程的实施机制

建立人才安居工程市、区两级领导机制，健全工作机构，合理确定编制，充实工作力量，完善业务功能，加强管理队伍建设，为人才安居工程顺利实施提供强有力的组织保障。按照"统筹兼顾、条块结合、分工明确、就近配套"的原则，建立人才安居工程目标责任制。原则上，市级负责解决杰出人才、领军人才及市属事业单位、经认定的重点企事业单位人才安居问题；其他人才按照属地管理的原则，由各区负责解决。

严格落实工作责任制，市发展改革部门负责制定人才安居住房建设项目投资计划；市规划国土部门负责制定人才安居住房建设项目年度用地保障计划；市财政部门负责制定人才安居工程资金安排计划；市人力资源保障部门负责牵头制定人才认定标准；各行业主管部门负责对各类人才进行具体认定；市住房建设部门负责制定人才安居住房规划、建设、申请、审核、分配、管理及货币补贴等具体办法，并会同各区政府具体实施。

建立健全人才安居工程考核评价机制，将实施人才安居工程情况纳入政府绩效考评内容，加强对各区、各部门主要负责人落实人才安居工程的责任考核。完善监督机制，建立健全统一的网上申报、受理、查询、投诉、举报、监督信息系统平台，自觉接受人大、政协的监督检查和社会各界的舆论监督，使人才安居工程成为公开、透明、廉洁、规范的阳光工程。

关于印发《深圳市人才认定办法》的通知

深府〔2010〕194号

各区人民政府，市政府直属各单位：

《深圳市人才认定办法》已经市政府同意，现予印发，请遵照执行。

二〇一〇年十二月二十七日

深圳市人才认定办法

第一章 总则

第一条 为落实科学人才观，建立符合深圳经济社会发展要求的人才评价体系，根据《中共深圳市委深圳市人民政府关于加强高层次专业人才队伍建设的意见》(深发〔2008〕10号)和《中共深圳市委深圳市人民政府关于实施人才安居工程的决定》(深发〔2010〕5号),结合实际,制定本办法。

第二条 本办法所称人才是指高层次专业人才、高级人才和中初级人才三个层次,其中高层次专业人才又分为杰出人才、国家级领军人才、地方级领军人才和后备级人才(后三者统称为领军人才)。

高层次专业人才及市属事业单位和经认定的重点企事业单位高级人才、中初级人才的认定及认定标准的编制、发布适用本办法。

第三条 人才认定坚持公开、公平的原则,坚持品德、知识、能力和业绩并重的原则,坚持业内认可、社会认可的原则。

第四条 市人力资源和社会保障部门负责人才认定工作的综合管理,以及高层次专业人才的认定工作。各行业主管部门负责市属事业单位、经认定的重点企事业单位高级人才和中初级人才的认定工作。

第二章 认定范围和条件

第五条 已在深工作、来深自主创业或已与在深单位达成工作意向的人员可申请认定为我市相应层次的人才。

第六条 申请认定的人才须具备人才认定标准规定的条件外,还应当具备下列条件:

(一)遵纪守法。

(二)有良好的职业道德,严谨的科研作风和科学、求实、团结、协作的精神。

(三)高层次专业人才中杰出人才无年龄限制,国家级领军人才年龄应在60周岁以下(其中高技能人才年龄应在50周岁以下),地方级领军人才年龄应在55周岁以下(其中高技能人才年龄应在45周岁以下),后备级人才年龄应在40周岁以下。有特别突出贡献者,年龄条件可适当放宽。

第三章 认定标准编制与发布

第七条 市政府应当根据本市产业发展和人才需求状况,制定人才认定标准,并结合实际情况适时调整,实行动态发布机制。

第八条　人才认定标准的编制和发布程序如下：

（一）市人力资源和社会保障部门经过调查研究，广泛征求社会各界意见，会同各行业主管部门和行业协会研究编制人才认定标准。

（二）市人力资源和社会保障部门召集相关行业主管部门、行业协会、专家等组成评估委员会，对人才认定标准进行评估、论证。

（三）人才认定标准经市政府审定后由市人力资源和社会保障部门发布实施。

第九条　如有重大新增标准，可临时提请市政府审定后在《深圳市人才认定标准》中增加相关标准。

第四章　认定程序

第十条　市人力资源和社会保障部门负责受理高层次专业人才的认定申请。

第十一条　高层次专业人才认定按下列规定执行：

（一）个人申请。个人向所在单位提出认定申请，并填写《深圳市高层次专业人才认定申请核准表》，并提供相关证明材料。

（二）单位及主管部门审核。申请人所在单位对申请人各项条件进行审核，符合条件的在其申请表中加具推荐意见后连同相关证明材料报送到主管部门，主管部门加具推荐意见后报市人力资源和社会保障部门；申请人所在单位无主管部门的，由单位报市人力资源和社会保障部门。

（三）核准及公示。经市人力资源和社会保障部门核准符合认定条件的人选，在市人力资源和社会保障部门网站进行公示，公示期为10个工作日。

（四）发证。经公示无异议或异议不成立的人选由市人力资源和社会保障部门确定为高层次专业人才人选并获颁证书。

（五）入库。经认定的人选进入我市高层次专业人才库。

第十二条　各行业主管部门负责受理市属事业单位、经认定的重点企事业单位的高级人才和中初级人才的认定申请。人才申请、审核、核准及公示、发证等具体认定程序由各行业主管部门参照执行。经认定的高级人才和中初级人才由各行业主管部门报市人力资源和社会保障部门汇总，纳入我市人才库管理系统。

第五章　任期与考核

第十三条　高层次专业人才实行任期制，任期为 5 年，期满可再次申请认定。

任期内，达到更高层次认定条件的，可按规定申请相应层次人才的认定。

第十四条　高层次专业人才实行期中、期末考核制度，考核重点是创新能力、业绩贡献、人才培养等方面，考核办法按照我市高层次专业人才考核办法有关规定执行。

第十五条　期中考核结果不合格者，取消高层次专业人才资格，收回证书。期中、期末考核结果存入个人档案，市人力资源和社会保障部门存档。

第十六条　任期已满人员再次申报参加高层次专业人才认定时，以最近一个任期内及期满之后担任的职务、取得的业绩成果等为申报依据。

第十七条　有下列情形之一者，应当取消资格、收回证书并按有关规定取消或追回其所享受的物质待遇：

（一）学术、业绩上弄虚作假被有关部门查处。

（二）提供虚假材料骗取人才资格。

（三）任期内受纪检、监察部门审查并给予严重警告以上处分。

（四）任期内被处以刑事处罚。

因前款第（一）、（二）项情形取消资格的，不再受理其高层次专业人才认定申请。

第六章　附则

第十八条　除市属事业单位、经认定的重点企事业单位以外，其他单位的高级人才和中初级人才，按照属地管理的原则，由各区参照本办法，制定认定办法和认定标准，并组织开展认定工作。

第十九条　经认定的高层次专业人才可申请享受我市人才安居工程和高层次专业人才配套政策，经认定的高级人才和中初级人才可申请享受我市人才安居工程配套政策。

第二十条　本办法自发布之日起实施，深圳市人民政府《关于印发深圳市高层次专业人才认定办法（试行）的通知》（深府〔2010〕50号）同时废止。

中共深圳市委　深圳市人民政府关于实施引进海外高层次人才"孔雀计划"的意见

〔2011〕9号

为深入贯彻胡锦涛总书记在庆祝深圳经济特区建立30周年大会上的重要讲话精神，落实全国、全省人才工作会议有关要求，以中央实施引进海外高层次人才"千人计划"为引领，进一步加快高层次人才队伍建设步伐，建设宏大的创新型人才队伍，推动支柱产业和战略性新兴产业发展，加快促进经济发展方式转变和自主创新能力提升，为努力当好科学发展排头兵、建设现代化国际化先进城市提供有力的人才保障和智力支持，现就实施"孔雀计划"引进海外高层次创新创业人才提出如下意见。

一　总体目标

紧紧围绕深圳经济特区的战略发展目标，从2011年开始，在未来5年重点引进并支持50个以上海外高层次人才团队和1000名以上海外高层次人才来深创业创新，吸引带动10000名以上各类海外人才来深工作，突出推动支柱产业和战略性新兴产业领域的人才队伍结构优化和自主创新能力提升，实现人才资源配置和产业优化升级的高端化、高匹配，推动经济发展方式进入创新驱动发展轨道，力争把深圳经济特区建设成为亚太地区创新创业活动活跃、海外高层次人才向往汇聚的国际人才"宜聚"城市。

二　主要对象

以推动高新技术、金融、物流、文化等支柱产业发展，培育新能源、互联网、生物、新材料等战略性新兴产业为重点，聚集一大批具备较高专业素养和丰富的海外工作经验，掌握先进科学技术、熟悉国际市场运作的海外高层次创新创业人才，引进一批对我市产业发展有重大影响、能带来重大经济效益和社会效益的核心团队。

三　主要措施

（一）建立引才目录定期发布机制。根据产业结构优化调整的需要，每年定期向社会公开发布深圳市海外高层次人才重点引进目录，并及时发布用人单位对高层次人才的需求信息。

（二）建立专项引才机制。按照"政府为主导、用人单位为主体、人才资源市场化配置"的原则，进一步健全完善海外高层次人才引进机制。建立健全海外人才联络机构体系和海外高层次人才信息库，加大组织赴海外招聘人才工作的力度。进一步发挥用人单位在引进和使用海外高层次人才的主体作用，鼓励用人单位创新薪酬分配制度等吸引和激励人才。进一步推进人才资源市场的规范化、高端化建设，加强与海外留学社团、境外人力市场、猎头机构和驻外机构的联系，引进和培育一批国际猎头公司机构。

（三）建立确认机制。海外高层次人才确认实行认定和评审相结合的办法。制定并颁布海外高层次人才认定标准和认定程序，凡符合认定标准的海外高层次人才实行认定，对尚不能认定的海外高层次人才可采取评审的方式。对于海外高层次人才团队及项目，采取评审的方式进行确认。

（四）健全配套服务机制。对引进的海外高层次人才，给予80万—150万元的奖励补贴。及时解决海外高层次人才在居留和出入境、落户、子女入学、配偶就业、医疗保险等方面的问题和困难。建立公共服务平台，完善工作机制，为海外高层次人才提供优质高效服务。

（五）建立创新创业专项资助机制。建立创新创业服务扶持平台，在创业资助、项目研发资助、成果转化资助、政策配套资助等方面支持海外高层次人才创新创业。对引进的海外高层次人才团队，给予最高8000万元的专项资助。

（六）建立专项投入机制。从2011年开始，在未来5年每年投入3亿—5亿元，用于海外高层次人才配套服务和创新创业专项资助。加强专项资金使用的监管,市审计部门对专项资金使用情况开展年度审计,并将审计结果公开。

四 组织领导

建立"市委市政府统一领导、组织部门牵头抓总、各职能部门密切配合、社会广泛参与"的海外高层次人才工作格局。按照服务大局、配套推进,突出重点、按需引进,量体裁衣、特事特办,统筹协调、形成合力的原则,由市人才工作领导小组负责组织实施,市委组织部负责牵头抓总、统筹协调和督促落实;市人力资源和社会保障局负责海外高层次人才确认、综合管理及配套服务;市科技工贸和信息化委员会负责组织海外高层次人才团队确认和项目评审,并开展创新创业专项资助;市人才工作领导小组其他成员单位、市辖各区要根据本部门职能,研究制定落实本《意见》的配套措施,在海外高层次人才承担重大科技项目、申请资金支持、开展创新创业活动、参与决策咨询等方面开辟绿色通道、提供良好条件。建立海外高层次人才工作目标责任制,加强引进海外高层次人才工作效能评估,市人才工作领导小组根据各部门职能分工,对《意见》落实情况进行年度考核。

市各有关部门和各区要充分认识引进海外高层次人才的重要性、紧迫性和当前所面临的难得机遇,进一步解放思想,完善体制机制,健全政策措施,制定工作方案,切实落实各自承担的工作职责,增强做好工作的自觉性、主动性与创造性,确保高质量完成各项任务。

中共深圳市委、深圳市人民政府关于加强高层次专业人才队伍建设的意见

深发〔2008〕10号

高层次专业人才是推动深圳经济社会发展的重要力量,主要包括高层次专业技术人才和高技能人才。为推动深圳新一轮改革开放和科学发展,学习追赶世界先进城市,把深圳建设成为国家创新型

城市和中国特色社会主义示范市，现就加强我市高层次专业人才队伍建设提出如下意见。

一 指导思想和目标任务

（一）指导思想。以邓小平理论和"三个代表"重要思想为指导，全面落实科学发展观，积极探索党管人才的有效途径，大力推进人才强市战略，坚持解放思想、以人为本，优化高层次专业人才吸引、培养、使用、激励、服务的政策体系，以国家级领军人才为龙头、地方级领军人才为骨干、后备级人才为基础，分步骤、有重点地建设高层次专业人才梯队，营造高层次专业人才安心生活、称心工作、专心发展、潜心提升的适宜环境，为建设国家创新型城市和中国特色社会主义示范市提供核心人力资源和智力支持。

（二）目标任务。通过从海内外大力引进和本土自主培养等途径，积聚一批领军作用突出的国家级领军人才、一批专业地位突出的地方级领军人才、一批在专业技术技能方面崭露头角和发展潜力巨大的后备级人才，形成结构合理、活力充沛、择优汰庸、持续创新的高层次专业人才梯队。

二 创新引进使用政策，积聚创新型高层次专业人才

（三）开辟高层次专业人才引进的绿色通道。高层次专业人才来深工作可特事快办，实施无障碍引进。进入已满编事业单位的可申请专项编制，需聘任高级专业技术职务而暂无空缺职位的，可申请特设岗位破格聘任。引进国家级领军人才实行个性化服务，由人才服务机构全程跟踪协助办理各项手续。引进地方级领军人才和后备级人才可使用专用窗口，专人快速办理引进手续。引进的高层次专业人才需补缴超龄养老保险费的，按引进单位经费渠道解决。为高层次人才提供快速办理出入境手续的便利。

（四）吸引科研团队来深发展。科研领军人才带研发团队来深发展，政府资助启动经费，在选题立项、人才配置、经费使用、奖励分配等方面实行首席专家负责制，享有充分自主权。把科研团队建设情况作为科技立项评定奖励、评审重点学科及重点实验室、认

定企业技术中心的重要条件。企业高层次专业人才建立科研团队需从外地引进人才的，政府相关部门要提供优质高效的服务。

（五）拓展博士后工作新空间。实施"博士后引进工程"和"博士后留深计划"，加大博士后招聘力度。通过到知名大学、科研机构开展项目推介、优惠政策宣讲和定期发布岗位招聘信息等形式，吸引优秀博士毕业生到深圳设站单位从事科研工作。通过组织博士后企业行、成立博士后联谊会等方式，加强博士后与用人单位交流，提高博士后留深工作几率。支持博士后开展项目研究，每年从非共识技术创新资助计划中提供30个名额供在站博士后申报。鼓励和支持企事业单位申请设立博士后科研工作站，在创新型中小企业分批建立博士后创新实践基地，促进博士后科研工作与中小型企业科研项目紧密结合。

（六）加大力度引进海外智力。发挥中国国际人才交流大会、人才"高交会"、人才"文博会"、国际人才市场等平台作用，大力引进在跨国公司、国际组织中担任高级职务、拥有高新技术成果以及在海外知名院校、机构工作并取得较高学术成就的海外人才。通过定期组织海外高层次人才招聘活动，与我驻外使（领）馆、华人华侨组织和海外著名猎头公司建立密切合作关系，在深圳驻海外联络处加挂引进海外智力联络处牌子，聘请专职或兼职引智专员等形式，进一步拓展海外人才联系渠道。

（七）设置"国（境）外专家特聘岗位"。政府在公共管理和服务部门设置面向海外专才的"国（境）外专家特聘岗位"，聘请一批具有国际一流水准的规划、建设、环保、水务、交通、城市管理、教育、公共卫生等领域的海外高级专家来深工作，实行协议薪酬制。借助海外高级专家的国际视野、先进理念、专业眼光，提升城市公共管理服务专业化、国际化水平。

（八）完善柔性引才机制。实施"候鸟计划"，在高校、科研机构、公共服务机构等设立短期工作岗位，吸引高层次专业人才以柔性流动方式，不转关系、不迁户口短期来深从事教学、科研、技术服务、项目合作等工作。市政府提供短期住房、生活补贴等，协助解决其子女入学、配偶就业等实际问题。

三 加大培养力度，开发和提升高层次专业人才创新能力

（九）实施高层次专业人才梯队建设计划。建立公开、公平、体现能力、突出业绩的高层次专业人才评价标准体系，按照适应深圳发展目标、贴合产业发展方向、具备深厚发展潜力、引领专业发展潮流的要求，积聚一批国家级领军人才、地方级领军人才和后备级人才，形成高层次专业人才梯队，在科学研究、学术交流、技能提升等方面给予资助，重点培养，鼓励其充分发挥领军作用，持续提升专业水平。相关人选实行任期制，定期考核，按实际业绩能上庸下，进行动态管理，在任期内享受各项配套优惠政策。

（十）建立学术研修技能交流津贴制度。对高层次专业人才参加国际学术会议、交流访问、短期进修等学术研修活动，高技能人才应邀到国内外著名机构或者企业进行技能训练，参与技能技艺交流等活动，或代表深圳参加全国全省技能大赛，给予津贴资助。引导企事业单位建立学术研修基金，支持高层次专业人才开展学术交流。

（十一）实施"卓越专家访问计划"。政府提供经费资助邀请国内外知名专家、学者来深学术访问、举办学术讲座，或高技能人才来深进行技术技艺交流等。通过交流互动，使高层次人才便捷掌握学科前沿信息，了解技术技艺最新动态，紧跟科技发展步伐。

（十二）多渠道培养国际化人才。加强政府间培训项目的合作，开发高端培训项目，每年围绕若干主题组织境外培训班，扩大选送境外培训交流的规模，政府资助培训费用。培养一批熟悉国际相关专业领域情况，具备专业资质的国际化专业人才，为深圳向国际化城市转型提供人才储备。鼓励专业技术人才申请注册国际认可的工程师、会计师等专业资格，注册成功的，由政府提供申请和注册费用资助。

（十三）进一步加强高技能人才培养。着力培养技术技能型高级技师、技师，重点培养国家级和省级技术能手。整合培训资源，搭建高技能人才训练公共服务平台，建设和确认一批高层次技能人才培训基地。实施高技能人才培训资助制度，对支柱产业和政府扶

持产业紧缺的高技能人才所开展的提升培训，政府给予一定的经费资助。

（十四）营造浓厚学术氛围。鼓励高校、科研机构承办国际性高水平学术交流活动，活跃学术气氛，政府给予经费资助。以"博士后创新讲堂""企业家创业讲堂""特贴专家展望讲堂""国际人才论坛"和"首席技师讲堂"等为主体，打造高层次、公益型专业人才培养与学术交流平台，优化其成长环境。支持高层次专业人才参加专业学术团体，担任国家级学术团体常务理事以上职务的，会费由政府资助。

（十五）打造深港人才互动新格局。利用毗邻香港的区位优势，加强深港人才智力的交流与合作。畅通香港专家来深工作和创业渠道，重点引进香港高端服务行业高层次人才。推动两地互派科技专家和科技管理人员到对方的相关部门学习、培训、挂职，合作实施人才培训、培养计划。积极推进两地专业技术资格互认，逐步实现两地专业人才的融合。

四　加强载体建设，为高层次专业人才事业发展提供平台

（十六）加大院校建设力度。加强现有高校重点实验室、重点学科、重点技能实训室建设，赋予高校更大办学自主权，推进高校人事制度改革，建立开放、竞争、择优的用人机制和以业绩为导向的分配机制。进一步加强大学城建设，研究解决在深工作人员编制及退休待遇问题，进一步办好大学城，增加高层次专业人才聚集载体。加快建设高级技工学校，扩大技能人才培养规模。进一步发挥虚拟大学园作用，依托入园高校优质教育资源，为吸引高素质人才来深发展提供有力扶助，为高端项目研发、科研成果转化提供专业平台。

（十七）加快发展科研院所和企业研发机构。加大重点领域科研机构建设力度。鼓励海内外知名高校、科研机构来深设立分支机构，共建重点实验室、研发中心、技术转移或转化中心、中试基地。充分发挥市科技研发资金和技术进步资金作用，鼓励企业设立研发机构和"首席技师工作室"，并给予资助。

（十八）扶持做大做强留学生经济。鼓励留学人员创新创业，优先安排留学人员创办的高增长型企业进驻产业基地，并一次性资助50万元。通过项目推介等方式，搭建风险投资与留学人员企业沟通平台。市政府设立的担保风险补偿金及再担保资金向留学人员企业倾斜，鼓励担保机构为留学人员企业提供贷款担保，解决融资难题。

（十九）鼓励创办留学人员创业园区和产业园区。社会投资新办留学人员创业园区，市政府提供200万元以内的专项资助；社会投资新办留学人员产业园区，市政府视其规模给予500万元以内的专项资助。支持留学人员以技术入股等方式从事科研成果转化。发挥市场作用，鼓励风险投资机构为创业项目提供融资支持。

五　整合资源，强化激励，完善高层次专业人才服务保障体系

（二十）加大人才工作投入。通过整合现有人才资金和增加投入，设立"高层次专业人才工作专项资金"，用于高层次专业人才各项奖励、资助和补贴。市级专项资金首期投入约2亿元，列入年度财政预算。市财政、人事和劳动保障部门制定专项资金管理办法，加强资金监管。

（二十一）完善高层次专业人才工作协调机制。市人才工作协调小组负责协调相关单位，研究制定高层次专业人才队伍建设规划，指导各区、各部门建立分工协作的高层次专业人才工作协调机制，督导落实相关配套政策。各区政府、各部门要围绕全市高层次专业人才队伍建设总目标，结合实际，科学制定本地、本部门人才工作目标和实施办法。市人事人才公共服务机构在政府主管部门指导下，承担高层次专业人才队伍服务政策的落实、咨询及辅助协调等具体工作。

（二十二）设立"鹏城杰出人才奖"。在市政府特殊津贴制度基础上，进一步加强对有杰出贡献专业人才的表彰和奖励。市人事、劳动保障部门牵头，按照专业贡献非常突出、创造显著经济或社会效益的标准，每两年评选10名左右优秀高层次专业人才，授予"鹏城杰出人才奖"，每人奖励50万元。

（二十三）完善高层次专业人才住房政策，统筹解决其配偶就业和子女入学问题。市政府按照人才不同层次，分别以购房或租房补贴、购房贴息、提供人才公寓等方式，为高层次专业人才解决住房问题。根据高层次专业人才配偶原就业情况及个人条件，按照双向选择为主、统筹调配为辅的原则，多渠道、多方式、有重点、分层次协助解决其就业问题，其子女需在深就学的，按不同情况享受相应优惠政策。

（二十四）加强高端服务，为高层次专业人才提供切实保障。两院院士享受一级保健待遇，其他国家级领军人才和地方级领军人才均享受二级保健待遇，后备级人才享受三级保健待遇。国家级领军人才和地方级领军人才的年度体检费及超医疗保险费用由市财政承担。建立高层次专业人才信息库，建立领导干部联系高层次人才制度，并由专门服务机构负责与高层次专业人才联络工作。关心高层次专业人才学习、工作、生活和社会活动，积极帮助他们解决实际困难。

（二十五）建立高层次专业人才工作绩效评估制度。强化绩效监督机制，将高层次专业人才工作评估纳入政府绩效评估体系中，由市政府绩效评估部门对包括高层次专业人才政策实施情况、高层次专业人才专项资金使用情况，以及高层次专业人才队伍整体建设情况进行定期评估。通过绩效评估和结果反馈，不断改进工作，切实提高人才投入效益。

（二十六）弘扬尊重人才社会风尚。通过各类媒体大力宣传高层次专业人才的专业成就、突出贡献和钻研精神，在我市人才园建设"人才长廊"，介绍和宣传获得杰出成就的高层次人才，提高其社会地位，进一步弘扬尊重创造、尊重知识、尊重人才、尊重劳动的社会风尚。

附录二 国内主要城市人才竞争力相关指标数据对比

附表 2—1　　1979—2016 年深圳市主要指标变化情况

年份	年末户籍人口户数（万户）	年末常住人口数（万人）	常住户籍人口（万人）	常住非户籍人口数（万人）	社会劳动者人数（万人）	常住人口增长率	社会劳动者增长率
1979	7.62	31.41	31.26	0.15	13.95		
1980	7.82	33.29	32.09	1.2	14.89	5.99%	6.74%
1981	8.2	36.69	33.39	3.3	15.36	10.21%	3.16%
1982	8.61	44.95	35.45	9.5	18.49	22.51%	20.38%
1983	9.25	59.52	40.52	19	22.37	32.41%	20.98%
1984	10.32	74.13	43.52	30.61	27.26	24.55%	21.86%
1985	11.27	88.15	47.86	40.29	32.61	18.91%	19.63%
1986	12.41	93.56	51.45	42.11	36.04	6.14%	10.52%
1987	13.88	105.44	55.6	49.84	44.3	12.70%	22.92%
1988	15.3	120.14	60.14	60	54.53	13.94%	23.09%
1989	16.51	141.6	64.82	76.78	93.65	17.86%	71.74%
1990	18.19	167.78	68.65	99.13	109.22	18.49%	16.63%
1991	19.56	226.76	73.22	153.54	149.32	35.15%	36.71%
1992	21.81	268.02	80.22	187.8	175.97	18.20%	17.85%
1993	24.32	335.97	87.69	248.28	220.81	25.35%	25.48%
1994	26.74	412.71	93.97	318.74	273	22.84%	23.64%
1995	28.67	449.15	99.16	349.99	298.51	8.83%	9.34%
1996	30.35	482.89	103.38	379.51	322.12	7.51%	7.91%
1997	32.15	527.75	109.46	418.29	353.53	9.29%	9.75%
1998	34.07	580.33	114.6	465.73	390.33	9.96%	10.41%

续表

年份	年末户籍人口户数（万户）	年末常住人口数（万人）	常住户籍人口（万人）	常住非户籍人口数（万人）	社会劳动者人数（万人）	常住人口增长率	社会劳动者增长率
1999	36.15	632.56	119.85	512.71	426.89	9.00%	9.37%
2000	38.87	701.24	124.92	576.32	474.97	10.86%	11.26%
2001	41.14	724.57	132.04	592.53	491.3	3.33%	3.44%
2002	44.73	746.62	139.45	607.17	509.74	3.04%	3.75%
2003	47.55	778.27	150.93	627.34	535.89	4.24%	5.13%
2004	52.04	800.8	165.13	635.67	562.17	2.89%	4.90%
2005	57.01	827.75	181.93	645.82	576.26	3.37%	2.51%
2006	61.37	871.1	196.83	674.27	609.76	5.24%	5.81%
2007	64.88	912.37	212.38	699.99	647.11	4.74%	6.13%
2008	67.1	954.28	228.07	726.21	682.35	4.59%	5.45%
2009	69.81	995.01	241.45	753.56	723.61	4.27%	6.05%
2010	71.44	1037.2	251.03	786.17	758.14	4.24%	4.77%
2011	74.54	1046.74	267.9	778.85	764.54	0.92%	0.84%
2012	78.29	1054.75	287.62	767.13	771.2	0.76%	0.87%
2013	84.83	1062.89	310.47	752.42	899.24	0.77%	16.60%
2014	89.76	1077.89	332.21	745.68	899.66	1.41%	0.05%
2015	94.92	1137.87	354.99	782.88	906.14	5.56%	0.72%
2016	100.13	1190.84	384.52	806.32	926.38	4.66%	2.23%

附表 2—2　北京、上海、广州、深圳、香港从业人员比较　　单位：万人

	北京	上海	广州	深圳	香港
1978	444.1		266.90		
1979	470.5			13.95	
1980	484.2		275.05	14.89	
1981	511.72			15.36	
1982	535.2			18.49	
1983	552.03			22.37	
1984	556.2			27.26	

续表

	北京	上海	广州	深圳	香港
1985	566.5		313.47	32.61	
1986	572.7			36.04	
1987	580.2			44.3	
1988	584.1			54.53	
1989	593.9			93.65	
1990	627.1		341.15	109.22	275
1991	634			149.32	0
1992	649.3			175.97	0
1993	627.8			220.81	286
1994	664.3			273	293
1995	665.3		407.78	298.51	301
1996	660.2			322.12	319
1997	655.8			353.53	326
1998	622.2			390.33	328
1999	618.6			426.89	332
2000	619.3	745.24	496.26	474.97	337
2001	628.9		502.93	491.3	343
2002	679.2		507.02	509.74	349
2003	703.3		521.07	535.89	347
2004	854.1		540.71	562.17	351
2005	878	863.32	574.46	576.26	353
2006	919.7	1053.24	599.50	609.76	357
2007	942.7	1024.33	623.63	647.11	363
2008	980.9	1053.24	652.90	682.35	365
2009	998.3	1064.42	679.15	723.61	368
2010	1031.6	1090.76	711.07	758.14	365
2011	1069.7	1104.33	743.18	764.54	370

续表

	北京	上海	广州	深圳	香港
2012	1107.3	1115.5	751.30	771.2	378
2013	1141	1368.91	759.93	899.24	386
2014	1156.7	1365.63	784.84	899.66	387
2015	1186.1	1361.51	810.99	906.14	390
2016	1220.1	1365.24	835.26	926.38	392

附表 2—3　北京、上海、香港、深圳人才竞争力指标比较

		北京	上海	香港	深圳
城市经济环境	区域国内生产总值GDP	25669.1亿元	28178.65亿元	24910.01亿元	19492.6亿元
	人均GDP	11.8万元	11.7万元	33.4万元	16.7万元
	劳动生产率（GDP/就业人数）	213356元	206400元	635443元	
	第三产业占GDP比重	80.20%	70%		60%
城市投资环境	全社会固定资产投资额	8461.7亿元	6755.88亿元		4078.16亿元
	年末金融机构存款余额	138408.9亿元	110510.96亿元		57793.3亿元
	年末金融机构各项贷款余额	63739.4亿元	59982.25亿元		34034.29亿元
城市科技环境	本区域国家级创新载体数				1493个
	本区域R&D机构数	2368个	2706个		4264个
	本区域R&D经费课题支出	14845762万元	1049.32亿元	1827.07亿元	760.0311亿元
城市教育环境	普通高等学校在校学生数（含专、本、研究生）	880167	514700	188079	91833
	中等职业技术学校在校学生数	43895	66800		39665
城市产业环境	规模以上工业企业总产值	18087.3亿元	31136.03亿元		27292.29亿元
	规模以上工业企业劳动生产率				229008
城市人才生活环境	城镇单位职工平均工资	9005元	6503.75元		89757元
	城镇居民人均可支配收入	52530元	54305元		4057.92元
	城镇居民人均消费支出	35416元	37458元		3040.05元
城市居住环境	医疗机构数量	713	349	137	
	城区普通中学数量	767	801	422	352
	公共图书馆数量	25	24	82	

续表

		北京	上海	香港	深圳
城市生态环境	城市空气质量达到或好于二级以上天数				354
	城市绿化指数（城市森林覆盖率）	42.30%	15.60%		0.409%
城市人才创新竞争力	专利申请量	189129	119937	14854	145294
	发明专利申请量	104643	54339		56336
	专利授权量	100578	64230	6183	75043
	发明专利授权量	40602	20086		17666
	规模以上工业企业新产品产值	3566.4亿元			10498.7亿元
	高新技术产品进出口总额				
城市人才产出竞争力	科技成果量（万人拥有的授权专利数）/科技成果登记数	728	2245		
	国家级科技进步奖	57	52		
	科研成果转化率				

参考文献

[1] 丁向阳：《人才竞争战略》，蓝天出版社 2005 年版。

[2] 王辉耀：《人才战争：全球最稀缺的争夺战》，中信出版社 2009 年版。

[3] 王辉耀、苗绿：《人才战争 2.0》，东方出版社 2018 年版。

[4] 倪鹏飞：《人才国际竞争力——探寻中国的方位》，社会科学文献出版社 2010 年版。

[5] 倪鹏飞：《中国城市竞争力报告 No.16》，中国社会科学出版社 2018 年版。

[6] [美] 丹尼·罗德里克：《全球化的悖论》，中国人民大学出版社 2011 年版。

[7] 徐坚成：《人才国际竞争力研究——以上海为例》，上海社会科学院出版社 2011 年版。

[8] 桂昭明、王辉耀：《中国区域人才竞争力报告 No.1》，社会科学文献出版社 2013 年版。

[9] 桂昭明：《人才经济理论与实践》，党建读物出版社 2014 年版。

[10] 李光耀：《论中国与世界》，中信出版社 2013 年版。

[11] 《提升首都人才竞争优势 打造创新驱动发展格局：2011—2012 年北京人才发展报告》，社会科学文献出版社 2013 年版。

[12] 孙大伟、杜彬伟：《现代人才学：基本理论与实践问题研究》，中国财富出版社 2016 年版。

[13] [美] 艾伦·J.斯科特：《浮现的城市——21 世纪的城市与区域》，江苏凤凰教育出版社 2017 年版。

［14］孙健：《人才集聚的理论分析与实证研究》，科学出版社2018年版。

［15］王通讯：《论人才结构调整》，《中国人才》2003年第7期。

［16］王通讯：《人才战略：凝思与瞻望》，党建读物出版社2014年版。

［17］华才：《大力提高我国的人才竞争力》，《中国人才》2002年第10期。

［18］华才：《人才概念与人才标准》，《中国人才》2004年第2期。

［19］倪鹏飞、卜鹏飞：《城市引领中国崛起》，《理论学刊》2012年第12期。

［20］刘尚超、倪鹏飞：《国家人才竞争力评价及提升建议》，《中国国情国力》2014年第10期。

［21］倪鹏飞、王杉：《改革、可持续竞争力对提升我国国家竞争力的作用——基于WEF全球竞争力报告的分析》，《甘肃社会科学》2014年第2期。

［22］倪鹏飞、李超：《2014中国城市竞争力评价》，《中国经济报告》2014年第7期。

［23］倪鹏飞、王海波：《中美经济竞争力：强弱比较、动态变化与全球地位》，《China Economist》2017年第12期。

［24］桂昭明：《人才资本论纲》，《中国人才》2003年第9期。

［25］桂昭明：《城市人才集聚度评价与比较研究》，《专家视角》2015年第4期。

［26］桂昭明：《人才环境优化是人才强国、区域发展的平台战略》，《人才专家论坛》2013年第12期。

［27］赵仲森：《关于深圳人才队伍建设的若干思考》，《特区理论与实践》1990年第5期。

［28］熊何礼：《深圳人才观念的启示》，《西藏党校》1997年第3期。

［29］胡列曲、丁文丽：《国家竞争力理论及评价体系综述》，

《云南财贸学院学报》2001年第17卷第3期。

[30] 江苏省人事厅课题组：《提升区域人才竞争力是江苏人才发展战略的核心目标》，《中国人才》2002年第9期。

[31] 王高岑：《关于人才国际竞争力的几个问题》，《岭南学刊》2002年第5期。

[32] 周锦涛：《关于新世纪深圳人才发展战略的思考》，《特区理论与实践》2002年第2期。

[33] 陆晓芳等：《人才要素区域竞争力评价模型》，《吉林大学学报》（工学版）2003年第3期。

[34] 于涛方、顾朝林：《论城市竞争与竞争力的基本理论》，《城市规划汇刊》2004年第6期。

[35] 李晓园、吉宏、舒晓村：《中国人才竞争力指标体系构建》，《中国人力资源开发》2004年第7期。

[36] 杨书臣：《近代日本人才战略浅析》，《现代日本经济》2004年第6期。

[37] 林泽炎：《提升人才竞争力的四大举措》，《人才资源开发》2005年第1期。

[38] 《中国城市投资环境竞争力暨武汉市投资环境竞争力在全国的比较地位评估报告》，载《湖北省区域投资环境竞争力评估报告文集》，2005年。

[39] 杨思信：《甘肃省人才竞争力的现状与发展对策》，《甘肃行政学院学报》2006年第1期。

[40] 张厚和等：《苏州市人才综合竞争力评估指标体系的建立与应用》，《苏州大学学报》（哲学社会科学版）2006年第1期。

[41] 吴振兴：《深圳人才战略选择与发展路径初探》，《特区实践与理论》2006年第6期。

[42] 王家宏：《美国人才政策与人才战略简论》，《中共桂林市委党校学报》2007年第7卷第2期。

[43] 杜谦：《2006年世界科技人力资源竞争力》，《中国科技论坛》2008年第2期。

[44] 王英斌：《日韩两国着力实施吸引海外人才战略》，《世

界文化》2008 年第 9 期。

［45］李文雄：《人才发展三十年：深圳这样走过》，《中国人才》2008 年第 10 期。

［46］吴学范：《人才因素决定香港的未来发展——简析香港政府的引进人才政策》，《国际人才交流》2008 年第 2 期。

［47］林喜庆：《区域人才竞争力研究综述》，《电子科技大学学报》（社科版）2009 年第 5 期。

［48］左学金、王红霞：《大都市创新与人口发展的国际比较——以纽约、东京、伦敦、上海为案例的研究》，《社会科学》2009 年第 2 期。

［49］李维平：《关于人才定义的理论思考》，《经济视角（下）》2010 年第 12 期。

［50］《领导人才论坛暨第二届中国党政与国企领导人才素质标准与开发战略研讨会论文选集》，2010 年。

［51］徐茜、张体勤：《基于城市环境的人才集聚研究》，《中国人口、资源与环境》2010 年第 20 卷第 9 期。

［52］丁进：《人才概念的发展和"国际化人才"的定义》，载《中国领导人才的开发与管理——2010 领导人才论坛暨第二届中国党政与国企领导人才素质标准与开发战略研讨会论文选集》，2010 年。

［53］高峰等：《21 世纪初主要发达国家科技人才政策新动向》，《世界科技研究与发展》2011 年第 33 卷第 1 期。

［54］许锐：《经合组织国家高等教育公共财政支出的多维探析》，《科教导刊》2011 年第 4 期。

［55］刘志颐：《北京建设世界城市的经济控制力与人才战略研究》，《首都经济论坛》2011 年第 26 卷第 1 期。

［56］曾建权：《略论香港人才发展战略》，《特区经济》2011 年第 7 期。

［57］黄立金：《引进人才：香港的政策与实践（上）》，《国际人才交流》2011 年第 1 期。

［58］黄立金：《引进人才：香港的政策与实践（下）》，《国际人才交流》2011 年第 2 期。

[59] 孔娜：《韩国、新加坡引进高层次人才战略现状分析及对我国的启示》，《科技信息》2012 年第 14 期。

[60] 张树良等：《主要新兴经济体国家人才战略浅析》，《科技管理研究》2012 年第 7 期。

[61] 代涛、李晓轩：《我国科技评价的问题分析与改革思路》，《中国科学院院刊》2013 年第 28 卷第 6 期。

[62] 鞠祎、刘宁：《京沪浙粤苏人才政策比较研究》，《中国人力资源开发》2013 年第 15 期。

[63] 李光全：《中国城市人才竞争力变化影响因素分析》，《科技进步与对策》2014 年第 1 期。

[64] 王运红等：《区域人才政策竞争力对比研究》，《中国科技资源导刊》2014 年第 11 期。

[65] 张婷：《政府干预在医疗卫生市场中的适用性研究——基于福利经济学的理论分析框架》，《陕西行政学院学报》2015 年第 29 卷第 2 期。

[66] 肖林：《未来 30 年上海全球科技创新中心与人才战略》，《科学发展》2015 年第 7 期。

[67] 肖志富：《国际金融中心人才特征及上海金融人才战略》，《福建金融》2015 年第 4 期。

[68] 黄远浙：《人才评价指标的国际比较》，《全球科技经济瞭望》2016 年第 12 期。

[69] 熊德义：《香港引进人才的若干问题》，《国际人才交流》2016 年第 3 期。

[70] 司江伟、韩晓静、沈克正：《山东省人才竞争力评价体系的构建与实例测算》，《统计观察》2017 年第 2 期。

[71] 蓝志勇、刘洋：《美国人才战略的回顾与启示》，《国家行政学院学报》2017 年第 1 期。

[72] 王越平：《建设产业集群，提升区域人才竞争力——浙江省区域人才竞争力建设分析与对策建议》，硕士学位论文，浙江大学，2004 年。

[73] 常晓勇：《经济全球化与中国国际人才竞争战略》，博士

学位论文，首都师范大学，2007年。

［74］柯志钦：《知识经济时代如何提升珠海市人才竞争力研究》，硕士学位论文，吉林大学，2009年。

［75］张国锋：《马克思主义人才思想的创新发展与实践应用研究》，博士学位论文，南开大学，2013年。

［76］张鹏：《中国人口年龄结构转变对经济增长的影响研究》，博士学位论文，南开大学，2013年。

［77］傅强：《人力资源开发与中国经济长期发展趋势研究》，博士学位论文，青岛大学，2016年。

［78］Lewis, R. E., & Heckman, R. J., "Talent Managemen: A Critical Review", *Human Resource Management Review*, No. 16, 2006.

［79］Collings, D. G., & Mellahi, K., "Strategic Talent Management: A Review and Researchagenda", *Human Resource Management Review*, No. 19, 2009.

［80］Serban, A., & Andanut, M., "Talent Competitiveness and Competitiveness Throughtalent", *Procedia Economics and Finance*, No. 16, 2014.

［81］秦川：《深圳知识产权工作会议召开年专利申请量突破14万》，2017年4月29日，深圳新闻网。

［82］Insead, Global Talent Competitiveness Index (the GTCI) 2018, 2018.

［83］World Economic Forum, *The Global Competitiveness Report* 2016 – 2017, New York, 2017.

［84］U. S. Census Bureau Quick Fact: San Francisco County, California; UNITED STATES.

www. census. gov. Retrieved March 23, 2018.

［85］The Brainpower of America's Largest Cities. Bizjournals. com (Data Interpreted from U. S. Census). 2006. Archived from the Original on July 1, 2006. Retrieved August 5, 2010.

［86］Winter, Michael (June 9, 2010). New Measure Ranks San

Francisco the 'smartest' U. S. city. USA Today. Retrieved August 5, 2010.

［87］Gross Domestic Product by Metropolitan Area, 2016 (PDF). U. S. Bureau of Labor Statistics. September 30, 2017. Retrieved December 8, 2017.

［88］Industry Employment & Labor Force - by Annual Average for San Francisco County. California Employment Development Department. 2016.

［89］Waters, Rob (May 15, 2009). Biotech Jobs Germinate as San Francisco Diversifies Economy. Bloomberg Archived from the Original on October 23, 2015.

［90］Warburg, Jennifer (February 27, 2014). Forecasting San Francisco's Economic Fortunes. SPUR. Retrieved April 6, 2014.

［91］Boston City, Massachusetts—DP02, Selected Social Characteristics in the United States 2007 - 2011 American Community Surver 5 - Year Estimates. United States Census Bureau. 2011. Archived from the Original on August 15, 2014. Retrieved February 13, 2013.

［92］Global City GDP Rankings 2008 - 2025. Price Water House Coopers. Archived from the Original on May 13, 2011. Retrieved November 20, 2009.

［93］McSweeney, Denis M. The Prominence of Boston Area Colleges and Universities (PDF). Retrieved April 25, 2014.

［94］ALVAROL, *High Tech Industries in Boston 2015*, Boston：BRA Research Division.

［95］《联合国发布2017年〈国际移民报告〉》，2018年7月12日（https：//baijiahao. baidu. com/s？id = 15881225990997536 84 &wfr = spider&for = pc）。

［96］《联合国发布〈世界人口展望〉2017年修订版报告》，2018年7月12日（http：//www. cssn. cn/gj/gj_ gjzl/gj_ sdgc/201706/t20170630_ 3565264. shtml）。

［97］《2017美国留学生最新数据报告》，2018年7月12日

（http：//baijiahao. baidu. com/s？ id = 1584302999675388800&wfr = spider&for = pc）。

［98］《教育部：出国留学人数首次突破60万人　高层次人才回流趋势明显》，2018年7月12日（http：//www. gov. cn/xinwen/2018 - 03/30/content_ 5278559. htm）。

［99］《中国共产党第十九次代表大会报告》，2018年7月12日（http：//news. cnr. cn/native/gd/20171027/t20171027_ 524003098. shtml）。

［100］《中国33个城市入选"世界城市"成都位列第二梯队》，2018年7月12日（https：//www. yicai. com/news/5440654. html？ from = singlemessage）。

［101］《深圳市中长期人才发展规划纲要（2011—2020）》，2018年7月12日（http：//www. sz. gov. cn/zfgb/2011/gb754/201108/t20110830_ 1725707. htm）。

［102］普华永道、中国发展研究基金会：《机遇之城》，2016年。

［103］中国社会科学院、经济日报社：《中国城市竞争力报告No. 16——40年：城市星火已燎原》，2018年。

［104］《深圳人才流入流出比为1. 7》，2018年7月12日（http：//news. 163. com/16/0302/07/BH4TU2FJ00014AED. html）。

［105］《净流入占比 = 该行业人才净流入人数/该行业人才流动总人数 × 100%》，2018年7月12日（https：//city. shenchuang. com/szyw/20160311/319023. shtml）。

［106］《深圳人才引进数量再创新高，去年引进人才超23万》，2018年7月12日（http：//news. dayoo. com/guangdong/201803/21/139996_ 52118877. htm）。

［107］《深圳半年新增全职院士9名，全市高层次人才突破1万人》，2018年7月18日（https：//www. thepaper. cn/newsDetail_ forward_ 2258036）。

［108］《深圳制造：完整的产业链全球独有》，2018年7月18日（http：//sz. people. com. cn/n2/2018/0225/c202846 - 31281430. html）。

［109］《深圳吸引人才的原因在于创富机会，2017年财富世界

500强排行》，2018年7月18日（http：//www.fortunechina.com/fortune500/c/2017-07/20/content_286785.htm）。

［110］《特朗普上任一年，美国留学政策都发生了哪些变化》，2018年7月18日（http：//www.sohu.com/a/204091057_380470）。

［111］《最新世界诺贝尔奖国家排名：美国356人占总获奖者三分之一》，2018年7月18日（https：//www.phb123.com/xinwen/rd/18555.html）。

［112］2018年7月18日，（https：//en.wikipedia.org/wiki/San_Francisco#Cityscape）。

［113］《上海市人才发展"十三五"规划》，2018年7月18日（http：//www.shanghai.gov.cn/nw2/nw2314/nw2319/nw12344/u26aw50149.html）。

［114］《二线城市人才争夺战，究竟在争什么？》，2018年7月18日（https：//baijiahao.baidu.com/s?id=15948819056538361 48&wfr=spider&for=pc）。

［115］《深圳社工流失率八年来首次下降》，2018年7月18日，中国经济网（http：//district.ce.cn/newarea/roll/201602/22/t20160222_9001472.shtml）。

［116］《深圳迎来最大"海归潮"16年吸引7万归国留学生》，2018年7月18日（http：//sz.people.com.cn/n2/2016/1206/c202846-29421803.html）。

［117］《7张图！揭示2018深圳发展大趋势！》，2018年7月18日（https：//www.sohu.com/a/225615114_355781）。